本书系国家社科基金项目

《同位素食物网视角下浙江8000—6000BP水稻利用水平研究》

（21BKG038）阶段性研究成果

同位素视角下长三角地区先民生业模式与文明化进程

INVESTIGATION OF HUMAN SUBSISTENCE STRATEGY AND PROCESS OF CIVILIZATION IN THE NEOLITHIC YANGTZE RIVER DELTA BY STABLE ISOTOPE ANALYSIS

郭 怡 著

ZHEJIANG UNIVERSITY PRESS
浙江大学出版社

图书在版编目(CIP)数据

同位素视角下长三角地区先民生业模式与文明化进程 / 郭怡著
—杭州：浙江大学出版社，2021.9
ISBN 978-7-308-21717-0

Ⅰ.①同… Ⅱ.①郭… Ⅲ.①长江三角洲－新石器时代考古－研究
Ⅳ.①K871.134

中国版本图书馆 CIP 数据核字(2021)第 181258 号

同位素视角下长三角地区先民生业模式与文明化进程
郭 怡 著

责任编辑	陈佩钰(yukin_chen@zju.edu.cn)	
文字编辑	周 靓	
责任校对	许艺涛	
封面设计	周 灵	
出版发行	浙江大学出版社	
	(杭州市天目山路 148 号 邮政编码 310007)	
	(网址：http://www.zjupress.com)	
排 版	杭州隆盛图文制作有限公司	
印 刷	绍兴市越生彩印有限公司	
开 本	710mm×1000mm 1/16	
印 张	16.25	
插 页	1	
字 数	262 千	
版 印 次	2021 年 9 月第 1 版 2021 年 9 月第 1 次印刷	
书 号	ISBN 978-7-308-21717-0	
定 价	168.00 元	

版权所有 翻印必究 印装差错 负责调换
浙江大学出版社市场运营中心联系方式 (0571)88925591；http://zjdxcbs.tmall.com

序

　　弹指一挥间,不知不觉,我由茶学跨界到科技考古已逾23年。自攻读王昌燧先生的博士生起至今,本人就一直从事稳定同位素分析(我刚刚将其改名为"稳定同位素生物考古学")的研究,并在此领域取得了一些成绩。纵观我和我的研究团队在开展此项研究的研究区域,甚少涉及长江下游地区。客观而言,在该地区开展稳定同位素生物考古研究,极大地受研究材料保存状况的限制(骨骼的保存状况常不佳),但我扪心自问,可能也存在避重就轻的心理因素。

　　郭怡,是我在中国科学院研究生院(中国科学院大学的前身)指导的第一个硕博连读研究生。2010年博士毕业之后,他就任职于浙江大学文物与博物馆学系。据我所知,自他任职之日起,他就矢志在长三角地区开创出属于自己的一方天地。迄今为止,他和他的研究团队,立足长江下游地区,迎难而上,开展了多个考古遗址的稳定同位素生物考古研究,在国内外核心期刊上发表了几十篇学术论文。在我看来,他已俨然成为国内该研究领域冉冉升起的学术新星。最近,他邀请我为他刚刚完成的专著《同位素视角下长三角地区先民生业模式与文明化进程》作序。虽然本人自知学识有限,但为了鼓励后进(仅就年龄而言)和美其名曰"给自己一个提前学习的机会",还是勉为其难地承担了这个重任。

　　此书共分12章。根据一篇完整论文的体例,全书内容似可分为以下几个部分:第一部分为绪论,为书的第一章,简述长三角地区稳定同位素生物考古的现状和本书的缘起;第二部分为研究背景,包括书的第二章和第三章,介绍了长三角地区的考古学文化时空框架、文化序列、古环境、植物考古、动物考古、先民体质特征、古 DNA、食物残留物等方面的研究进展,重点阐述了我国稳定同位素生物考古的发展史、分析原理、研究问题以及研究思路;第三部分为研究的材料与方法和研究结果,包括第四章、第五章、第六章、第七章、第八章,介绍了取样遗址的基本考古信息、稳定同位素的测试分析与样品的污染鉴别,分析了植物遗存、动物遗存、人骨遗存的稳定同位素分析结果;第四部分为讨论部分,包括第九章和第十章,主要根据以上动植物和人的同位素数据探讨先民对水稻的利用水平以及水稻利用在长三角地区生业经济中的地位和对文明化进程的影响;第五部分为结论和展望,包括第十一章和第十二章,归纳研究的主要结论以及对今后如何开展细致工作进行了展望和思考。

掩卷沉思,窃以为,本书具有以下几个特点:

(1)开创性。迄今为止,本书是第一本较为全面介绍利用稳定同位素分析技术探索长三角地区先民生存方式和农业发展的书。

(2)前沿性。本书的研究方法,紧跟国际学术前沿,强调在构建考古遗址中同位素背景值(或称为同位素基线,isotopic baseline)的基础上,进一步解读人骨的同位素数据。这对我国现阶段的稳定同位素生物考古具有一定的指导意义。

(3)问题性。本书主要基于考古学家的视角,以回答重要的考古学问题为研究目标,将前沿的科技分析方法与具体的考古学问题进行了有机融合,得出了一些颇为重要的研究结论。

毋庸置疑,作为一本敢"啃硬骨头"的书,肯定也会存在一些不尽如人意的地方,如人群生存方式的变迁与海岸线变化之间的关系、同位素数据的处理和诠释上还有待商榷等。但瑕不掩瑜,本书仍不失为我国学者和研究生了解稳定同位素生物考古的研究前沿以及长三角地区史前生业与文明进程的一部力作。

在追逐星辰大海的征途上,永远没有终点。在我国稻作起源和文明起源发祥地之一的长三角地区,系统开展稳定同位素生物考古研究,依然任重道远。希望郭怡继续保持初心,携手莘莘学子和青年才俊,为揭示稻作农业的起源与发展,以及长江文明的形成与发展的独特规律做出更多的成就,也可稍稍弥补本人在此方面的缺憾。

胡耀武

2021 年 9 月 22 日于上海尚景园

目　录

图 目 录

表 目 录

1 绪 论

　　长三角地区是我国新石器时代考古的重镇、水稻起源的发祥地之一,也是中华"多元一体"文明格局形成的重要区域之一,探讨这一地区先民生业模式与文明化进程,关键是厘清以水稻为核心的农业体系的确立过程。水稻不仅是中国特色文化,而且还极具国际贡献,目前全世界有三分之一以上的人口以水稻为食。在古代中国,水稻更是文明起源和发展的重要物质基础[1]。系统探讨不同时空框架下水稻的利用程度和水平,可以为探索中国稻作农业起源理论、文明起源与发展等重要问题提供有力佐证。

　　对古水稻栽培驯化的研究一直是国际、国内学界关注的焦点与热点。20世纪初,苏联 Vavilov 与中国丁颖等就利用遗传学与生物学方法,探讨稻作起源[2][3];20 世纪 90 年代以降科技考古研究方法和技术的介入,尤其是植物考古浮选法、植物微体化石(孢粉、植硅体)分析等,大大增强了学界对稻作农业起源与发展的研究[4]。一般认为,距今 1 万年左右,水稻开始在长江中下游地区被驯化,跨湖桥文化时期(8000～7000 BP)稻作农业初步发展,河姆渡文化时期(7000～6000 BP)稻作农业进一步扩大,良渚文化时期(5300～4300 BP)原始稻作农业成为先民最重要的生业方式之一[5][6][7]。最新的研究表明,稻作农业发展存在多次起伏,受环境的影响较大,即使在长江中下游地区内,不同区域间稻作农业的发展水平也不平衡[8][9]。

　　已有的研究主要从水稻本身栽培驯化史的角度出发,探讨出土稻作遗存的驯/野属性、构建驯化栽培的演变进程,然而对于 8000～6000 BP 跨湖桥至河姆渡文化期,水稻驯化、稻作农业初步发展和不断扩大、奠定史前稻作农业成熟期基础的关键时间段内,不仅不同指标揭示的发展进程不统一,而且对先民(家畜)对水稻的利用水平达到何种程度、栽培稻在先民(家畜)食物结构中具有多大贡献、栽培稻的利用对文化发展、文明起源起到了何种作用等关键问题,探讨甚少[10][11][12]。只有当水稻(栽培稻)在先民(家畜)食物结构中占据重要地位,水稻才能真正成为先民生产生活的中心,稻作农业才能成为文化发展、文明起源的基础,因此,详细探讨水稻的贡献、先民(家畜)对水稻的利用水平,是解决上述问题的关键。

20世纪70年代末以降,考古遗址中出土的人(动物)骨的碳(C)、氮(N)稳定同位素分析,逐渐成为当前国际生物考古界直接揭示先民食物结构的主流研究方法[13][14]。自1984年起,尤其是2010年以来,我国在此方面的研究越来越受到考古和科技考古界的关注,在探讨我国农业的起源与发展、家畜的驯化及饲养策略、先民生存方式的演变历程等方面取得了重要研究进展。纵观我国已有的稳定同位素研究,重点均在北方。近年来,尤其是良渚成为"实证中华五千年文明史的圣地",对长江流域史前文化的研究成为新的研究增长点和热点,研究从探讨水稻本身的驯化史层面迈向探索水稻在文化发展、文明起源中的推动作用等深层次问题。

截至目前,关于长江下游地区先民食物结构的碳(C)、氮(N)稳定同位素论文仅发表5篇(三星村、崧泽、田螺山、骆驼墩、塔山)[15][16][17][18][19],提出水稻可能为先民(家畜)的食物来源,但对8000~6000 BP时期内先民生业模式中稻作农业利用水平和程度语焉不详,对水稻在先民(家畜)食物结构中所占地位基本没有讨论。这是因为:

(1)同位素数据解读困难。在长江下游地区自然环境主要为 C_3 类植物的背景下,常无法确定先民骨胶原同位素数据中水稻(也为 C_3 植物)的贡献。

(2)研究视角单一不成体系。已有的研究单单从人骨同位素数据揭示食物来源和农业发展水平,无法准确讨论水稻的贡献程度,更无法讨论栽培稻的贡献。

近年来,国际生物考古研究中逐渐流行"同位素基线"(isotope baseline)确立的概念,这一全新的研究视角可望为解决水稻/栽培稻的利用问题带来福音[20][21]。同位素基线是基于稳定同位素分馏基本理论提出的全新理念。20世纪70年代末,稳定同位素研究方法的出现,在生态学、地质学等领域中迅速得到广泛运用,尤其是在生态学中,研究者能够通过测定食源的稳定同位素比值,建立同位素基线,再测定生物胃袋中的食物残渣和毛发、肌肉等组织的稳定同位素比值,将其与基线进行比较,从而准确判断生物的食物来源,从而确定现生生态系统中捕食与被捕食关系[22]。21世纪初,建立同位素基线,进而探讨先民食物结构的方法逐渐拓展至考古学研究中,用于构建古代先民与当地动植物之间的食源对应关系。该方法的基本原理可以概述为,通过测定考古遗址内所有可得到的生物遗存种类的(如植物、动物、人)C、N稳定同位素比值,建构当时当地的动物、植物的"同位素基线",依据稳定同位素分馏原理,如从食物至骨骼,C值富集约5‰;每上升一个营养级,N值富集为3‰~5‰等,将人的稳定同位素比值与当地基线进行比较,从而较为准确地揭示不同食物资源的贡献。

近十年来,这一研究视角在考古学中已有了成功的运用,如根据希腊Edessa遗址出土的多种动植物(包括苹果、杏、鱼、猪、鹅等)以及人骨的稳定同位素比值,计算了多种食物资源对先民食物结构的贡献[23];哈萨克斯坦以及中国河西走廊出土的大麦、小麦、粟黍、多种动物以及人骨的同位素比值,也揭示了不同种类农作物在先民食物结构中的地位,探讨了两地间农作物以及家畜的相互交流[24]。这一新视角的提出,将原来研究中忽视的动植物遗存纳入研究视野,不仅可大大扩展样品来源,而且可以突破原有的单一关注人骨同位素数据揭示食物来源和农业发展水平的局限,通过建立当时当地的稳定同位素基线,将人的数据与基线进行比较,利用稳定同位素分馏机理,从复杂关系中精准判断不同食物资源的贡献,可望为判断长江流域先民的生业模式和水稻的贡献提供有力证据。

长江流域下游地区是中国稻作农业起源的中心地之一、良渚文明的所在地。同时,建构了较为完整的史前文化至文明的发展序列,田野考古、动植物考古等研究基础很好,动植物和人骨遗存丰富,是利用稳定同位素方法探讨先民生业模式中稻作农业(栽培稻)地位变化的理想区域。因此,系统分析长江流域下游地区8000~6000 BP这一水稻驯化、发展的关键时期内的同位素数据,能为探讨先民的生业模式、水稻利用水平,探索有中国特色的稻作农业起源理论、文化发展与文明起源等考古学问题提供重要科学依据。

有鉴于此,为了系统探讨同位素视角下长三角地区先民生业模式与文明化进程,本书将首先对长三角地区已有的考古学文化序列以及古环境、动植物、体质人类学等多方面的已有研究进行综述,为下文稳定同位素分析提供考古学时空框架和研究背景;其次对本书所涉及的稳定同位素分析原理和我国稳定同位素研究进展进行介绍,使读者能基本了解稳定同位素的研究方法和所能探讨的问题;再次以跨湖桥遗址、田螺山遗址等6个长三角地区新石器时代考古遗址出土的多种生物遗存为研究对象,利用稳定同位素分析方法,并结合多学科研究成果,系统探讨长三角地区先民的生业模式和文明化进程;最后对所得结论进行总结,并对未来的研究进行展望。

[1]严文明.中国稻作农业的起源[J].农业考古,1982(1):23-35,55.

[2]丁颖.江汉平原新石器时代红烧土中的稻谷壳考查[J].考古学报,1959(4):31-34,10-111.

[3]游修龄.对河姆渡遗址第四文化层出土稻谷和骨耜的几点看法[J].文物,1976(8):20-23.

[4]赵辉.中华文明起源的考古学探索:"考古中国"暨"长江下游区域文明模式研究"课题推进会的讲话——代《南方文物》"考古中国"专栏开栏语[J].南方文物,2018(1):61-62.

[5]袁靖,董宁宁.中国家养动物起源的再思考[J].考古,2018(9):113,120.

[6]赵志军.中国稻作农业起源研究的新认识[J].农业考古,2018(4):7-17.

[7]郑云飞.良渚文化时期的社会生业形态与稻作农业[J].南方文物,2018(1):60,93-101.

[8]吕厚远.中国史前农业起源演化研究新方法与新进展[J].中国科学:地球科学,2018(2):181-199.

[9]秦岭.中国农业起源的植物考古研究与展望[M]//北京大学考古文博学院,北京大学中国考古学研究中心.考古学研究:九.北京:文物出版社,2012:260-315.

[10]科林·伦福儒,刘斌,陈明辉,等.中国复杂社会的出现:以良渚为例[J].南方文物,2018(1):63-68.

[11]Liu B, Wang N, Chen M, et al. Earliest hydraulic enterprise in China, 5,100 years ago[J]. Proceedings of the National Academy of Sciences of

the United States of America，2017(114)：13637.

［12］Fuller D Q，Harvey E，Qin L. Presumed domestication? Evidence for wild rice cultivation and domestication in the fifth millennium BC of the Lower Yangtze region［J］. Antiquity，2007(312)：316-331.

［13］张雪莲，王金霞，冼自强，等.古人类食物结构研究［J］.考古,2003(2)：158-171.

［14］Hu Y. Thirty‐Four Years of Stable Isotopic Analyses of Ancient Skeletons in China：An Overview，Progress and Prospects ［J］. Archaeometry，2018,60(1)：144-156.

［15］胡耀武，王根富，崔亚平，等.江苏金坛三星村遗址先民的食谱研究［J］.科学通报，2007(1)：85-88.

［16］张雪莲，王金霞，冼自强，等.古人类食物结构研究［J］.考古,2003(2)：158-171.

［17］南川雅男，松井章，中村慎一，等.由田螺山遗址出土的人类与动物骨骼胶质炭氮同位素组成推测河姆渡文化的食物资源与家畜利用［M］//北京大学中国考古学研究中心，浙江省文物考古研究所.田螺山遗址自然遗存综合研究，北京：文物出版社,2011：262-270.

［18］管理，林留根，侯亮亮，等.环太湖地区马家浜文化早期家猪驯养信息探讨——以江苏骆驼墩遗址出土猪骨分析为例［J］.南方文物,2019(1)：97，151-158.

［19］张国文，蒋乐平，胡耀武，等.浙江塔山遗址人和动物骨的C、N稳定同位素分析［J］.华夏考古,2015(2)：138-146.

［20］Hershey A E，Northington R M，Finlay J C，et al. Stable Isotopes in Stream Food Webs［J］. Methods in Stream Ecology(Third Edition)，2017：3-20.

［21］Baumann C，Bocherens H，Drucker G，et al. Fox dietary ecology as a tracer of human impact on Pleistocene ecosystems［J］. PLoS ONE, 2020(7)：e0235692.

［22］Fry B(Ed.). Stable isotope ecology［M］. New York：Springer,2006.

［23］Dotsika E，Michael D E. Using stable isotope technique in order to assess the dietary habits of a Roman population in Greece［J］. Journal of Archaeological Science：Reports，2018(22)：470-481.

[24]Liu X, Reid R E, Lightfoot E, et al. Radical change and dietary conservatism: Mixing model estimates of human diets along the Inner Asia and China's mountain corridors[J]. Holocene, 2016(10):1556-1565.

2 考古时空框架与文化序列背景

从 1936 年施昕更发现良渚遗址开始,对长江流域下游地区的考古发掘已经历了 80 余年。尤其是新中国成立以来,在党和国家的有力领导与支持下,1973 年河姆渡遗址的发现,极大促进了社会各界对长江流域史前文化发展与文明起源的研究。经过一代代考古人筚路蓝缕的艰辛工作,新石器时代从距今一万年开始完整的考古学文化序列已基本建立。本书现对一些有代表性的考古学文化进行简介,为下文的讨论提供基本的时空框架和考古学文化基本面貌背景。同时本章也将对长三角地区已有的古环境、植物考古、动物考古、体质人类学、古 DNA、食物残留物等方面的研究进行综述,为稳定同位素分析提供多学科研究背景。

2.1 考古学文化序列

2.1.1 上山文化

上山文化是以钱塘江上游金衢盆地为分布中心的新石器时代早期考古学文化。截至目前已经发现上山文化遗址共计 18 处,其中上山遗址下层遗址年代为距今 10000~8500 年。典型遗址包括上山遗址、小黄山遗址等[1]。

2.1.1.1 文化基本面貌

在上山文化遗址中,主要有石器和陶器。有机质保存不佳,发现极少的骨质遗物如骨锥[1]。

上山遗址的出土文物以石片石器及石磨盘、石磨棒、石球等砾石石器为特征的石质工具为主,磨制石器也有出现,但比例较小[1][2]。

陶器分为早晚两期,每期分为前后两阶段。早期以夹炭红衣敞口盆为典型器,晚期新出现了夹细砂的盘、罐、杯[1]。

在上山遗址中,发现木构建筑基址,其建筑布局与河姆渡遗址的干栏式建筑有相似之处[1]。

2.1.1.2　典型遗址

上山遗址:位于浙江浦江县黄宅镇渠南村、渠北村和三友村之间,2000 年发现。2001 年、2004 年、2005～2006 年进行了三次发掘。主要出土文物为石器与陶器。陶器大多数器型为大口盆。此外还出土了大量石球、石磨盘等[1]。

2.1.2　跨湖桥文化

跨湖桥文化是以湘湖及其周围地区为主要分布区的考古学文化,距今8000～7000年。典型遗址包括跨湖桥遗址、下孙遗址等[3]。

2.1.2.1　文化基本面貌

石器分锛、斧、凿、镞、锤、磨棒、磨石、璜式饰件等,锛数量最多[3]。制作主要采用打、琢、磨、抛光等,工艺成熟[3]。

跨湖桥文化的陶器已经相对成熟。主要涵盖了釜、罐、钵、盆、盘、豆六类。陶器质地以夹砂陶、粗泥陶、夹炭陶为主,伴有少量夹蚌陶出土。主要采用了印、戳、刻、镂、贴手法[3]。

跨湖桥文化遗址内骨器丰富。骨(角)器有耜、镖、镞、锥、钉形器、哨、针、匕、匙、叉、锯齿形器。木器有锥、叉、镞、勺、桨、铲、浮标、梯、器柄、弓、独木舟等。已经出现榫卯技术[3]。

2.1.2.2　典型遗址

1.跨湖桥遗址:跨湖桥遗址共开展了三次考古发掘,共分为 9 个地层。绝对年代数据基本集中在距今 8000～7000 年的范围之内[3]。

2.荷花山遗址:荷花山遗址位于浙江省龙游县。分为东、西两区,其中西区则以跨湖桥文化堆积为主。发现大量的砾石器和打制石器,陶也比较丰富[3]。

2.1.3　河姆渡文化

河姆渡文化主要分布在杭州湾以南的的宁绍平原及舟山群岛。因 1973

年河姆渡遗址的发掘而得名,年代范围大致在距今7000～6000年。典型遗址有河姆渡遗址、鲻山遗址、田螺山遗址等[4][5][6]。

2.1.3.1 文化基本面貌

石器数量不多,磨制不精,主要是生产工具和装饰品两大类。河姆渡文化陶器以夹炭黑陶为主。装饰有排印绳纹和刻划花纹[5]。

遗址中骨器十分丰富。生产工具有耙、链、哨、凿、锥针、管状针、匕等。木作工艺突出。有铲、矛、槌、纺轮、器柄、木棒等[5]。

河姆渡遗址二、三、四层均有木构建筑遗迹。房屋为干栏式建筑。木构之间以榫卯相连接,有的用木质梢钉固定,结构复杂,另有木构水井遗迹[5]。

在河姆渡遗址第三层发现13座墓葬,皆不见墓坑,葬式流行单人屈肢葬,墓主头向基本朝东,绝大多数无随葬品[7]。

2.1.3.2 典型遗址

1.河姆渡遗址:位于浙江省余姚市河姆渡镇河姆渡村东北。河姆渡遗址共四个文化层,第三、四层为早期阶段,第一、二层为晚期阶段[8]。

2.鲻山遗址:位于浙江省余姚市汇头乡西吞村鲻山东麓的三叉江桥东南。发现于20世纪70年代末。其堆积状况、文化面貌、内涵特征及时代均大体与河姆渡遗址相对应[6]。

3.田螺山遗址:位于浙江省余姚市三七市镇,是迄今为止河姆渡文化中地面环境条件最好、地下遗存保存最完整的一处古村落遗址,在空间位置上与河姆渡遗址遥相呼应,并具有与河姆渡遗址相近的聚落规模和年代跨度,是河姆渡文化早期遗址的又一重要发现[7]。

2.1.4 马家浜文化

马家浜文化因浙江省嘉兴市南湖乡马家浜遗址得名。主要分布在太湖流域。年代经树轮校正后为距今7000～6000年[8]。典型遗址包括马家浜遗址、罗家角遗址、圩墩遗址、草鞋山遗址等[8]。

2.1.4.1 文化基本面貌

石器早期较为粗糙,晚期多通体磨光,穿孔技术进步。骨器的数量也比较多,利用兽骨加工磨制。制作比较精致,器形主要有镞、鱼、镖、匕、凿、锥、勾勒器、靴形器等、器柄、针等[8]。

出土陶器以罐类为主,鼎形器极少,说明当时在这里居住的人炊煮主要是用罐类陶器。多牛鼻式的横耳是这一群陶器的特征[11]。

马家浜文化房屋多为长方形,个别为圆形。用木板作柱础是它的建筑特色[11]。遗址中居址与葬地分开,埋葬密集、层叠而无墓坑,随葬品不多,方向多南北,葬式以俯身为多[11]。

2.1.4.2　典型遗址

1. 马家浜遗址:1959 年 3 月开始发掘。发掘面积共 213 平方米,遗址文化层分为上下两层[11]。

2. 罗家角遗址:1956 年被发现,1979 年和 1980 年对罗家角遗址局部发掘,发掘面积 1338 平方米,叠压着四个文化层[9]。

2.1.5　崧泽文化

崧泽文化距今 6000～5300 年,以上海青浦区崧泽遗址为代表[10]。其大致分布范围与马家浜文化一致,但传播范围比马家浜文化稍大[8]。典型遗址为崧泽遗址、福泉山遗址等。

2.1.5.1　文化基本面貌

早期石器遗留较少;中期通体磨光,规整均匀;晚期精致、器表光洁[8]。

早期玉器出现了玦[14]。中期玉器出现较多,磨制光滑,有璜、镯、璧、环、玲。晚期玉器有穿孔玉斧、镯、环、管、珠、坠[8]。

早期陶器以手制的素面夹砂红陶和泥质红陶为主,器表磨光和加施红褐色陶衣。中期采取轮修,泥质陶大部为灰色,部分器表附黑衣[14]。晚期以泥质灰陶为主,有少量的泥质黑皮陶和夹砂红褐陶[8]。

在崧泽遗址土墩上 671 平方米范围内,清理了一百座墓葬。以仰身直肢单人葬为主。人骨架的头向,一期向北,二、三期偏南[14]。随葬器物从早期到晚期数量明显增加,中期时出现成年男女合葬墓[8]。

2.1.5.2　典型遗址

1. 崧泽遗址:面积约 15 万平方米,东西长约 500 米,南北宽约 300 米,其历史可上溯至距今 6000 年前,是上海地区最早的人类居住地之一。

2. 福泉山遗址:遗址呈不规则的长方形,东西长 94 米,南北宽 84 米,高

7.5 米。完整保留了距今约 7000～6000 年历史的各时期文化叠压遗存。

2.1.6 良渚文化

良渚文化是中国长江下游地区的新石器晚期考古学文化。良渚文化分布较为广泛,以太湖流域为核心区域,北至苏北、鲁南地区,南至浙江的宁绍平原,东及太平洋西海岸的舟山群岛,西达皖、赣境内,年代跨度为距今5300～4300 年[11][12][13]。典型遗址有良渚遗址、莫角山遗址、反山墓地等。

2.1.6.1 文化基本面貌

石器通体磨光,制作精致。穿孔技术发达,穿孔普遍使用管钻法[8]。

良渚文化玉器,达到了中国史前玉文化之高峰。良渚玉器有斧、璧、琮、瑗,大多是随葬品。玉琮等表面还刻有兽面纹、云雷纹、鸟纹等[8]。

良渚文化的陶器,以夹细砂的灰黑陶和泥质黑皮陶为主。普遍使用轮制,器形规整,胎壁薄。器表多为素面磨光,少数有精细的刻划花纹和镂孔[8]。

余杭良渚遗址群是良渚文化繁荣时期的政治、经济、宗教和文化中心。遗址群内遗址密集,类型丰富,大型中心城址、高规格祭坛、高等级贵族墓地齐备,代表了良渚文化社会发展的最高成就[14]。

2.1.6.2 典型遗址

良渚遗址:位于杭州城北 18 公里处余杭区良渚街道和瓶窑镇境内。发现于 1936 年。距今 5300～4300 年。良渚遗址区内有一座面积 290 万平方米的古城,其年代应不晚于良渚文化晚期。

2.2 环境背景分析

长三角地区是我国经济、文明发展区域,也是自然灾害频发地。理清长三角地区地理环境演变和人地关系互动影响有重要科学意义[15]。本节总结了长三角地区新石器时代自然地理环境的变化和发展情况。

全新世以来,全球气候变化的总特点是明显转暖,进入温暖的间冰期,气候冷暖波动相当频繁[16][17]。随着气候波动,植物群发生多次更替。海陆变迁和湖泊的发展、消亡,都与此时期的气候变暖有关[18]。

2.2.1 长江三角洲地区环境概述

长江三角洲新石器时代遗址分为三类:平原型遗址、土墩型遗址和斜坡型遗址。人类聚落海拔的变化可能是水的膨胀和收缩、海平面的变化和洪水的结果,但也并非完全由环境决定[19]。

2.2.1.1 气候

国际学术界将更新世的最后一次降温称为新仙女木事件,对于新仙女木事件发生的时间,各地存在差异,被普遍接受的年代为11kaBP,树轮校正年代为13000～11400BP。新仙女木事件结束,气候大幅回升,之后虽然经历反复,但气候环境没有发生大的变化。

早全新世以来长江三角洲地区的气候逐渐转暖。研究人员发现,8.1calkyrBP以前气候相对冷干,之后气候温暖湿润,可能进入全新世适宜期。在8.2calkyrBP、7.7calkyrBP、7.3calkyrBP左右发现三次明显的冷干事件,其中8.2calkyrBP可能是早全新世以来最为显著的冷干事件。这些环境因素直接导致了崧泽文化的逐渐衰落和区域灌溉农业的出现[20]、良渚时期的大发展[21]、良渚末期环境恶化和文化的消亡[22]。

2.2.1.2 水文

暖湿的气候是导致洪水发生的重要原因。长江三角洲地势低洼,易受海平面变化和洪涝灾害的影响。洪涝期与高海拔期基本吻合,过度的降水导致人们被迫生活在较高的地方;在低海平面时期,人们迁移到较低的陆地,这表明较低的海平面使陆地暴露,为人类活动提供了广阔的空间。

2.2.2 典型考古学文化环境背景

2.2.2.1 新石器时代早期

1. 上山文化

上山文化遗址主要倾向于分布在高度适中、坡度和缓的盆地中腹部区域;靠近支流、远离干流;水热条件优渥,土壤适宜耕作;后方山地地势和缓,有丰富的植被。随着文化年代的推进,遗址群由钱塘江上游盆地向下游沿海平原分布[23]。

2.2.2.2 新石器时代中期

1. 河姆渡文化

7000 年前的河姆渡遗址在当时为滨海潟湖区[24]。这里自晚更新世以来曾经历了三次海侵[25]。随着湖泊河流的沼泽化,水草地草原疏林得到了空前的发展[26]。

全新世海退之初,河姆渡一带最早淤涨成陆。潮汐涨落推动湖水有规律升降,利于排涝和灌溉,推动河姆渡文化繁荣。海退过程中,潮汐带来大量泥砂,河姆渡高地优势逐渐消失,雨水滞留,河姆渡文化发展受挫。后来古海岸线淤高,地表水排出口被堵。河姆渡一带沦为湖泊沼泽,河姆渡文化在宁绍平原消失[27]。

(1)气候

距今 7000 年前,河姆渡所在区域的气候与今日该地区较为相近,属典型的海洋性亚热带季风气候,相当于今日我国海南岛以及越南、老挝河谷平原的气候[28],自距今 6000 年起,气温明显下降[28]。

(2)水环境

当时本区降雨量是新石器时代最充沛的时期,使长江中下游地区年平均流量、水位及其变幅也都是最大[29]。姚江河谷平原在当时温暖湿润的气候条件下,谷坡、山丘与较高的河谷平原都不会被洪水淹没[30]。

2. 马家浜文化

(1)地形

本时期长江与钱塘江三角洲高平原已经形成[31]。

(2)气候

本时期与前期相比,年平均温度有所降低,但仍比现在温暖湿润。马家浜文化时期是平原、沼泽、浅水和湿热的中亚热带气候环境[32]。

(3)海岸线

空间上看,马家浜早期的遗址大多靠近山麓,晚期向东部平原扩展明显,表明东部地区成陆以后已经可以居人[33]。

2.2.2.3 新石器时代晚期

1. 良渚文化

本时期温度比前期低、降水量比前期少,气候变得干凉,流域植被覆盖度降低,引起长江流域产沙量增加、河流沉积,使长江中下游冲积平原与长江三角洲平原面积扩大。长江南部三角洲岸线位于福山、直塘、太仓、马桥一线[33]。在沉湖、昆山大史殿发现数以千计的古井,其中大部分属于良渚时期[34]。

（1）地形地质

良渚文化集中分布于长江三角洲南部平原[35][39]。区域中心群山环绕。周围只有一些自然的小山丘,高度20～30米[36]。

良渚文化层的上覆黄粉土可能来自东海和长江,不能断定到底是东海海侵还是长江下游的洪水导致了良渚文化的消亡[37]。

（2）气候特征

良渚文化时期的气候环境是不稳定的[11]。良渚文化时期为全新世大暖期中气候逐渐向干凉转变的时期,但大部分时间里仍略比今天暖湿[38]。良渚遗址反映其马家浜文化期和良渚文化早期最为暖湿;良渚文化晚期则显温凉略干。良渚文化期温凉略干,年平均降水量比今略少,见图2-1。

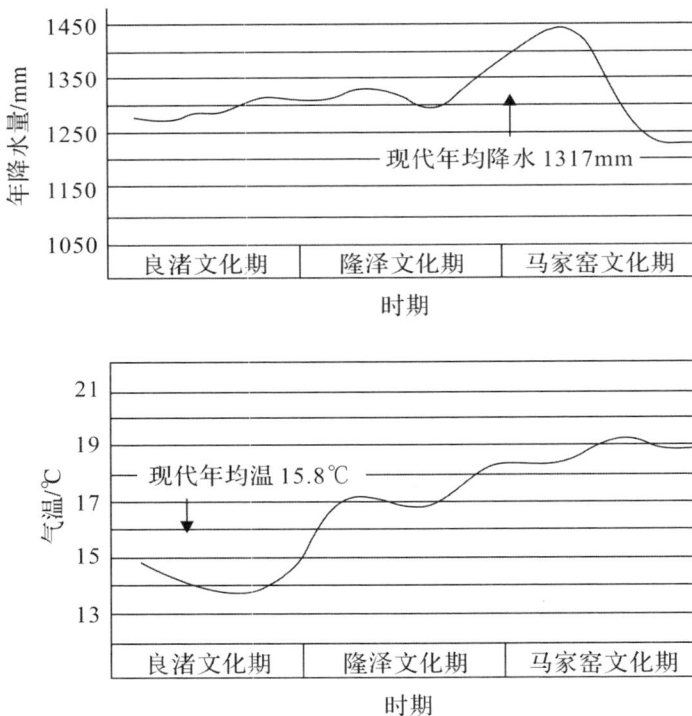

图2-1　沪杭苏地区马家浜文化期到良渚文化期的气温和降水[39]

（3）水环境

1）地表水文

关于太湖的地理环境变化，前人也做了众多研究[40][41][42]。自 4000 年前以来，西侧湖州—杭州间的河口湾淤浅为淡水湖沼平原；西太湖区随之封闭成为淡水湖泊[43]。在一次巨大的洪水事件之后，良渚文化在 4000BP 左右消失，洪涝灾害是造成这一结果的主要因素[44]。

2）海环境

中国东部地区海平面变化与全球海平面变化呈现出相应的变化趋势，在时序上表现出较好的同步性[45][46]。良渚时期海平面经历了一个下降再上升的过程。晚期陆地洪水频发，即为多水灾环境[11]。

（4）环境对良渚文化的影响

良渚文化遗址主要集中分布在太湖的东面、南面和北面平原地带[39]。良渚早、中期的气候温干，湖沼缩小，改善了先人的居住环境。良渚晚期，发生降温事件影响农业，进而使整个良渚社会动荡。距今 3600 年左右，太湖全新世晚期的沟谷海侵引起大洪水，导致良渚文化消亡[39]，也有人认为水灾非海侵，而是江河泛滥[47]，见表 2-1。

表 2-1　良渚文化系统不同阶段各因素变化特征[48]

系统因素		良渚文化早期	良渚文化中期	良渚文化晚期
		发展阶段		衰落阶段
人类文化	社会结构	社会分层有利于资源有效配置和社会发展		社会整体僵化导致对社会问题应变能力下降
	思想意识	宗教成为协调社会的有力精神手段		盲目宗教崇拜导致过度资源浪费
	经济形态	农业技术改进，原始稻作农业进入成熟发展阶段		为维持统治，投入了大量非生产性劳动
地理环境	地貌	碟形洼地开始形成，沧海桑田的变化为先民提供更多栖息地		碟形洼地形成，使三角洲地区成为不稳定的生态系统
	气候	暖湿的气候条件是稻农业发展的良好的外部因素		趋向干冷的气候特点，造成了原始稻作农业产量的减少
	海平面变化	海平面高而稳定，使冈身保护下的原潟湖地区逐步发育为淡水湖沼环境		海平面上升，排水不畅，洪涝灾害易于发生

2.3 植物考古分析

2.3.1 概述

植物考古通过研究古代植物遗存,反映植物在古人类生产生活中的作用,从而帮助考古学家还原古人类当时的生活情况。整体看来,长江下游地区的变化具有南北方过渡性质。主要表现在[49]:

距今 10500～9000 年,出现针阔叶混交林[50]。长江中游相继形成沿岸大小湖泊,并形成湖泊向心水系,反映出气候已经开始转暖[51]。

距今 9000～6000 年,气候进一步变暖[19]。海岸西移,达到镇扬段河口[52]。出现以栲、青风栎为主的常绿阔叶林和少量云杉、冷杉、铁杉等喜冷针叶林。禾本科植物含量的增加,反映人类生活已经开始影响植被结构[53][54]。

距今 6000～4000 年,海面由最高值开始下降,气候转为凉爽干燥,植物群反映为由阔叶栎林转为温带针阔叶混交林和森林草原植被[55]。

距今 5000～4000 年,气温和降水高于现在。长江中游水面不断扩大[56]。

距今 4000 年以来,长江中下游气候变化特点是经过四次冷暖旋回变化[57]。

2.3.2 新石器时代早期

典型考古学文化类型包含江西万年仙人洞和吊桶环、浙江的上山文化和跨湖桥文化。在江西万年仙人洞遗址中,研究者通过植硅体发现了水稻遗存[58]。以下选取上山文化、跨湖桥文化进行叙述。

2.3.2.1 上山文化

上山文化中,对多个遗址的研究发现野生稻向栽培稻演变的迹象[59][60][61][62][63][64][65][66][67][68][69]。以野生型为多,表明新石器时代早期长江下游地区已经开始栽培水稻。

2.3.2.2 跨湖桥文化

1.孢粉分析

在跨湖桥文化中,跨湖桥遗址[70][71][72]、下孙遗址[73]的水稻已被人类进行了长期栽培与驯化。表明至少在距今 8000 年前,古代先民已经开始从事稻作农业生产。但水稻的驯化程度与它在人类食谱中的重要性并不同步发展[87]。

跨湖桥遗址所在地经过了阔叶针叶混交林、较稀疏林—草丛、阔叶针叶混交林、森林—沼泽植被、阔叶针叶混交林—草丛沼泽和落叶常绿混交林—草丛六个阶段。

2. 植物大化石遗存

最新的浮选和水洗结果显示,跨湖桥遗址的植物遗存种类丰富(见表2-2),这些植物可以分为水生草本、陆生草本和陆生林地边缘的果树。

表 2-2 跨湖桥遗址出土植物遗存种属[3]

水生草本	菱	林缘果树	桃
	芡实		梅
	水稻		南酸枣
	眼子菜		柿子
	蔍草		壳斗科坚果
陆生草本	蓼属	其他	芽
	葎草		块茎

在绝对数量上,除稻米外,壳斗科坚果最多,其次是南酸枣和桃,菱和芡实位居其后(见图 2-2)。几乎所有种类都见于中期,这是跨湖桥植物利用的另一大特点。同时,植物组合的出土概率表明,跨湖桥遗址中期可能是人类开发植物资源最活跃的阶段。

来自不同生境的物种比例变化主要表现在水生草本和林缘果树这两类。这反映了人类在定居早期主要从水生环境中获取资源,而后对湿地生境的开拓规模缩小,资源的获取逐渐转向丘陵与山坡的林缘地带。

2.3.3　新石器时代中期

典型考古学文化为河姆渡文化、马家浜文化和崧泽文化,以及龙虬庄文化。其中,龙虬庄遗址淀粉类植食主要是水稻[74]。同时,水稻数量的持续增长,也说明水稻种植在当地生业经济中的重要性不断提高[75]。

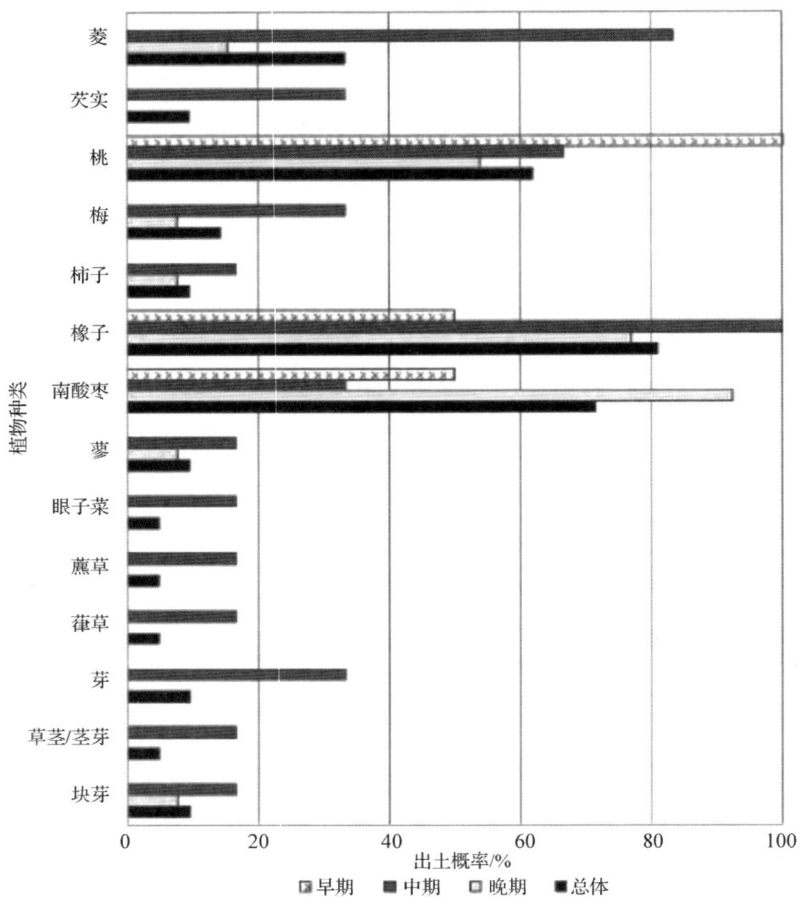

图 2-2　跨湖桥遗址植物遗存出土概率

以下就河姆渡、马家浜、崧泽等考古学文化进行展开。

2.3.3.1　河姆渡文化

距今 7000 年前本地区气候湿润温暖，生长着茂密的亚热带常绿阔叶林。主要建群树种有蕈树、枫香、栎、栲、青岗属、山毛榉和樟科等亚热带南部植物[76]。

研究者对多个遗址均进行了植物考古研究[77][78][79][80][81][82][83][84][85][86]。野生植物仍是重要的食物来源，说明这一时期仍然处在向稻作农业社会转变的过渡阶段。此外，田螺山遗址还发现了最早的茶树遗存[87]。整体来看，河姆渡文化时期的农业来源多样化,包含了林缘树种、湿地资源、陆生果实[88]。

2.3.3.2 马家浜文化

长江三角洲、钱塘江中下游地区在马家浜文化时期的植物考古研究较多[89][90][91][92][93][94][95][96][97][98][99][100][101][102][103][104][105][106][107][108][109][110][111][112][113][114][115][116][117][118][119][120]。

除了不同种类的水稻遗存外,江苏草鞋山遗址中发现了水田系统[107],绰墩遗址中的水田可能已包括除草行为[121],结合广福村遗址中出现的水稻共生稗属植物[122],说明这一时期稻作农业得到了进一步发展,栽培稻种也比较多样化。

马家浜文化反映出当时经济生活以农业为主,水稻是当时主要的农作物,在草鞋山、崧泽、罗家角等遗址都发现水稻遗存。多位学者对马家浜时期环境、水稻植硅体、农业生产工具的研究发现,这一时期是水稻种植业上的大发展时期[107][123][124][125]。

2.3.3.3 崧泽文化

研究者对崧泽文化不少遗址也进行了植物考古的研究[107][114][126][127][128][129][130][131]。禾本科减少,而狗尾草、马齿苋等种类的密度上升[114],稻作方式也发生转变[114]。而在崧泽文化晚期,水稻成为人类食谱的主要植食[145]。

到崧泽文化晚期,人们对水稻的驯化基本完成。同时,古人类仍然将种类繁多的野生植物纳入食谱,如菱角、芡实、栎果、甜瓜、葫芦、猕猴桃、南酸枣等,表明在这一时期,采集仍然具有比较重要的地位。

2.3.4 新石器时代晚期

这一时期最为强盛的是良渚文化。之后又产生了钱山漾文化、广富林文化、马桥文化。

2.3.4.1 良渚文化

据亭林遗址孢粉鉴定,菊科、蒿属显著增加,禾木科植物有一定数量,水生植物比马家浜时期显著减少,松、榆都增加,并出现喜凉的阔叶落叶椴[132]。

强势的良渚文化深刻地影响了整个长江下游地区。水稻成为考古发现中最主要的出土植物遗存[59][106][110][133][134][135][136][137][138][139][140][141][142][143][146]。

良渚文化时期的水稻农业生产力快速发展,生产方式也逐渐复杂化、精细化。良渚文化晚期,稻田形态和稻作生产更加复杂,具有较为严密的社会分工[144][145]。

1. 自然植物

良渚文化早期的孢粉组合以木本花粉居首位,植被为含有少量落叶阔叶的常绿阔叶林[146]。良渚文化中期木本花粉比例减少,草本花粉数量增多,蕨类孢子仍有一定数量。良渚文化晚期的孢粉组合中木本花粉再居首位,且常绿阔叶成分大增,落叶阔叶和针叶成分减少,草本花粉中的水生草本花粉再次繁盛[11]

良渚人的采集经济也多种多样,很多野生植物果实会被采集食用,如菱角、葫芦、甜瓜、芝麻、酸枣等[147]。在宁波平原,亚北方期木本花粉主要是落叶阔叶树种,针叶柏科也较多,草本以禾本科最多,反映落叶阔叶、针阔混交—草原的植被组合[148]。

在良渚文化后期,广富林、马桥地区水域面积扩大,也可能有洪灾发生,使良渚先民无法再在当地生存,只有外逃迁移,因而造成良渚文化后期在这一地区突然消亡[161]。

2. 食用植物(见表2-3)

表 2-3　良渚文化遗址出土的主要使用植物遗存统计[154]

遗址名称	植物种实遗存种类
浙江诸暨尖山湾	稻、桃、南酸枣、葡萄
浙江余杭卞家山	稻、葫芦、甜瓜、桃、梅、杏、柿、南酸枣、葡萄、芡实、菱角、粟[5]、橡子
浙江平湖庄桥坟	稻、葫芦、甜瓜、桃、南酸枣、杏、柿、葡萄、芡实、菱角、橡子
浙江余杭美人地	稻、葫芦、甜瓜、桃、梅、杏、柿、南酸枣、葡萄、芡实、菱角
浙江余杭茅山	稻、葫芦、甜瓜、桃、梅、杏、柿、南酸枣、葡萄、芡实、菱角
浙江余杭玉架山	稻、葫芦、甜瓜、柿、猕猴桃
浙江海宁小兜里	稻、甜瓜、桃、柿、葡萄、芡实
上海松江广富林	稻、葫芦、甜瓜、桃、南酸枣、菱角、芡实
江苏昆山朱墓村	稻、葫芦、甜瓜、桃、李属、猕猴桃、菱角、芡实

良渚文化主要的经济活动基础是以稻作为主的种植农业,其对光热和降水的要求都较高[149]。除水稻种植以外,还有酸枣、麻栎果和桃核等[150]。

良渚文化生业形态的整体面貌和趋势不易判断[170]，但良渚文化考古遗址数量突然剧增，说明人口大幅度增长，这离不开稻作农业的快速发展[151]。

在长江下游地区，总体环境趋好且稳定的，略显干凉的气候促使了人们积极发展以稻作为主的农业经济[152]。

2.3.4.2　其他文化

钱山漾遗址整体出土植物遗存种类和数量都比较丰富。其中钱山漾一期以栽培稻为主，二期则以菱角为主[153]。

在广富林遗址中，出土植物遗存丰富，主要是栽培稻[163]。其他植物，例如葫芦、甜瓜、桃可能也已被人们种植[160]。茅山遗址中的广富林文化层则显示出稻田废弃，湿地生态恢复的过程[163]。

马桥文化时期，水稻种植业仍然是先民重要的生产活动[154][173]。但马桥文化时期的水稻生产相较良渚文化时期明显下降[162]。

2.3.5　小结

长江下游地区是世界稻作农业起源地之一。古代先民 1 万年前就已经开始尝试耕种水稻，在距今 8000 年前后，水稻还具备明显的野生特征，在人们食谱中的比例也并不高。在距今 7000～5000 年间，人们开始有意识地开垦水稻田进行种植，稻作农业成为人们重要的食物来源。距今 5000 年左右，水稻已经接近现在的驯化稻种，稻作农业真正成为社会经济的主体。在良渚文化消亡之后，稻作农业有所衰退。因此，水稻的驯化进程和生产强化的程度并不完全同步。

总的来看，长江下游地区的先民们采取了具有本地特色的资源获取模式，除了重要农作物水稻，食谱中也加入了多种水生植物和瓜果[105]。

2.4　动物考古分析

在考古研究中，动物考古是通过考古发掘出土的动物遗存探讨古代人类与动物的各种关系的学科[155]。判断家养动物的起源，分析人类如何驯化野生动物，是动物考古的研究重点。

迄今为止,长江下游地区的出土动物遗存比较丰富。家养动物和野生动物都有发现。对此,袁靖先生总结了一套鉴定家养动物的方法:形体测量、病理现象、年龄结构、性别特征、数量比例、考古现象、食性分析、DNA 研究等[175]。

2.4.1 新石器时代早期

年代最早的动物遗存出土于跨湖桥文化时期。此时已经出现了家养的猪和狗,但野生动物始终占据主体地位[156]。在下孙遗址中,灰坑出土了大量的鱼骨和贝壳,表明渔捞是当时重要的肉食来源[157]。

在 2001 年、2002 年跨湖桥遗址发掘出土的动物骨骼共计 5125 块,保存情况较好。通过鉴定,这批动物主要包括以下 32 种属(见表 2-4)。

表 2-4　跨湖桥遗址出土动物骨骼种属[5]

纲	种属	纲	种属
甲壳纲	蟹	哺乳纲	海豚科
鱼纲	鲤鱼科		鼠
	乌鳢		貉
	不明鱼类		狗
爬行纲	龟		獾
	扬子鳄		虎
鸟纲	丹顶鹤		豹猫
	灰鹤		犀
	雁		猪
	鸭(A,B,C 三种)		麋鹿
	天鹅(A、B 两种)		梅花鹿
	雕(A、B 两种)		小型鹿科
	鹰		水牛
	鸻		苏门羚

2.4.1.1 野生动物研究

动物考古学研究通过野生动物的种类和生态特征来推测当时遗址附近的自然环境。

1. 鸟类

跨湖桥遗址发现的鸟类（见表 2-5）大多数是大中型涉禽和水禽，林禽比较少，但有猛禽，不见小型林禽。涉禽和水禽基本上都是冬候鸟，旅鸟较少，猛禽为旅鸟。

表 2-5　跨湖桥遗址所见鸟类迁徙习性与生境

鸟类名称	居留型	生态型
丹顶鹤	冬候鸟	涉禽
灰鹤	冬候鸟	涉禽
雁	冬候鸟	水禽
鸭	冬候鸟	水禽
天鹅	冬候鸟	水禽
雕	旅鸟	林禽
鹰	旅鸟	林禽
鸻形目	旅鸟/冬候鸟	涉禽

其中雁类在气候温暖时在北方繁殖，严寒季节均迁往南方过冬。天鹅栖息在水生植物丛生的岸边、各种水棉和芦苇丛生的大型湖泊中，冬季见于长江流域及附近湖泊，春季迁往北方。丹顶鹤生活于芦苇及其他荒草的沼泽地带，夜间多栖息于四周环水的浅滩上。

2. 哺乳类

跨湖桥遗址发现较完整的海洋哺乳类动物头骨一具，鉴定为海豚科。海豚科体型较小，在热带沿海最为丰富。该出土样本可能属于短喙海豚。

陆生哺乳类动物有貉、獾、熊、苏门羚等，还有已经在中国绝迹的热带动物犀，说明当时跨湖桥遗址的气候比现在要明显温暖湿润。

鹿和水牛是跨湖桥遗址中两种主要的大型哺乳类动物。这一时期有蹄类动物十分丰富，在跨湖桥先民的食谱中占有极其重要的地位。

3. 其他

跨湖桥遗址出土的蟹主要有锯缘青蟹，俗称梭子蟹。蟹的数量不少，且多经人为砸碎，蟹不是耐饥性肉食，说明当时的食物构成已经向美味方向扩展。

鱼类为长江中下游常见的淡水鱼。跨湖桥遗址出土有刺杀类的捕鱼工具,如木锥、镖等。浮标的发现说明跨湖桥人已经学会用网捕鱼。爬行类骨骼在出土动物骨骼中占相当比例,特别是在早期。

2.4.1.2 家养动物研究

跨湖桥文化中,能够确认已被驯化的动物是猪和狗。

1. 狗

齿列的长短,是判断狗是否被驯养的重要依据。从狗齿列尺寸明显小于贾湖遗址,可以看出跨湖桥出土的狗属于家狗。并且跨湖桥狗从早期到晚期出现了齿列缩短的现象。另外,随着时代的变化,跨湖桥狗的数量在全部动物中由少变多,到中晚期均占哺乳类动物的10％以上。这种情况十分少见。

2. 猪

根据动物考古的研究结果,跨湖桥猪属于家猪,且从早期到晚期还有一个明显的逐步年轻化的过程。其颌骨变短、牙齿特征弱化。跨湖桥遗址3块分别属于早、中、晚期的颌骨具有明显齿列扭曲现象,说明标本属于家猪。从猪下颌第三臼齿的测量尺寸看,除早期的三个超过42毫米的数据以外,其余的包括早期在内的10个数据都属于家猪。尺寸的变化趋势表现出更明显的家畜化过程。

2.4.2 新石器时代中期

2.4.2.1 河姆渡文化

河姆渡文化时期,动物依然以野生动物为主,说明渔猎经济在当时仍占据主要地位[102][158][159][160][161][162][163][164][165][166]。河姆渡遗址共发现哺乳动物34种,鸟类、鱼类和爬行类共计24种[16]。河姆渡人主要以水生动物为食[105]。相近的田螺山遗址动物资源主要来自陆生食草动物,对海洋性资源依赖较低[167][168]。

河姆渡遗址发现的动物骨骼种类丰富,达60余种。当时的肉食来源主要是捕捞水生动物,其次才是野生食草动物,而栖居密林中的猛兽数量极少,与当时的渔猎水平一致。河姆渡第四层的微体古生物中,有广盐性的有孔虫、介形虫、硅藻;动物群中则有鲨鱼、鲸鱼等海洋鱼类[169][170]。当时姚江流域的动物群种类多样,既有雁、鸭、鹤等鸟类,又有鹿类;既有淡水鱼类和蚌类,又有海生青蟹、鲨、鲸、灰裸顶鲷等,同时还有虎、熊、象、犀等巨兽[171]。

除食用外,河姆渡先民也利用野生动物制作工具[27]。

2.4.2.2 马家浜文化

马家浜文化的家畜饲养业已经比较发达,先民饲养狗和家猪。但他们的肉食主要还是来自渔猎生活[172]。马家浜文化的肉食来源整体以野生动物为主[117][121][126][129][131][173][174][175][176][177][178][179][180][181][182][183][184][185]。

马家浜文化早期,狗和猪已被驯化,并且饲养水平慢慢提高;水牛尚未被人类驯化,仍属野生种属;除了获取肉食外,先民还会进一步利用动物骨骼和鹿角等来制作所需的物品,有可能会利用某些特殊动物的皮毛资源[186]。

部分遗址出土的猪与鹿和牛有着非常相似的食性特征,说明它们具有相似的生存环境及活动范围,而与狗相差甚远,暗示了遗址中的猪很可能是野猪[187]。

2.4.2.3 其他文化

多个崧泽文化遗址中均发现动物遗存[188][189][190][191][192]。青墩遗址的家养与野生动物的比例难以判断[212];崧泽遗址[210]仍以野生动物为主;南河浜遗址似乎以家养动物为主[209]。董家桥遗址中,家猪和鹿类比例接近,表明饲养和狩猎是同等重要的两种获取肉食的方式[105]。

江淮东部的龙虬庄遗址以家养动物为主[193]。此外,遗址中的狗多数完整,主要用于殉葬和奠基,而非食用[170]。

安徽省的凌家滩文化中,先民采用渔捞、狩猎、家养获取动物资源。除了食用,它们也会被用于祭祀[194]。

2.4.3 新石器时代晚期

2.4.3.1 良渚文化

良渚文化时期动物资源延续了前一时期的格局[170],但也有一些新的变化[192][195][196][197][198][199][200][201][202]。鹿科动物在良渚时期被家养动物所反超[16]。位于良渚权力中心的余杭一带,家养动物的数量占据绝对优势。到中心区域以外的苏州、上海一带,家养动物的比例有所下降[170][192][220][222]。到了良渚文化势力范围的边缘地区,野生动物依旧是肉食的主要来源[170]。因此,良渚文化圈不同地域的生业形态是不平衡的[203]。

而水生资源来自不同类型的水空间,良渚人发达的舟楫和高超的捕猎技术有助于获得丰富的鱼类资源[168]。

2.4.3.2 其他文化

钱山漾遗址主要出土了哺乳动物遗存,虽仍以家养动物为主,但相较于良渚时期比例已有明显下降。马桥文化时期又重新成为野生动物为主的时代[192][204][211][222]。

1.马桥文化

良渚文化晚期应该存在过较大的洪水,降水量在这一时期有较大的增加,环境发生了剧烈的变迁。以至于马桥文化时,人们又开始了狩猎采集的生活[205]。

如表2-6所示,良渚文化时期猪的数量多于鹿科动物,而马桥文化与之相反,尤以马桥文化早期为甚,表明从良渚文化到马桥文化,先民获取肉食资源的形式从以饲养家畜为主、狩猎活动为辅转变为以狩猎活动为主、饲养家畜为辅[169]。

表2-6　良渚文化和马桥文化猪与鹿科动物的最小个体统计比例[206]

文化时期	猪	麋鹿	梅花鹿	小型鹿科
良渚文化	50.00%	6.25%	25.00%	12.50%
马桥早期	15.78%	14.00%	33.30%	29.80%
马桥晚期	27.50%	8.40%	32.60%	25.00%

综合来看,在长江下游地区的大部分新石器时期遗址中,野生动物仍是主要的肉食来源。但先民们的肉食结构已经比较多元化[170]。其中凌家滩文化的肉食来源虽然整体以野生动物为主,但中心聚落的凌家滩遗址或已将家畜饲养作为获取动物资源的主要方式,并且产生了不同聚落的资源运输[207]。

家畜饲养全面超越渔猎经济发生在良渚时期。良渚时期农业生产力大发展,家猪饲养和稻作生产成为生业经济的两大支柱[170]。良渚文化之后,家畜饲养发生了明显的衰退,生业经济也重新转为过去的渔猎经济。

2.5　体质人类学分析

长江三角洲平原优越的自然地理环境非常适宜古代人类的繁衍生息,距今 35 万年左右的中更新世晚期,当地出现了以汤山人为代表的早期人类。一方面,汤山人在种系特征上与北京人最为接近,应是现代蒙古人种远古祖先的成员之一。另一方面,汤山人颅骨化石的发现也为人类"多地区起源论"提供了重要证据[208]。

与北方地区相比,这一区域气候潮湿,土壤呈酸性,对古代人类遗骸保存十分不利。目前已经开展过体质人类学研究的先秦时期人骨材料仅有草鞋山组、河姆渡组、马家浜组、绰墩组、圩墩组、三星村组、北阴阳营组、龙虬庄组、花厅组、崧泽组、福泉山组、广富林组、南河浜组及蒋庄组等[209]。

不同的人类组群,在体质特征上明显可分为两大种系类型。第一个种系类型以余姚河姆渡组、马家浜组、崧泽组及福泉山组等人群为代表,该类型居民表现出的长颅、低面、阔鼻、低眶、突颌及身材矮小的体质特征,更多源于对更新世晚期柳江人的继承。与现代东南亚人及大洋洲土著居民具有较近的生物学关系,而与现代华南地区居民疏远。在先秦时期主要活动于浙、闽、粤、桂等南方沿海地区,可能是广义的"古越人",朱泓将该种居民的体质类型命名为"古华南类型"[210]。迫于战乱等因素,一部分"古华南类型"土著居民曾不断向东南亚一带及太平洋诸岛屿迁徙,因而对这些地方现代人种的形成产生了影响[211]。

第二个种系类型被称为"古中原类型",以北阴阳营组、圩墩组、广富林组、三星村组、龙虬庄组及蒋庄组等人群为代表,拥有高而偏狭的颅型、中等面部扁平度、偏低眶型、低面及阔鼻倾向,与现代华南人群种系关系最为亲密,这可能与历史上的南迁有关。该类型居民主要出现在黄河中下游考古学文化中,而长江三角洲平原的部分居民仅是其外延种群,研究也并不充分。进入新石器时代晚期,长江三角洲平原以蒋庄组为代表的良渚文化土著居民还与周边地区存在较近的亲缘关系[228],因此说,相关学者提出的良渚文化北渐应该是伴有基因交流的[212]。

综合以上分析,长江三角洲平原最早在中更新世晚期就已经出现了早期人类,进入新石器时代当地人群活动广泛,在体质特征上呈现出连续性和稳定性。然而,在良渚文化中期以后当地史前文明骤然衰落,与之对应的是人群基因上的嵌入性和混杂性。

2.6 古 DNA 分析

分子生物学的发展为考古学及人类学等领域的研究开辟了新途径,PCR 技术的出现使得古代生物遗骸中 DNA 的揭示成为可能。古 DNA 研究最早出现于 20 世纪 80 年代,目前主要涉及人类的起源与演化、个体性别鉴定、家系研究与群体关系、病理状况与饮食结构、动植物的驯化与家养等研究领域。通过分子生物技术对古代人类遗骸中 DNA 片段的提取、扩增及测序,就可以得到部分古人的遗传结构信息,从而了解人类的生物属性和相互关系[213]。

受自然条件限制,长江三角洲平原古代人类遗骸中 DNA 片段的获取通常较为困难,目前仅复旦大学现代人类学研究中心对马桥地区良渚时期(约距今 4000 年)、马桥时期(约距今 3000 年)、战国时期(约距今 2500 年)、明代(约距今 400 年)及桐乡新地里良渚时期各组先民的 Y 染色体若干 SNP 位点进行了检测[214]。结果显示,马桥地区良渚时期、马桥时期及桐乡新地里良渚时期居民 Y 染色体 SNP 单倍型都是以 M119C 和 M95T 两类突变型为主。这表明以上三组人群在基因上具有一致性,且与汉藏群体及三苗集团蚩尤部落(主要为 M122T 下各支)毫无关系,属于典型的百越民族群体。即使在良渚文化鼎盛时期,周边地区与良渚中心之间也存在明显的文化差异,因此,马桥和桐乡新地里良渚时期居民的遗传结构并不能完全代表整个良渚文化先民的遗传结构。但可以确认的是,此三组先民与大约同时期的北方诸多先民之间不存在任何遗传关系。

马桥地区战国和明代居民 Y-SNP 的检测也发现了 M119C 和 M95T 两类突变型,表明当地从史前至明代人群基因传承的稳定性。此外,战国时期的样品中还检测出了 M122T 突变,这应该与当时吴越争霸和楚国扩张、荆吴人口流入相关。

综合以上分析,历史上马桥地区古代居民曾与周边人群发生过频繁的基因交融,但这并没有改变当地人群主流的遗传结构。长江三角洲平原文化序列复杂。以良渚文化为例,关于其文化特征和人群族属,学界多有不同观点,归纳起来大致有"蚩尤说"[215]"防风氏说"[216]"夏人及其祖先说"[217]"越人说"[218]"羽人说"[219]等。而马桥和桐乡新地里良渚居民 Y-SNP 的检测,说明良渚先民与百越系统具有密切的联系。同一区域内马家浜文化、崧泽文化及良渚文化三者在文化面貌上显然相续。然而,在人种学上的研究仍需不断探索。在未来这些都可以从古 DNA 研究上得到启示。

2.7　食物残留物分析

传统考古学通过遗物、遗址分布和结构来诠释考古发现。但有时遗物、遗址并不足以完全重现当时人们的生产生活方式,需要考古学家寻找更多隐藏信息。食物残留物分析就是一种对"隐藏"信息的分析。

广义上的古代残留物是指在古代人类的生产生活实践中,残留在人们所使用的生产生活工具上甚至人类接触的环境中,经过长时期埋藏并得以保存下来的、具有一定考古学价值的肉眼难以分辨的物质遗存或遗痕。古代残留物可以分为各类有机残留物和工艺遗痕。对有机残留物的研究叫作残留物分析,对工艺遗痕的研究叫作微痕分析[220]。有机残留物主要来自和人类生活联系密切的动植物资源,可以分为可见的残留物(如液体、炭化物等)和不可见的微量残留物(如脂类、酒石酸、树脂酸和植物微体化石等)。前者在考古发掘中相对出土较少;而后者在石器、陶器上广泛存在,是残留物分析的重点。所谓残留物分析是指从残留物载体中提取有机物,利用科学检测手段进行定性定量分析,判断残留物来源,从而了解古代动植物的加工、利用和相关载体的功能等[221]。

残留物分析涉及的领域很广,分析的对象很丰富,包括炭化物、脂类、蛋白质、血液、植硅体、淀粉粒、DNA 等等。虽然针对不同的残留物有不同的研究方法,但在研究思路上部分为现场样品采集、实验室提取、数据对照分析以及残留物来源鉴定四个方面。核心在于寻找考古样品中提取的指标化合物与按照古代方法加工的现代动植物的对应关系[222]。

研究者对浙江跨湖桥遗址(8000～7000BP)出土陶釜内底残片上的残留物进行了研究[223]。结果表明,陶片内壁附着的炭化"锅巴"内包含了种类丰富的植物淀粉粒。根据淀粉粒形态大小和表面特征,可划分为 7 类 8 种,包括来自禾本科稻属(Oryza spp.)、薏苡属薏米(Coix chinensis T)、豆科小豆属(Vigna spp.)、壳斗科栎属(Quercus spp.)以及很有可能是七叶树科七叶树属(Asuculus spp.)种子和果实的淀粉粒,而其余的淀粉粒由于现代淀粉粒形态数据的缺乏而无法鉴定。除此之外,在残留物中还观察到针叶材的具有具缘纹孔的管胞,这可能表明有些食物在加工过程中使用了针叶材制作的工具。陶片残留物中淀粉粒的多样性表明了食物的多样性以及当时人类饮食结构的多元化。

田螺山遗址则对土壤[224]和陶器内的脂类[225]分别进行了提取和识别。水稻土有机质中正构烷烃分布特征反映有机质主要来源于陆生高等植物,水生藻类相对贡献较少,同时,泥炭层的陆源芳构化三萜类化合物较耕作层明显丰富、复杂,反映两者在生态面貌上的差异性,可能揭示了先民在耕作过程中的除草行为。磷脂脂肪酸的分布特征揭示不同时间段的耕作层和非耕作层的微生物群落结构存在较大的差异,可能意味着不同程度的人工干预,随着时间的推移,这种干预有所增加。对陶器内脂质残留物的生物标志物和广泛的稳定同位素分析表明,田螺山的陶器主要用于加工含淀粉的植物性食品与中国稻作农业的早期发展息息相关。

[1]浦江县博物馆.浙江浦江县上山遗址发掘简报[J].考古,2007(9):2,7-18,97-98.

[2]蒋乐平.钱塘江史前文明史纲要[J].南方文物,2012(2):81,86-97.

[3]蒋乐平.跨湖桥文化研究[M].北京:科学出版社,2014.

[4]浙江省文物管理委员会,浙江省博物馆.河姆渡遗址第一期发掘报告[J].考古学报,1978(1):39-94.

[5]王海明,蔡保全,钟礼强.浙江余姚市鲻山遗址发掘简报[J].考古,2001(10):16-27,99-100.

[6]孙国平,黄渭金,郑云飞,等.浙江余姚田螺山新石器时代遗址2004年发掘简报[J].文物,2007(11):4-24.

[7]张之恒主编.中国考古通论[M].南京:南京大学出版社,2009.

[8]浙江省文物管理委员会.浙江嘉兴马家浜新石器时代遗址的发掘[J].考古,1961(7):345.

[9]罗家角考古队.桐乡县罗家角遗址发掘报告[J].浙江省文物考古学刊,1981:1.

[10]上海市文物保管委员会.崧泽——新石器时代遗址发掘报告[M].北京:文物出版社,1987.

[11]叶玮,李凤全,沈叶琴,等.良渚文化期自然环境变化与人类文明发展的耦合[J].浙江师范大学学报(自然科学版),2006(4):455-460.

[12]Liu B, Wang N, Chen M, et al. Earliest hydraulic enterprise in China, 5100 years ago[J]. Proceedings of the National Academy of Sciences of the United States of America,2017:13637.

[13]浙江省文物考古研究所.良渚古城综合研究报告[M].北京:文物出版社,2019.

[14]赵晔.余杭良渚遗址群调查简报[J].文物,2002(10):1,47-56.

[15]朱诚,吴立,李兰,等.长江流域全新世环境考古研究进展[J].地理学报,2014(9):1268-1283.

[16]毛曦.中国新石器时代文化地理[D].西安:陕西师范大学博士学位论文,2001.

[17]徐馨,沈志达.全新世环境[M].贵阳:贵州人民出版社,1990.

[18]郑丽波,郝秀东,禚彬,等.全新世以来浙江余姚河姆渡——田螺山遗址的古环境演变及人类活动[J].古地理学报,2016(5):879-894.

[19]Qiang Z,Chun-Ling L,Cheng Z, et al. Environmental change and its impacts on human settlement in the Changjiang River Delta in Neolithic age[J]. Chinese Geographical Science,2004(3):239-244.

[20]于世永,朱诚,曲维正.太湖东岸平原中全新世气候转型事件与新石器文化中断[J].地理科学,1999(6):549-554.

[21]张强,朱诚,刘春玲,等.长江三角洲7000年来的环境变迁[J].地理学报,2004(4):534-542.

[22]陈杰,陈中原,李春海,等.上海松江区广富林遗址的环境分析[J].考古,2007(7):71-79.

[23]徐怡婷,林舟,蒋乐平.上山文化遗址分布与地理环境的关系[J].南方文物,2016(3):131-138.

[24]李可可,谌洁.河姆渡遗址史前水文化探讨[J].中国水利,2007(5):52-55.

[25]陈桥驿.越族的发展与流散[J].东南文化,1989(6):89-96,130.

[26]黄渭金.试论河姆渡史前先民与自然环境的关系[J].华夏考古,2002(1):28-32.

[27]邵九华.破解河姆渡文化兴衰之谜——水环境对人类生存发展的决定性作用[J].宁波通讯,2002(6):38-39.

[28]贺圣达.东南亚历史重大问题研究[M].昆明:云南人民出版社,2015.

[29]笪浩波.长江中游新石器时代文化与生态环境关系研究[D].武汉:华中师范大学博士学位论文,2009.

[30]林承坤.长江、钱塘江中下游地区新石器时代古地理与稻作的起源和分布[J].农业考古,1987(1):283-292.

[31]孙林,高蒙河.江南海岸线变迁的考古地理研究[J].东南文化,2006(4):11-17.

[32]丁金龙.马家浜文化时期的自然环境与人类活动[J].农业考古,1999(3):44-47.

[33]孙林,高蒙河.马家浜文化区的地理景观[J].华夏考古,2006(3):40-45,73.

[34]耿曙生.太湖地区的原始文明[J].苏州大学学报,1992(4):108-112.

[35]周鸿,郑祥民.试析环境演变对史前人类文明发展的影响——以长江三角洲南部平原良渚古文化衰变为例[J].华东师范大学学报(自然科学版),2000(4):71-77.

[36]Underhil A P. A companion to Chinese archaeology[M]. Hoboken:hohn Wiley & Sons,2013.

[37]姬翔,吴卫华,陈明辉,等.良渚遗址物质的Sr-Nd同位素特征、物源及其对古文化消亡的指示意义[J].高校地质学报,2016(4):631-637.

[38]史威,马春梅,朱诚,等.太湖地区多剖面地层学分析与良渚期环境事件[J].地理研究,2008(5):1129-1138.

[39]刘会平,王开发.沪杭苏地区若干文化遗址的孢粉—气候对应分析[J].地理科学,1998(4):77-82.

[40]景存义.太湖地区全新世以来古地理环境的演变[J].地理科学,1985(3):227-234.

[41]吴维棠.从新石器时代文化遗址看杭州湾两岸的全新世古地理.地理学报,1983(2):113-126.

[42]陈中原,洪雪晴,李山,等. 太湖地区环境考古[J]. 地理学报,1997(2):131-137.

[43]严钦尚,洪雪晴.长江三角洲南部平原全新世海侵问题[J].海洋学报(中文版),1987(6):744-752.

[44]Zhang Q,Jiang T,Shi Y,et al. Paleo-environmental changes in the Yangtze Delta during past 8000 years[J]. Journal of Geographical Sciences,2004(1):105-112.

[45]Houghton J T,Jenkins G L,Ephraums J J. Climate Change:The Intergovernmental Panel on Climate Change[M]. Cambridge:Cambridge University Press,1990:30-120.

[46]杨怀仁. 中国东部近20000年以来的气候波动与海面升降[C]//杨怀仁.第四纪冰川与第四纪地质论文集:第二辑.北京:地质出版社,1987:1-18.

[47]张明华. 良渚文化突然消亡的原因是洪水泛滥[J]. 江汉考古,1998(1):62-65.

[48]陈杰. 良渚文明兴衰的生态史观[J]. 东南文化,2005(5):34-41.

[49]申友良. 全新世环境与彭头山文化水稻遗存[J]. 农业考古,1994(3):84-87.

[50]沈志忠,陈越.宁镇地区早期农业发展研究[J]. 中国农史,2013(6):21-29.

[51]Song B,Li Z,Saito Y,et al. Initiation of the Changjiang(Yangtze) delta and its response to the mid-Holocene sea level change [J]. Palaeogeography Palaeoclimatology Palaeoecology,2013(388):81-97.

[52]刘锐. 宁绍—杭嘉湖地区末次冰消期以来的古气候环境演化与早期人类文明 [D].南京:南京大学博士学位论文,2017.

[53]舒军武,王伟铭,陈炜. 太湖平原西北部全新世以来植被与环境变化[J].微体古生物学报,2007(2):210-221.

[54]Li C H,Zhang G Y,Yang L Z,et al. Pollen and phytolith analyses of ancient paddy fields at Chuodun site,the Yangtze River Delta [J]. Pedosphere,2007(2):209-218.

[55]郑建明.环太湖地区与宁绍平原史前文化演变轨迹的比较研究［D］.上海：复旦大学博士学位论文,2007.

[56]薛滨,姚书春,刘金亮,等.长江中下游湖泊沉积地球化学与环境演变［M］.南京：南京大学出版社,2018.

[57]徐馨.中国东部全新世自然环境演变［J］.贵州地质,1989(3)：227-238.

[58]Zhao Z J . The Middle Yangtze region in China is one place where rice was domesticated：phytolith evidence[J]. Antiquity, 1998.

[59]赵志军,蒋乐平.浙江浦江上山遗址浮选出土植物遗存分析[J].南方文物,2016(3):109-116.

[60]Yang X Y, Fuller D Q, Huan X J, et al. Barnyard grasses were processed with rice around 10000 years ago[J]. Scientific reports, 2015 (5):16251.

[61]王佳静,蒋乐平.浙江浦江上山遗址打制石器微痕与残留物初步分析[J].南方文物,2016(3):117-121.

[62]郑云飞,蒋乐平.上山遗址出土的古稻遗存及其意义[J].考古,2007(9)：2,19-25,99.

[63]郇秀佳,李泉,马志坤,等.浙江浦江上山遗址水稻扇形植硅体所反映的水稻驯化过程[J].第四纪研究,2014(1):106-113.

[64]Wu Y, Jiang L, Zheng Y, et al. Morphological trend analysis of rice phytolith during the early Neolithic in the Lower Yangtze[J]. Journal of Archaeological Science, 2014(49):326-331.

[65]郑云飞,陈旭高,王海明.浙江嵊州小黄山遗址的稻作生产——来自植物硅酸体的证据[J].农业考古,2013(4):11-17.

[66]尹承龙,杨玉章,李为亚,等.浙江龙游荷花山遗址出土石器、陶器表面植物微体遗存研究[C]//浦江博物馆.上山文化论集.北京：中国文史出版社,2018:112-123.

[67]蒋乐平,雷栋荣.万年龙游：龙游史前文化探源[M].北京：中国文史出版社,2016.

[68]Zheng Y F, Crawford G W, Jiang L P, et al. Rice Domestication Revealed by Reduced Shattering of Archaeological rice from the Lower

Yangtze valley[J]. Scientific Reports，2016(1)：613-621.

[69]郑云飞,蒋乐平,Crawford G W,等.稻谷遗存落粒性变化与长江下游水稻起源和驯化[J].南方文物,2016(3)：122-130.

[70]潘艳,郑云飞,陈淳.跨湖桥遗址的人类生态位构建模式[J].东南文化,2013(6)：54-65.

[71]浙江省文物考古研究所,萧山博物馆.跨湖桥[M].北京：文物出版社,2004：270-277.

[72]郑云飞,孙国平,陈旭高.7000年前考古遗址出土稻谷的小穗轴特征[J].科学通报,2007(9)：1037-1041.

[73]浙江省文物考古研究所、萧山博物馆.跨湖桥[M].北京：文物出版社,2004：312.

[74]汤陵华.龙虬庄遗址稻作遗存的鉴定与分析[C]//龙虬庄遗址考古队.龙虬庄：江淮东部新石器时代遗址发掘报告.北京：科学出版社.1999：440-448

[75]王才林.龙虬庄遗址水稻植物蛋白石的分析[C]//龙虬庄遗址考古队.龙虬庄：江淮东部新石器时代遗址发掘报告.北京：科学出版社.1999：448-458.

[76]浙江省博物馆自然组.河姆渡遗址动植物遗存的鉴定研究[J].考古学报,1978(1)：56-59,95-107.

[77]浙江省文物考古研究所.河姆渡——新石器时代遗址考古发掘报告[M].北京：文物出版社,2003：216-217.

[78]俞为洁,徐耀良.河姆渡文化植物遗存的研究[J].东南文化,2000(7)：24-32.

[79]游修龄.对河姆渡遗址第四文化层出土稻谷和骨耜的几点看法[J].文物,1976(8)：20-23.

[80]周季维.浙江余姚河姆渡新石器时代遗址出土稻粒形态分析鉴定[M]//浙江省文物考古研究所.河姆渡——新石器时代遗址考古发掘报告.北京：文物出版社,2003：429-430.

[81]郑云飞,俞为洁.河姆渡遗址稻的硅酸体分析[J].浙江农业大学学报,1994(1)：81-85.

[82]傅稻镰,秦岭,赵志军,等.田螺山遗址的植物考古分析——野生植物资源采集与水稻栽培、驯化的形态学观察[C]//北京大学中国考古学研究中

心,浙江省文物考古研究所.田螺山遗址自然遗存综合研究.北京:文物出版社,2011:47-96.

[83]郑云飞,陈旭高,孙国平.田螺山遗址出土植物种子反映的食物质生产活动[C]//北京大学中国考古学研究中心,浙江省文物考古研究所.田螺山遗址自然遗存综合研究.北京:文物出版社,2011:97-107.

[84]宁波市文物考古研究所.傅家山——新石器时代遗址考古发掘报告[M].北京:科学出版社,2013:144-145.

[85]王海明,蔡保全,钟礼强.浙江余姚市鲻山遗址发掘简报[J].考古,2001(10):14-25,97-98.

[86]郑云飞,陈旭高,孙国平.鲻山遗址古栽培稻研究[C]//裴安平,张文绪.史前稻作研究文集.北京:科学出版社,2009:129-135.

[87]虞富莲.田螺山遗址出土树根树种的探讨[C]//第十一届国际茶文化研讨会暨第四届中国重庆国际茶文化旅游节论文集.北京:中央文献出版社,2010.

[88]潘艳,袁靖.新石器时代至先秦时期长江下游的生业形态研究(上)[J].南方文物,2018(4):111-125.

[89]高玉.环太湖地区新石器时代植物遗存与生业经济形态研究[D].北京:北京大学硕士学位论文,2012.

[90]谷建祥,邹厚本,李民昌,等.对草鞋山遗址马家浜文化时期稻作农业的初步认识[J].东南文化,1998(3):15-24.

[91]宇田津彻郎,汤陵华,王才林,等.中国的水田遗构探查[J].农业考古,1998(1):138-153.

[92]汤陵华,佐藤洋一.中国草鞋山遗址古代稻种类型[J].江苏农业学报,1999(4):193-197.

[93]秦岭,傅稻镰.绰墩遗址与澄湖出土的部分植物遗存[C]//苏州市考古研究所.昆山绰墩遗址.北京:文物出版社.2011.

[94]曹志洪,杨林章,林先贵,等.绰墩遗址新石器时期水稻田、古水稻土剖面、植硅体和炭化稻形态特征的研究[J].土壤学报,2007(5):838-847.

[95]汤凌华.绰墩遗址稻作遗存鉴定与植物硅酸体分析[C]//苏州市考古研究所.昆山绰墩遗址.北京:文物出版社.2011.

[96]李春海,章钢娅,杨林章,等.绰墩遗址古水稻土孢粉学特征初步研究[J].土壤学报,2006(3):452-460.

[97]邱振威,蒋洪恩,丁金龙.江苏昆山姜里新石器时代遗址植物遗存研究[J].文物,2013(1):90-96.

[98]邱振威,蒋洪恩,丁金龙,等.江苏昆山姜里遗址马家浜文化水田植硅体分析[J].东方考古,2014:374-386.

[99]王才林,丁金龙.吴江广福村遗址的古稻作研究[J].农业考古,2001(3):97-103.

[100]丁金龙,杨舜融,张照根.江苏吴江广福村遗址发掘简报[J].文物,2001(3):41-51.

[101]罗家角考古队.桐乡县罗家角遗址发掘报告[C]//浙江省文物考古所.浙江省文物考古所学刊.北京:文物出版社.1981:1-42.

[102]周季维.长江中下游出土古稻考察报告[J].云南农业科技,1981(6):1-6,50.

[103]郑云飞,芮国耀,松井章,等.罗家角遗址水稻硅酸体形状特征及其在水稻进化上的意义[J].浙江大学学报(农业与生命科学版),2001(6):104-109.

[104]张梅坤.桐乡新桥遗址试掘报告[J].农业考古,1999(3):77-87.

[105]游修龄.圩墩遗址出土炭化稻鉴定[J].考古学报,2001(1):109-110.

[106]陈娟英.试析常州圩墩新石器时代遗址的原始农业因素[J].农业考古,2000(1):101-103,128.

[107]江苏省圩墩遗址考古发掘队.常州圩墩遗址第五次发掘报告[J].东南文化,1995(4):69-94.

[108]林留根,田名利,徐建清,等.江苏宜兴骆驼墩遗址发掘报告[J].东南文化,2009(5):26-44,130-131.

[109]林留根,田名利,徐建清.江苏宜兴市骆驼墩新石器时代遗址的发掘[J].考古,2003(7):579-585,673-674.

[110]张文绪,林留根.长江下游地区骆驼墩、龙虬庄遗址古稻的研究[C]//裴安平,张文绪.史前稻作研究文集.北京:科学出版社,2009.

[111]李兰,朱诚,林留根,等.江苏宜兴骆驼墩遗址地层7500~5400BC的海侵事件记录[J].地理学报,2008(11):1189-1197.

[112]田名利,谈国华,徐建清,等.江苏宜兴西溪遗址发掘纪要[J].东南文化,

2009(5):59-62.

[113]汤凌华.炭化稻米分析[C]//溧阳神墩.北京:文物出版社,2016:483-487.

[114]王根富,张君.江苏金坛三星村新石器时代遗址[J].文物,2004(2):1,4-26.

[115]王才林,周裕兴,王志高,等.江苏高淳县薛城遗址的植物蛋白石分析[J].农业考古,2002(3):55-61.

[116]郑云飞,刘斌,松井章,等.从南庄桥遗址的稻硅酸体看早期水稻的系统演变[J].浙江大学学报(农业与生命科学版),2002(3):107-113.

[117]秦岭.东山村遗址出土植物遗存分析[C]//南京博物院,张家港市文管办,张家港博物馆.新石器时代遗址发掘报告.北京:文物出版社.2016:605-624.

[118]王才林,丁金龙.张家港东山村遗址的古稻作研究[J].农业考古,1999(3):88-97.

[119]叶常丰,游修龄.崧泽遗址古代种子鉴定报告[C]//上海市文物保管委员会.新石器时代遗址发掘报告.北京:文物出版社.1987:129-130.

[120]王开发,张玉兰,叶志华,等.根据孢粉分析推断上海地区近六千年以来的气候变迁[J].大气科学,1978(2):139-144,181.

[121]李春海,章钢娅,杨林章,等.绰墩遗址古水稻土孢粉学特征初步研究[J].土壤学报,2006(3):452-460.

[122]王才林,丁金龙.吴江广福村遗址的古稻作研究[J].农业考古,2001(3):97-103.

[123]郑云飞,芮国耀,松井章,等.罗家角遗址水稻硅酸体形状特征及其在水稻进化上的意义[J].浙江大学学报(农业与生命科学版),2001(6):104-109.

[124]丁金龙.马家浜文化时期水田与稻作农业[J].嘉兴学院学报,2010(5):22-27.

[125]王根富.稻作农业与人口——从金坛三星村遗址出土的炭化稻谈起[J].农业考古,1998(1):263-264.

[126]郑云飞.南河浜遗址植物硅酸体分析报告[C]//浙江省文物考古研究所.南河浜——崧泽文化遗址发掘报告.北京:文物出版社,2005:387-393.

[127]高玉,秦岭.小兜里遗址出土植物遗存分析[C]//浙江省文物考古研究所,海宁市博物馆.小兜里.北京:文物出版社,2015:397-402.

[128]游修龄.青浦福泉山遗址出土种子的鉴定[C]//上海市文物管理委员会.福泉山——新石器时代遗址发掘报告.北京:文物出版社,2000:170.

[129]陈旭高.小兜里植物遗存调查分析报告[C]//浙江省文物考古研究所,海宁市博物馆.小兜里.北京:文物出版社,2015:396.

[130]纪仲庆.江苏海安青墩遗址[J].考古学报,1983(2):147-190,275-282.

[131]宇田津彻朗,邹厚本,藤原宏志,等.江苏省新石器时代遗址出土陶器的植物蛋白石分析[J].农业考古,1999(1):36-45.

[132]蔡永立,章薇,过仲阳,等.孢粉-气候对应分析重建上海西部地区8.5kaB.P.以来的气候[J].湖泊科学,2001(2):118-126.

[133]邱振威,叶润清,罗虎,等.安徽芜湖计村大城子遗址植硅体分析与相关问题[J].博物院,2019(4):45-53.

[134]郑云飞.植物种子和果实遗存的分析[C]//浙江省文物考古研究所.下家山.北京:文物出版社.2014:418-424.

[135]郑云飞.良渚文化时期的社会生业形态与稻作农业[J].南方文物,2018(1):60,93-101.

[136]邱振威,丁金龙,蒋洪恩,等.江苏昆山朱墓村良渚文化水田植物遗存分析[J].东南文化,2014(2):57-67.

[137]王才林,丁金龙.江苏昆山市少卿山遗址的植物蛋白石分析[J].考古,2000(4):87-92.

[138]钱公麟,姜节余,丁金龙,等.江苏吴江龙南新石器时代村落遗址第一、二次发掘简报[J].文物,1990(7):1-27,97-101.

[139]郑云飞,游修龄,徐建民,等.龙南遗址红烧土植物蛋白石分析[J].中国水稻科学,1994(1):55-56.

[140]汤陵华,邹江石,王才林,等.江苏梅埝龙南遗址古稻作的调查[J].农业考古,1992(1):70-73.

[141]王海玉,翟杨,陈杰,等.广富林遗址(2008年)浸水植物遗存分析[J].南方文物,2013(2):139-147.

[142]张玉兰,张敏斌,宋建.从广富林遗址中的植硅体组合特征看先民农耕发展[J].科学通报,2003(1):96-99.

[143]宋建.生存环境和生存形式[C]//上海市文物管理委员会.马桥:1993—

1997 年发掘报告.上海:上海书画出版社.2002:341-344.

[144]郑云飞,陈旭高,丁品.浙江余杭茅山遗址古稻田耕作遗迹研究[J].第四纪研究,2014(1):85-96.

[145]庄奕杰,丁品,Charles F.中国长江下游茅山遗址新石器时代晚期水稻耕作的水资源管理及农业集约化[C]//山东大学文化遗产研究院.东方考古(第 12 集).北京:科学出版社.2015:398-415.

[146]王开发,张玉兰,封卫青,等.上海地区全新世植被、环境演替与古人类活动关系探讨[J].海洋地质与第四纪地质,1996(1):1-4.

[147]徐峰.良渚时期环太湖地区的水资源管理——以良渚古城为中心[J].中原文化研究,2019(5):14-23.

[148]周子康,刘为纶.杭州湾南岸全新世温暖期气候的基本特征[J].杭州大学学报:自然科学版,1996(1):80-86.

[149]吴立,朱诚,郑朝贵,等.全新世以来浙江地区史前文化对环境变化的响应[J].地理学报,2012(7):903-916.

[150]潘艳,袁靖.新石器时代至先秦时期长江下游的生业形态研究(二)[J].南方文物,2019(1):122-135.

[151]赵志军.中国稻作农业起源研究的新认识[J].农业考古,2018(4):7-17.

[152]林留根.长江下游地区史前经济与社会文明化进程[D].南京:南京师范大学博士学位论文,2011.

[153]郑云飞.植物种子和果实遗存分析报告[C]//浙江省文物考古研究所,湖州市博物馆.钱山漾第三四次发掘报告.北京:文物出版社.2014:431-437.

[154]李久海,董元华,曹志洪,等.6000 年以来水稻土剖面中多环芳烃的分布特征及来源初探[J].土壤学报,2007(1):41-46.

[155]袁靖.中国古代家养动物的动物考古学研究[J].第四纪研究,2010(2):298-306.

[156]浙江省文物考古研究所,萧山博物馆.跨湖桥[M].北京:文物出版社,2004:241-270.

[157]浙江省文物考古研究所,萧山博物馆.跨湖桥[M].北京:文物出版社,2004:312-313.

[158]张颖.河姆渡文化的渔猎策略:生物分类生境指数在动物考古学中的应

用[J].第四纪研究,2021(5):292-303.

[159]魏丰,吴维棠.浙江余姚河姆渡新古器时代遗址动物群[M].北京:海洋出版社,1989.

[160]浙江省文物考古研究所.河姆渡——新石器时代遗址考古发掘报告[M].北京:文物出版社,2003.

[161]松井章,真贝理香,丸山真史,等.田螺山遗址出土鱼类遗存的研究(初报)[C]//松井章,菊地大树.中国新石器时代家畜、家禽的起源和东亚地区扩散的动物考古学研究.奈良:奈良文化财研究所,2016:7-14.

[162]平山廉,松井章,孙国平.田螺山遗址出土的淡水龟类研究[C]//松井章,菊地大树.中国新石器时代家畜、家禽的起源和东亚地区扩散的动物考古学研究.奈良:奈良文化财研究所,2016:15-21.

[163]江田真毅,松井章,孙国平.田螺山遗址鸟类动物利用的研究[C]//松井章,菊地大树.中国新石器时代家畜、家禽的起源和东亚地区扩散的动物考古学研究.奈良:奈良文化财研究所,2016:23-42.

[164]张颖,袁靖,黄蕴平,等.田螺山遗址出土的淡水龟类研究[C]//北京大学中国考古学研究中心,浙江省文物考古研究所.田螺山遗址自然遗存综合研究.北京:文物出版社,2011:172-205.

[165]俞博雅.中国家猪驯化路线初探——以中原地区与长江下游地区遗址出土猪骨为例[D].杭州:浙江大学硕士学位论文,2016.

[166]罗鹏.傅家山遗址出土动物骨骼遗存鉴定和研究[C]//宁波市文物考古研究所,宁波市文物管理所.宁波文物考古研究文集.北京:科学出版社,2008:61-73.

[167]南川雅男,松井章,中村慎一,等.由田螺山遗址出土的人类与动物骨骼胶质碳氮同位素组成推测河姆渡文化的食物资源与家畜利用[C]//北京大学中国考古学研究中心,浙江省文物考古研究所.田螺山遗址自然遗存综合研究.北京:文物出版社,2011:262-269.

[168]庄田慎矢.探寻失落的料理——东亚陶器上脂肪残留物的分析[R].上海:复旦大学,2018.

[169]孙湘君,杜乃秋,陈明洪."河姆渡"先人生活时期的古植被,古气候[J].植物学报,1981(2):64-69,100-102.

[170]魏丰,等.浙江余姚河姆渡新石器时代遗址动物群[M].北京:海洋出版社,1990.

[171]季学原主编.姚江文化史[M].宁波:宁波出版社,1998.

[172]宋艳波.马家浜文化中晚期的生业经济研究——以动物考古学为视角[J].东南文化,2019(5):47-55.

[173]刘羽阳,袁靖.绰墩遗址出土动物遗存研究报告[C]//苏州市考古研究所.昆山绰墩遗址.北京:文物出版社.2011:372-380.

[174]张明华.罗家角遗址的动物群[C]//浙江省文物考古研究所.浙江省文物考古研究所学刊.北京:文物出版社.1981:43-53.

[175]张颖.田螺山、江家山和下家山遗址的动物遗存和相关问题探讨[D].北京:北京大学硕士学位论文,2009.

[176]黄文几.圩墩新石器时代遗址出土动物遗骨的鉴定[J].考古,1978(4):241-243.

[177]黄象洪.常州圩墩新石器时代遗址第四次(1985)发掘出土的动物遗存研究[C]//上海市自然博物馆.考察与研究.上海:上海科学技术文献出版社.1990:20-30.

[178]黄象洪.圩墩遗址出土动物遗骸鉴定[J].考古学报,2001(1):108.

[179]黄宝玉,朱祥根,蔡华伟,等.江苏宜兴骆驼墩、西溪遗址全新世软体动物[J].海洋科学,2005(8):86-96.

[180]宋艳波,田名利.江苏宜兴西溪新石器时代遗址脊椎动物研究报告[C]//山东省文物考古研究所.海岱考古(第九辑).北京:科学出版社.2017:335-337.

[181]宋艳波,田名利.江苏溧阳神墩新石器时代遗址动物遗存分析报告[C]//山东省文物考古研究所.海岱考古(第九辑).北京:科学出版社.2017:358-364.

[182]胡耀武,王根富,崔亚平,等.江苏金坛三星村遗址先民的食谱研究[J].科学通报,2007(1):85-88.

[183]周裕兴,王志高,张金喜.江苏高淳县薛城新石器时代遗址发掘简报[J].考古,2000(5):1-20,97-101.

[184]董宁宁.东山村遗址出土动物骨骼鉴定报告[C]//南京博物院,张家港

市文管办,张家港博物馆.东山村:新石器时代遗址发掘报告.北京:文物出版社.2016:586-604.

[185]浙江省文物管理委员会.浙江嘉兴马家浜新石器时代遗址的发掘[J].考古,1961(7):5-6,345-351,354.

[186]宋艳波.马家浜文化早期的生业经济研究——以动物考古学为视角[J].东南文化,2017(5):72-77.

[187]管理,林留根,侯亮亮,等.环太湖地区马家浜文化早期家猪驯养信息探讨——以江苏骆驼墩遗址出土猪骨分析为例[J].南方文物,2019(1):151-158,297.

[188]黄象洪,曹克清.崧泽遗址中的人类和动物遗存[C]//上海市文物保管委员会.崧泽——新石器时代遗址发掘报告.北京:文物出版社.1987:108-114.

[189]金幸生.南河浜遗址动物骨骸鉴定报告[C]//浙江省文物考古研究所.南河浜——崧泽文化遗址发掘报告.北京:文物出版社.2005:377-379.

[190]黄象洪.青浦福泉山遗址出土的兽骨[C]//上海市文物保管委员会.福泉山——新石器时代遗址发掘报告.北京:文物出版社.2000:168-169.

[191]王华,游晓蕾,田正标,等.浙江桐乡董家桥遗址动物遗存初步分析[C]//浙江省文物考古研究所.浙江省文物考古研究所学刊(第十辑).北京:文物出版社.2015:165-170.

[192]徐志楠.青墩遗址的动物遗存[C]//李春涛,王其银.青墩考古.江苏:苏州大学出版社,2010:87-92.

[193]李民昌.自然遗物——动物[C]//龙虬庄遗址考古队.龙虬庄:江淮东部新石器时代遗址发掘报告.北京:科学出版社,1999:464-492.

[194]吕鹏,戴玲玲,吴卫红.由动物遗存探讨凌家滩文化的史前生业[J].南方文物,2020(3):172-178.

[195]吕鹏,蒋乐平.塔山遗址动物遗存鉴定[C]//浙江省文物考古研究所,象山县文物管理委员会.象山塔山.北京:文物出版社.2014:295-300.

[196]浙江省文物考古研究所,诸暨博物馆,浦江博物馆.楼家桥、蜇塘山背、尖山湾[M].北京:文物出版社.2010.

[197]张颖.动物骨骼的鉴定和研究[C]//浙江省文物考古研究所.下家山.北

京：文物出版社. 2014：424-432.

[198]金幸生，野田芳和.软体动物的鉴定和研究[C]//浙江省文物考古研究所.下家山.北京：文物出版社. 2014：433-437.

[199]松井章，菊地大树，松崎哲也，等.良渚遗址群美人地遗址出土的动物遗存（初报）[C]//松井章，菊地大树.中国新石器时代家畜、家禽的起源和东亚地区扩散的动物考古学研究.奈良：奈良文化财研究所，2016：51-53.

[200]吴建民.龙南新石器时代遗址出土动物遗骸的初步鉴定[J]. 东南文化，1991(Z1)：179-182.

[201]张全超，汪洋，翟杨.上海松江区广富林遗址良渚时期人骨微量元素的初步研究[J].东南文化，2010(1)：31-36.

[202]袁靖.第七章：自然遗存（二）——动物[C]//上海市文物管理委员会.马桥：1993—1997年发掘报告.上海：上海书画出版社，2002：347-369.

[203]袁靖.中国新石器时代至先秦时期生业初探[J].南方文物，2019(5)：200-209

[204]张颖.动物遗存分析报告[C]//浙江省文物考古研究所，湖州市博物馆.钱山漾第三四次发掘报告.北京：文物出版社，2014：437-447.

[205]贾学德，郑建明.人地关系简论——以环太湖史前的食物结构变化为例[J].农业考古，2006(1)：18-22.

[206]上海市文物管理委员会.马桥1993—1997年发掘报告[M].上海：上海书画出版社，2002.

[207]吕鹏，吴卫红.长江下游和淮河中下游地区史前生业格局下的凌家滩文化[J].南方文物，2020(2)：119-125

[208]穆西南，许汉奎，穆道成，等.南京汤山古人类化石的发现及其意义[J].古生物学报，1993(4)：393-399,537-538.

[209]朱晓汀.江苏兴化蒋庄良渚文化墓葬人骨研究[D].长春：吉林大学博士学位论文，2018.

[210]朱泓.建立具有自身特点的中国古人种学研究体系[M].长春：吉林大学出版社，1996.

[211]朱泓.中国古代居民体质人类学研究[M].北京：科学出版社，2014：27-35.

[212]栾丰实.良渚文化的北渐[J].中原文物，1996(3)：52-59.

[213]黄颖.长江中下游古代人类遗骸的 DNA 研究[D].上海:复旦大学硕士学位论文,2004.

[214]杨俊,等.上海原住民的 Y 染色体遗传分析[J].中央民族大学学报(自然科学版),2004(1):60-69.

[215]牟永抗,刘斌.纪念良渚遗址发掘 50 周年[C]//余杭县政协文史资料委员会编,良渚文化.1987.

[216]张长工.神话大禹诛防风与良渚文化断代[M]//文明的曙光——良渚文化.杭州:浙江人民出版社,1996.

[217]金经天.大禹与绍兴会稽补述[M]//大禹论.杭州:浙江大学出版社,1995.

[218]王文光.中国南方民族史[M].北京:民族出版社,1999.

[219]毛昭晰.羽人与海上之路[C]//弥生的王国.日本东亚交流史研究会编,1993.

[220]吕烈丹.考古器物的残余物分析[J].文物,2002(5):83-91.

[221]龚德才,杨玉璋.探索未解之谜的宝库——残留物分析在考古学研究中的应用[J].中国文物科学研究,2011(1):54-59

[222]杨益民.古代残留物分析在考古中的应用[J].南方文物,2008(2):20-25.

[223] Yang X Y, Jiang L P. Starch grain analysis reveals ancient diet at Kuahuqiao site, Zhejiang Province[J]. Chinese Science Bulletin, 2010(12): 1150-1156.

[224]Zhang Y, Sun G, Yang Y, et al. Reconstruction of the use of space at Tianluoshan, China, Based on palynological and lipid evidence[J]. Environmental Archaeology, 2020(12):1-13.

[225]Shoda S, Lucquin A, Sou C I, et al. Molecular and isotopic evidence for the processing of starchy plants in early Neolithic pottery from China[J]. Scientific Reports, 2018(8):17044.

3 稳定同位素方法原理及回顾

中国的稳定同位素考古从诞生之日起,就打上了深深的考古学烙印,它是为了解决考古学问题而产生的一门全新的交叉学科方向。本章首先回顾中国稳定同位素考古筚路蓝缕的发展历程,并尝试进行分期,揭示每个时期的发展基本特征;其次,介绍与本书有关的稳定同位素基本原理、测试方法、样品制备方法、污染鉴别原理与方法、碳(C)、氮(N)、氧(O)稳定同位素分析原理等,以期让读者基本了解本研究的方法论;最后,总结已有研究的不足,指出中国的稳定同位素考古研究结果重个案、轻体系,与考古学结合仍不够密切等问题,并提出综合稳定同位素考古、考古学文化背景、体质人类学、动植物考古等多个方面进行研究的思路,在稳定同位素研究中要强调对同位素基线的建构,从而能更准确地揭示多种食源(尤其是水稻)在先民食物结构中的地位,更完整地重建当时当地先民的生业模式。

3.1 中国稳定同位素发展简史

稳定同位素方法在中国考古学中的运用已走过了 35 个春秋,产生了一系列重要的研究结果、发表了众多的研究成果,参与了诸如农业起源、文明起源等重大问题的探讨,为众多考古学问题的解决提供了极有价值的科学依据,呈现出越来越红火的蓬勃发展态势。

现简要回顾这一方法在中国发展的历程。以重要文献的发表、重要会议的召开等事件为线索,可以将这一过程简单划分为五期,分别为孕育期(1959～1983 年)、开创期(1984～1997 年)、兴起期(1998～2002 年)、发展期(2003～

2013 年)、蓬勃发展期(2014 年至今)。

3.1.1 孕育期(1959～1983 年)

稳定同位素方法在考古学中的运用是建立在两个前提之下的,首先是同位素的发现与广泛运用,其次是稳定同位素在生物体内富集、分馏等效应规律性的认识,而这两个前提都是在 20 世纪奠定的。

具有相同的质子数,但中子数不同的同一元素的不同核素,相互间可称为同位素。1912 年世界第一台质谱仪——一个简陋的抛物线装置,由英国物理学家汤姆森(Joseph John Thomson)研制成功,1913 年利用这台装置,他发现了惰性气体氖(Ne)的两条谱线,开启了全球使用物理实验方法分离稳定元素的同位素的科学历程,这台抛物线装置也被公认为现代质谱仪器的雏形。之后,汤姆森的学生、助手和同事,阿斯顿(Francis William Aston)改进了这台抛物线装置,制造了一台具有速度聚焦功能的质谱仪,不仅证明了汤姆森发现的氖的两种同位素^{20}Ne 和^{22}Ne 的真实存在,而且发现和测量了其他 70 多种元素的 200 多种同位素。此后,随着质谱仪器性能的改进和测量方法的不断进步,更多的同位素被发现、测定与研究,迄今为止,已发现的 109 种元素均有放射性同位素,只有 20 种元素未发现稳定同位素。在多种学科中都能看到同位素的身影,如核工业和核科学、同位素地质学、同位素地球化学、同位素宇宙学、医学、环境、生物、农学、化学、考古与文物等等,在国民经济的很多部门中均发挥极其重要的作用。

同位素进入中国是新中国建立后对核武器的研制与研发。20 世纪 50 年代末,我国核工业部门率先引进同位素质谱仪,其后,中国科学院、原地矿部、农业部等部委的相关实验室也纷纷开始采用稳定同位素质谱分析方法,极大地推动了我国同位素的研究与运用进展。在诸多的同位素中,对考古界影响最大的莫过于碳同位素。目前,碳元素发现有质量数 8－19 的多种同位素,其中^{12}C、^{13}C 为天然的稳定同位素,^{14}C 为天然的放射性同位素,其余均为人工合成的放射性同位素。^{14}C 同位素具有放射性,放射出 β^- 射线,其半衰周期稳定、可测(剑桥半衰期约为 5730±40 年;利比半衰期约为 5568±30 年),因而是一种良好的示踪元素。1940 年^{14}C 首先被发现,其后威拉得·弗兰克·利比(Willard Frank Libby)发明了碳-14 年代测定法,为准确定年提供了极为有力的"利器"。1947年郑昌时撰文介绍放射性元素碳十四[1],解放后,夏鼐先生多次呼吁要善于"利用自然科学的新方法来解决考古学上的问题"[2],尤其是利用放射性碳素来确定时代,1955年夏鼐先生在《考古通讯》上专门介绍放射性同位素在国际考古学上研究和应用的最新前沿动态,前瞻性地指出"碳-14的测定年代法,对于考古学的研究是非常重要的"[3],这为我国开展碳-14测年工作奠定了非常重要的认识基础。事实上,虽然1955年苏联发表声明决定帮助我国和平利用原子能,但要把这一珍贵的战略资源运用到考古当中,仍然面临很多实际的困难,首当其冲的便是人才难寻。

时至1957年,国家政治形势风云变幻,巨大的浪潮波及了在中科院高能物理所(原近代物理所)工作的一对年轻科学家夫妇——仇士华先生和蔡莲珍先生。在2008年张雪莲对仇先生的访谈[4]中,仇先生详细提到他从原子能研究转为考古研究的原因:1955年,他与夫人蔡莲珍从复旦大学物理系毕业后,被分配进由著名科学家钱三强任所长的中科院高能物理所工作,认识了时任第五研究室主任的杨承宗先生。就在仇、蔡夫妇二人兢兢业业、全神贯注进行科学研究之时,犹如晴天霹雳一般,在1957年春夏之交,双双被划为右派,不久即被下放劳动,两人的命运被彻底改变。值此关键之时,杨承宗先生及时地伸出了援助之手。由于杨先生与夏鼐先生交往密切,深知夏先生迫切地想要建立中国的碳十四测年实验室,一直苦于没有合适的人选,因此,杨先生就把仇、蔡夫妇推荐给了夏先生。这一推荐正中夏先生下怀,夏先生借此之机点名向钱三强所长要人,将正面临困境的仇、蔡两位先生调入考古所,筹建碳十四断代实验室。1959年初,仇先生夫妇到考古所后,面对一穷二白的艰难境况,夫妇二人除认真研读利比1955出版的 *Radiocarbon dating* 一书之外,还要学习电工、焊工、金属加工、玻璃吹制等技术工艺,自己设计、加工、制造、调试出一整套测试仪器,难度之大可想而知。经过三年的艰苦奋斗,仇士华夫妇用实际行动向党、国家、人民证明了自己的忠诚,初步建成了我国第一个碳十四测年实验室,至1965年5月,开始测定出第一批标本的年代数据,至1972年公布了第一批测定年代数据,交出了一份让所有人满意的答卷。[5]

正因如此,仇士华先生和蔡莲珍先生夫妇二人被誉为我国碳-14测年法的创始者。在他们的积极推动下,碳-14测年法在我国考古领域中迅速得到了广泛的运用,极大地推进了我国考古事业的发展,也为中国稳定同位素研究方向的诞生提供了一定的同位素实验方面的基础和条件。

对稳定同位素在生物体内富集、分馏等效应规律性的认识，也在 20 世纪得到了巨大的发展。天然稳定同位素能够示踪人的食物来源、食物结构、运动规律，是建立在对同位素天然丰度比值变异规律的认识基础上的。自然界中的有些元素，在循环与周转的过程中，因其同位素之间的存在核质量上的差异，这种差异经过物理、化学或生物的变化过程后，会发生热力学、动力学分馏现象，改变其同位素组成，这就是同位素分馏。不同来源样品的元素，在分馏过程中受环境等因素的影响，所产生的同位素丰度的变异就会携带环境等因素的信息，通过对其进行反演，就能从其变异值示踪环境等影响因素，从而具有原位标记特性。虽然在分馏过程中变异值非常微小，但可以测量，并具备一定的规律性，这是稳定同位素方法能够运用到考古学领域中的理论基础。

由于轻元素同位素之间的核质量差异大，因此选用作天然示踪指示剂的往往是轻同位素对。目前在考古领域常用的稳定同位素有碳（C）、氮（N）、氢（H）、氧（O）、硫（S）、锶（Sr）、铅（Pb）等，而最先运用的就是轻同位素对 ^{12}C 和 ^{13}C。C 稳定同位素能够示踪人的食物来源，有两个理论前提：第一，食物本身存在同位素比值差异；第二，这种差异能够沿食物链进行传递，即食物与摄取者之间存在同位素比值的对应关系。

第一个理论前提的建立来源于对植物光合作用途径的研究。根据其固定 CO_2 化合物的过程不同，可将植物光合作用的途径为 C_3 途径[Calvin 途径，20 世纪 60 年代初由卡尔文（Calvin）发现]、C_4 途径[Hatch—Slack 途径，20 世纪 60 年代后期由哈奇（Hatch）和斯莱克（Slack）发现]和 CAM 途径（景天酸代谢途径）三种。通过放射性碳示踪、纸上色层分析和放射自显影等技术明确实行 C_3 途径固化 CO_2 的植物，在合成葡萄糖的过程中会形成一种三碳化合物——3-磷酸甘油酸（3-PGA），这类植物称为 C_3 类植物[6]。C_3 类植物分布最广，主要生长于温和或荫凉环境中，是陆生植物最主要的组成部分，与人类生活密切相关的有稻米、小麦，以及绝大多数的植物和水果[7]。实行 C_4 途径固化 CO_2 的植物，在合成葡萄糖的过程中形成的中间产物属于四碳化合物——草酰乙酸，草酰乙酸不稳定，很快转变为苹果酸（Malic acid）或天冬氨酸（Aspartic acid）等四碳化合物，故此将这类植物称为 C_4 类植物[8]。

C₄ 类植物多生活干燥温暖的环境中，在高温和太阳辐射较强区域生长的甘蔗和一些草类等都属于这类植物，与人类生活密切相关的有玉米、粟、黍、甘蔗等[9]。CAM 途径在许多方面类似于 C₄ 途径，因其最初发现于景天科植物中而得名。CAM 类植物类型较少，其典型生活环境为干旱及沙漠环境，其 δ^{13}C 比值变化范围较大，介于 C₃、C₄ 类植物之间，随环境不同而变化，典型代表植物包括仙人掌科、菠菜、甜菜等[10]。

植物在利用 CO_2 进行光和作用时，优先吸收由 ^{12}C 构成的 CO_2，致使 CO_2 在空气与植物间发生同位素分馏。不同的植物光合作用途径，对 C 同位素的分馏程度也不同。C₃ 植物的 C 同位素分馏系数在 1.026 左右，其 δ^{13}C 平均值约为 $-26.5‰$[11]；C₄ 类植物的 C 同位素分馏系数在 1.013 左右，其 δ^{13}C 平均值约为 $-12.5‰$[12]；而 CAM 类植物的分馏系数则介于 C₃ 类和 C₄ 类植物之间，其 δ^{13}C 平均值约为 $-17‰$[13]。这种 δ^{13}C 比值的差异，会在食物链中沿营养级进行传递。此外，植物生长环境中因素的差异，如光照、水分状况、温度等，以及植物本身生长高度的不同（简称"冠层效应"，canopy effect）[14]，都会对植物的 δ^{13}C 比值产生影响，并且这种影响也会沿着食物链在营养级中传递。

第二个前提来源是建立在一系列饲喂实验的基础上，并通过稳定同位素实验进行验证的。Hall 在研究中发现玉米和其他一些草类具有较高的 δ^{13}C 比值，于是提出通过测定 C 同位素比值来区分食草动物和食叶动物的设想[15]。其后 Vogel 和 van der Merwe 的饲喂实验结果证实了这一假设[16]。并由 Vogel[17] 和 DeNiro[18] 等人对食物与人（动物）组织之间的关系进行了进一步研究，指出人（动物）组织中的 δ^{13}C 比值与其食物来源中的 δ^{13}C 比值一一对应，并且不同部位的人（动物）组织对 C 同位素的分馏效应不相同。与所吃食物的 δ^{13}C 比值相比，人（动物）肌肉的富集率在 $1‰$ 左右，而骨骼中骨胶原的富集率则为 $5‰$ 左右。C 同位素在沿食物链进行传递时，在不同营养级之间也存在富集效应，在 $1‰$ 左右[19]。与不同的光合作用途径引起的 δ^{13}C 比值差异相比，营养级间的富集效应则弱得多，故此往往忽略不计。在这种情况下，纯以 C₃ 类植物为食的人（动物），其骨胶原中的 δ^{13}C 平均值应大约为 $-21.5‰$；而纯以 C₄ 类植物为食的人（动物），其骨胶原中的 δ^{13}C 平均值则相应约为 $-7.5‰$。这样，通过测定人（动物）骨胶原中 δ^{13}C 比值，就可以大致推测其

生前是以 C_3 类食物还是 C_4 类食物为主。

至 20 世纪 70 年代，C 稳定同位素在考古学中运用的理论基础已基本奠定[20]。Van der Merwe 和 Vogel 等人在 1978 年发表的论文中，利用 C 稳定同位素方法对北美 Woodland 印第安人骨骼中的骨胶原进行测定，以了解先民对玉米的食用情况。结果发现，在公元 1100 年以前，先民的 $\delta^{13}C$ 比值还偏向 C_3 类食物，而在此之后则向 C_4 类转变[21]。这表明当地先民的食物结构在公元 1100 年前后存在相当大的变化，这种变化很有可能是大量食用 C_4 类植物（玉米）导致，这也为探讨玉米的种植与传播提供了科学证据。这一研究结果得到国际学界的认可与重视，稳定同位素研究方法在全世界范围内迅速地如火如荼地开展起来了。

3.1.2　开创期(1984～1997 年)

国际上对 C 稳定同位素研究的热潮也深深吸引着深具国际视野的仇士华夫妇，时隔不久，在 1984 年仇先生即与蔡先生一起在《考古》上共同发表了中国第一篇介绍利用稳定碳十三同位素研究古人食谱的重要文献——《碳十三测定和古代食谱研究》[22]，在这篇论文中，不仅详细介绍了 C 稳定同位素示踪人和动物食物结构的基本原理，示例了国际上的成功案例，还对我国当时的一些典型、重要遗址如半坡、陶寺的植物、人和动物骨骼骨胶原中 ^{13}C 稳定同位素比值进行了报道和分析，有力地论证了 C 稳定同位素研究结果基本上符合考古发现，其方法的应用对讨论我国古代农业的起源、家畜饲养和农业史是有帮助的。同时，在该篇论文中，作者还高屋建瓴式地预测中国稳定同位素在考古学中的应用前景，包括：生产和食用粟黍的时代和地区分布、摄食习惯改变的时代、动物驯/野判别、不同阶层人食物结构的判别、对碳十四测年的校正作用等。事实上，从此后 30 多年的发展进程来看，这篇论文所提出的几个研究前景，也正是后续我国稳定同位素食谱分析工作着力讨论的重点问题。

仇、蔡两位先生的首创之功绝非偶然：首先，长期从事碳十四测年工作，对碳同位素的原理、技术、方法和国际应用进展了解非常深入、全面；其次，对碳十四测年技术精益求精，力求使用多种方法减少测年误差，而通过质谱仪测定 ^{13}C 的分馏效应能检验 ^{14}C 的分馏效应，是有效校正测年误差的方法之一;最后,仇先生等人长期在考古所工作,在多年的测年工作中积累了相关的分析材料,为顺利开展 C 稳定同位素工作提供了有利的基础。[23]

从时间上来看,我国稳定同位素方法在考古领域中的首次运用与国际学界仅相差 7 年,可谓紧跟国际最新研究动向,在研究深度、广度和前瞻性上也不遑多让,充分体现出我国稳定同位素食谱分析是站在一个很高的起点上的。

然而,可惜的是,在 1984 年之后的十几年内,我国的稳定同位素食谱研究工作一直处于停滞状态。表面的平静孕育的是更大的风暴,短暂的休息带来的是更大的爆发。从 1984 年开始,我国科技考古学的一位重要先驱和领袖王昌燧先生开始投身科技考古研究工作,不断推动我国科技考古事业走向全面勃兴。在王先生的参与与推动下,我国第一、第二届实验考古学术会议分别在南宁(1988 年)、合肥(1989 年)召开,给全国科技考古工作者提供了非常好的交流平台,其中第二次会议的讨论内容在 1991 年由中国科学技术大学出版社公开出版[24],内容包括考古断代技术、遥感技术、冶金、陶瓷工艺、青铜器制作工艺、青铜器腐蚀机理、玻璃等材料的相关研究、计算机技术在考古中的使用、文物保护技术等多个方面。1991 年 4 月 13 日至 4 月 16 日,全国第三届科技考古学术讨论会在郑州召开,来自全国各地的考古学界、科技史学界和日本的近百名学者、专家出席了会议,在此次会议上也同时正式成立了中国科技考古学会(筹),极大推进了我国科技考古事业的发展[25]。尽管如此,直至 1998 年,在合肥召开的第五届科技考古学术讨论会[26]上,有关稳定同位素食谱分析工作的报道仍然很少,所以在第五届会议报道中写到"生物考古的工作尚显薄弱",不失为恰当的评语。

然而,不断推进的中国科技考古,为相关的工作者提供了不断交流、强化认识的平台和基础,可以说,这一段时间的积累也为后续两位稳定同位素考古大家的出现做了很重要的铺垫。

3.1.3　兴起期(1998~2002 年)

王昌燧先生自投身科技考古研究之后,追踪国际科技考古发展的最新动向,充分认识到生物考古巨大的发展潜力,不仅在 1998 年发表的《国际科技考古研究的现状与动向》[27]中重点提到稳定同位素生物考古研究,而且在同年招收胡耀武为博士,专攻生物考古稳定同位素食谱研究。在 2000 年,胡耀武、杨学明、王昌燧三位先生联合发表综述性论文《古代人类食谱研究现状》[28]，不仅介绍了 C、N、O、Sr 等稳定同位素、微量元素分析、[13]C 交叉极化魔角自旋核磁共振、脂肪酸和固醇分析等多种国际最新研究进展，而且反思食谱研究中存在的污染判别问题，认为这是食谱分析的前提，有必要"深入了解骨骼的污染情况"，并总结、提出了 9 点污染鉴别方法，最后对我国开展古代人类食谱研究提出了具体的建议，建议今后应加强与古人类 DNA、与环境考古的"密切结合"，重点探索水稻、谷子、驯养动物的起源和发展情况。这篇论文发表于《科技考古论丛（第二辑）》[29]，而《科技考古论丛（第二辑）》是从 1998 年第五届科技考古学术讨论会的论文中选择的一批有代表性的论文，并特邀国内有关专家撰写古环境、动物考古、基因考古、古代食谱分析等领域的综述论文，集结出版的。这篇论文是胡耀武先生 1998 年从茶学研究转向稳定同位素分析研究后，不到两年内公开发表的第一篇综述类的论文，主要从骨骼污染鉴别这一角度出发进行探讨，这也与胡耀武的博士学位论文选题是相似的。在 2001 年，胡耀武等人即以新疆克雅河圆沙古城遗址（战国时期，公元前 475～前 221 年）出土的 6 例人骨和 1 例现代猪骨为研究对象，深入分析揭示 X 射线衍射（XRD）与激光拉曼光谱相结合，是有效、简便鉴别古人骨骼污染程度的方法[30]。2002 年胡耀武博士毕业，毕业论文《古代人类食谱及相关研究》[31] 以贾湖遗址出土人骨为研究对象，综合运用多种方法对骨骼保存与污染情况进行鉴别，利用稳定同位素和元素分析法对贾湖先民的食物结构进行了全面的分析，至今看来论文中很多研究思路仍具有极强的指导意义。

这一时期另外一位在稳定同位素研究领域起重要推动作用的学者——张雪莲先生也正处于转型过程中。张雪莲先生原来的研究方向为古代丝织品的保护，成果颇丰，从 1996 年开始参与夏商周断代工程，并于 1999 年开始进入中国社会科学院考古研究所博士后流动站，与张长寿研究员、仇士华研究员合作，主要完成郑州商城的碳-14 年代研究工作和古人类食物结构研究工作。在 2000 年 10 月 12 日至 15 日召开的第三届全国现代生物物理技术学术讨论会上，张雪莲、蔡莲珍、仇士华共同发表《生物体中[13]C、[15]N 的分析方法》[32]，这篇论文是我国首次介绍骨骼骨胶原中如何检测、分析[15]N 的技术论文，也是张雪莲转入古食谱研究工作后，在仇、蔡两人的指导下做出的第一个贡献——如何科学测定人骨骨胶原的[15]N 值，从而界定人在食物链中所处的位置。至此,我国自己研发的 C、N 稳定同位素测定方法全部建立,从此以后,C、N 珠联璧合、携手共进,为我国古食谱研究立下汗马功劳。

这一阶段虽然时间不长,但是非常关键,在今后我国稳定同位素研究领域大放异彩的两大研究团队基本骨架已经建立,在认识上、思路上、技术能力上均达到相当的水平,为今后的腾飞进一步奠定了坚实的基础。

3.1.4　发展期(2003～2013 年)

在这一时期,两大核心团队同时发力,以多个遗址出土的材料、从多个角度推动我国稳定同位素食谱研究向前发展。

在 2003 年,张雪莲接连发表两篇重要论文,《古人类食物结构研究》[33](以下简称《研究》)发表在《考古》2003 年第 2 期,《应用古人骨的元素、同位素分析研究其食物结构》[34](以下简称《应用》)发表在《人类学学报》2003 年第 1 期。《研究》可以说是当时代表我国稳定同位素工作发展近 20 年的巅峰之作,在这篇论文中,张雪莲不仅详细介绍了自主研发的最新的氮气捕获、收集实验室流程,开创了国内之先河,而且运用这套分析方法测定了当时国内很多重要遗址的人骨骨胶原碳、氮稳定同位素数据,例如殷墟、河姆渡、青浦、兴隆洼等非常有代表性的遗址,很多数据直至今日仍有极大的参考价值(至 2019 年,整个崧泽文化也只有两例数据,均来自这篇论文)。《研究》中所用碳、氮相结合的分析方法,将古人的食物结构信息揭示得更清楚、更客观,所得结果不仅再次印证了考古研究的结论(南稻北粟),同时,《研究》一文还提出要将所得结果与动物食性、与环境、与考古研究的实际相结合,"将其置身于考古研究的大框架中",才能更好地发挥这一方法的作用。此外,《研究》首次测定了我国海洋生物的碳、氮稳定同位素比值,强调对不同环境条件下动、植物的 $\delta^{15}N$ 比值的具体分析等,都对今后的工作开展指明了发展方向。与《研究》相比而言,作为一篇综述的《应用》主要着眼于对当时国际国内食谱分析研究现状的介绍,是一个阶段性的总结。

2005 年是胡耀武先生腾飞起始之年,从美国威斯康辛麦迪逊分校 Stanley Ambrose 教授处学成回国之后,胡耀武运用当时国际最先进的稳定同位素和微量元素分析方法对贾湖遗址和西公桥遗址人骨进行多种分析,探讨古人的食物结构问题,在 2005 年发表《贾湖遗址人骨的元素分析》[35]《山东滕州西公桥遗址人骨的稳定同位素分析》[36]《中国若干考古遗址的古食谱分析》[37]等三篇论文，一篇为综述、两篇为个案研究；在 2006 年发表 *Stable isotopic analysis of human bones from Jiahu site*, *Henan*, *China*: *implications for the transition to agriculture*[38]、《宗日遗址人骨的稳定同位素分析》[39]《山东滕州西公桥遗址人骨的线扫描分析》[40]《山东滕州西公桥遗址人骨的元素分析》[41]《古代人骨羟磷灰石的去污染研究》[42]，研究内容涉及污染鉴别、食谱重建的多个方面，呈现出全面开花的态势。据不完全统计 2005—2013 年，胡耀武课题组共发表食谱分析方面的中、英文论文 43 篇，其中对中国粟作农业的起源与发展、稻作农业的起源与发展、动物驯/野属性判断、家畜饲养策略等问题的讨论都具有开创性意义。

在这一时期，吉林大学张全超[43][44][45][46][47]、西北大学凌雪[48][49][50]、浙江大学郭怡[51][52]、山东大学董豫[53]、兰州大学董广辉、兰州大学马敏敏[54]、山西大学侯亮亮、江苏师范大学王宁[55]、中国社会科学院考古研究所陈相龙[56]等人纷纷开始稳定同位素研究工作。

这一时期的典型特征为人数不断增多、点增多、研究方法多样、研究角度多样，研究范式逐渐成型，专有仪器设备开始设立，研究工作呈现出迅速发展的态势。在中国科技考古大会上，稳定同位素研究也崭露头角，逐渐成为考古学研究内容中不可或缺的重要组成部分。专门学习稳定同位素研究工作的学生不断涌现，具备国际交流经历，英文论文的大量发表，也为中国稳定同位素走向世界奠定了坚实的基础。

3.1.5　蓬勃发展期(2014 年至今)

2014 年是我国稳定同位素食谱分析研究领域发展历程中的具有重要纪念意义的一年。8 月 14 日，中国考古学会人类骨骼考古专业指导委员会在吉林大学边疆考古研究中心正式成立，来自中国社会科学院考古研究所、中国科学院古脊椎动物与古人类研究所、中国科学院大学、吉林大学、南京大学、四川大学、山东大学、浙江大学、辽宁大学、山西大学、中央民族大学、中国科学技术大学、内蒙古师范大学、湖北省文物考古研究所等的多家科研院校的40 余位专家学者共襄盛会，其中就有多名学者专门从事稳定同位素研究工作[57]。

同年 6 月 28 日至 29 日,"中国史前先民生活方式研究座谈会"在浙江大学召开[58],8 月 11 日至 13 日,"东亚地区生物考古学国际研讨会"在吉林大学召开[59],均为国内稳定同位素研究工作的交流提供了阵地。这一时期发表论文、从事单位、从业人员数量大大增加,研究领域大大拓宽,我国的稳定同位素研究工作进入了快车道。

3.2　方法与原理

3.2.1　同位素

原子由原子核和核外电子构成,原子核决定了原子的性质。原子核由质子和中子组成,其质量数为 A(原子核中核子的总数),可用数字特征 A＝Z＋N 表示,式中 A 为核子总数,Z 为质子数,N 为中子数[60][61][62]。

同位素(isotope)是指具有相同的质子数 Z 而中子数 N 不同的原子。因此,每一个同位素可以用符号 $_Z^A X$ 表示,其中 X 是门捷列夫元素周期表中的化学元素符号,A 是同位素质量数,Z 为质子数,这一符号也可简写为 $^A X$ 或者 $_Z X$。例如,$_6^{13} C$ 表示碳元素的一个同位素,其中原子核质量数 A 为 13,质子数 Z 为 6,计算得中子数 N 为 7,也常用简写 $^{13} C$ 来表示[63][64][65]。

原子核中的质子数决定了核外电子数,具有相同质子数 Z 但中子数 N 不同的同位素具有相同的电子壳层结构,近似地说,相同元素同位素的化学性质非常接近,在门捷列夫周期表中占有同一位置。同位素(isotope)这一术语即由希腊文 isos(相同的)和 topos(位置)组成。按照同位素质量 A 的大小,同位素可分为轻的($A \leqslant 50$)、中等的($50 < A < 100$)和重的($A \geqslant 100$)三种。

需要注意的是,中子数 N 相同但质子数 Z 不同的原子互为等中子素(isotone);总核子数 A 相同的原子互为同质异位素(isobar)[66]。

3.2.2　稳定同位素

自然界中很多元素都有同位素,在质子数 $Z \leqslant 83$ 的元素中,只有 21 个是纯元素(pure element),所有其他元素均由 2 种或 2 种以上的同位素组成。

根据稳定性不同,同位素可分为放射性同位素(radioactive isotope)和稳定同位素(stable isotope);能自发地进行某种核衰变的同位素称为放射性同位素,而不能进行核衰变的同位素称为稳定同位素。当然这一"稳定"的概念也是相对的,取决于放射性衰变时间的检测限,某些早先认定为稳定的同位素,经更精确的测量后发现它们具有很长的半衰期,为弱放射性同位素(如硒的同位素$^{82}_{34}$Se)。目前,已知的 107 个化学元素有近 270 个稳定同位素和超过 2000 个放射性同位素[67][68]。

由于古食谱分析所用的多种稳定同位素最初都来源于环境,因此了解其在环境中的分布特征(同位素丰度,isotope abundance)具有非常重要的参照意义。某一种同位素在所有各种稳定同位素总量中的相对份额(通常用与^{1}H 或^{28}Si 的比值表示)为这一种同位素的绝对丰度,而同一种元素内不同同位素的相对含量为相对丰度。例如^{12}C=98.9%,^{13}C=1.10%。一般而言,元素质子数 Z<20 时,元素中的最轻同位素的相对丰度最高,其他同位素丰度相对低,例如^{16}O=99.762%,^{17}O=0.038%,^{18}O=0.200%,但也存在例外。这种绝对丰度和相对丰度的分布特征,是古食谱分析选择合适的稳定同位素种类的重要参考标准之一[69][70]。

事实上,稳定同位素的丰度是会变化的,而且有一定的变化范围。在自然条件下,引起同位素丰度变化的主要原因有:(1)与核合成有关的过程;(2)与放射性衰变有关的过程;(3)同位素分馏作用(isotope fractionation)等[71][72]。

3.2.3 同位素效应

正如前文所述,具有相同质子数 N 的同位素具有相同的电子数和电子壳层结构,因而可以推测某一给定元素的同位素性质非常接近。但是,细究来看,同一元素的不同同位素之间的物理化学性质绝不相同,在某些情况下差别还挺大。

由于原子核内中子数 N 的不同,同一元素的不同同位素存在同位素质量(isotope mass)差异和核性质差异,由这些差异所导致的不同同位素之间在物理和化学性质上的不同,称为同位素效应(isotope effects)。这种效应也可以被认为是同一元素的同位素或者含该元素不同同位素的化合物在性质上的差异。这其中既包括两类同位素效应:1 类同位素效应是由质量差所引起的,与同一元素的同位素在不同相之间或不同化学形式之间的分布差别有关的效应称为热力学效应；反应物质分子中的任何一个原子被该元素的其他同位素所置换时，化学反应速度的变化称为动力学效应。2 类同位素效应是由核性质差异所引起，同一元素的不同同位素具有不同的核壳层结构，其在核自旋、核能级谱、参与某核反应的能力等方面会存在很大差别。一般认为 1 类效应是化学过程中产生同位素效应的主要原因，在某些情况下实际观察到的同位素效应是 1 类和 2 类同位素效应的叠加[73][74]。

正是同位素效应的存在，在一系统中，同一元素的不同同位素会以不同的比例分配到两种物质或同一物质两个相态之中，这称为同位素分馏（isotope fractionation）。这一作用的根本原因是 1 类同位素效应即质量差所引起的，经过物理、化学或生物的过程之后，体系中的不同部分（例如反应物和产物）的同位素组成会发生微小的、但可以测量的改变，其程度与同位素质量差成正比。同位素分馏可分为热力学平衡分馏、动力学非平衡分馏、非质量相关分馏；影响同位素分馏的因素很多，例如同位素动力学效应、同位素的交换反应、物质的化学组成、晶体结构等等[75][76]。

由于轻元素如 C、N、O、H、S 等的稳定同位素具有原子量低、同位素相对质量差大、化学价可变、形成共价键等特点，同位素分馏效应明显，成为考古研究中探索古人食物结构的常用稳定同位素种类。其中 C 有 ^{12}C、^{13}C 两种稳定同位素，N 有 ^{14}N 和 ^{15}N 两种稳定同位素，S 有 ^{32}S、^{33}S、^{34}S 和 ^{36}S 四种稳定同位素，O 有 ^{16}O、^{17}O、^{18}O 三种稳定同位素。

稳定同位素分析所用指标是同位素比值（isotope ration）δ：

$$\delta = \frac{R_{sample} - R_{standard}}{R_{standard}} \times 1000‰$$

其中，R_{sample} 代表所测物质的同位素比值，而 $R_{standard}$ 代表标准样品的同位素比值，以 C 元素、N 元素和 O 元素为例，δ^{13}C、δ^{15}N 和 δ^{18}O 可分别表示为：

$$\delta^{13}C = \frac{(^{13}C/^{12}C)_{sample} - (^{13}C/^{12}C)_{standard}}{(^{13}C/^{12}C)_{standard}} \times 1000‰$$

$$\delta^{15}N = \frac{(^{15}N/^{14}N)_{sample} - (^{15}N/^{14}N)_{standard}}{(^{15}N/^{14}N)_{standard}} \times 1000‰$$

$$\delta^{34}S = \frac{(^{34}S/^{32}S)_{sample} - (^{34}S/^{32}S)_{standard}}{(^{34}S/^{32}S)_{standard}} \times 1000‰$$

δ^{13}C 和 δ^{15}N 是古代食谱分析中用到的最主要的两个比值，而 δ^{18}O 在食

谱分析中的运用在国际上逐渐兴盛，相关研究在国内也有一定的开展。其中 $\delta^{13}C$ 的比较标准为美国南卡罗来纳州白垩纪皮狄组拟箭石化石，称为 PDB (Peedee Belemnite)标准，其"绝对"碳同位素比值 $^{13}C/^{12}C = (11237.2 \pm 90) \times 10^{-6}$（Hayes，1982），定义其 $\delta^{13}C = 0‰$；$\delta^{15}N$ 的比较标准为大气氮，其"绝对"氮同位素比值 $^{15}N/^{14}N = (3676.5 \pm 8.1) \times 10^{-6}$（Hayes，1982），定义其 $\delta^{15}N = 0‰$；$\delta^{18}O$ 的比较标准为 SMOW，其"绝对"氧同位素比值 $^{18}O/^{16}O = (2005.20 \pm 0.43) \times 10^{-6}$（Hayes，1982），定义其 $\delta^{18}O = 0‰$。所有这些比值中，具正号时表示样品稳定同位素比标准富集，具负号时表示样品稳定同位素比标准贫化[77][78]。

3.2.4　稳定同位素测试原理

也正是因为同位素效应的存在，稳定同位素比值质谱仪成为目前测定绝大多数同位素丰度的最常用、最有效的方法。其原理简单叙述可为：质谱仪根据质量的不同，将在磁场或电场中运动的不同质量带电原子和分子分离开。一般来说，稳定同位素比值质谱仪的分析步骤应包括以下六步：第一步，将待分析样品气化后送入离子源；第二步，将气体离子化形成电荷为 e 的阳离子，经校直、加速、会聚成窄离子束，进入质量分析器；第三步，在质量分析器内，将离子束按照质荷比（M/e）实现在空间位置、时间先后上分开、聚焦，分解成具有不同 M/e 比值的组分，并送入离子检测器；第四步，在离子检测器中收集来自分析器中的离子束，依次检测离子束中每一组分的强度；第五步，运用计算机程序对每一组分的强度分别转化为同位素丰度；第六步，将测试样品与工作标准进行比较，得到相对于国际标准的同位素比值结果[79][80]。

由于分析样品均需以气体的形式进入质谱仪，因此稳定同位素比值质谱仪也常被称为气体质谱仪。一般可分为进样系统、离子源、质量分析器和离子收集检测器四部分，此外，还需电气系统、真空系统、计算机系统进行支持。

采用不同实验室的质谱仪进行检测，可能会产生系统误差而影响对结果的分析。为了避免这种系统误差所导致的不统一，就需要对同位素比值测定结果进行归一化处理，具体方法是通过测定两个 δ 比值相差很大的标准样品，放大或缩短不同质谱仪的同位素比值标度。

3.2.5 样品制备方法

考古遗址中出土的骨骼、牙齿、头发、植物遗骸等遗物均能为古食谱分析提供极有价值的信息。那么，这些考古遗存是否可以不经任何处理直接送进质谱仪进行分析呢？答案是否定的。虽然骨骼、牙齿等理应含有古代先民（动物）的生物信息，但是在长期的埋藏过程中有效成分会受到环境的污染、骨骼（牙齿）会受到成岩作用的影响丢失有效信息，从而无法准确地体现出目标本体信息；同时，质谱仪进样时是以气体的方式进样，直接将骨骼样品送进质谱仪，无法充分燃烧，会极大地影响测试结果，也会对设备造成损害；另外，不同的稳定同位素在测定时，需要采用不同的测试系统，只有在分析前尽量将不同的元素分开，才能获得更好的实验数据。

3.2.6 骨骼样品骨胶原制备方法

骨骼中的骨胶原是古食谱分析中最常用的分析对象，其分析方法也最成熟。一般均采用 Richards 和 Hedges 骨胶原的提取法[81]，增加一个超滤步骤[82]进行样品制备。具体方法如下：机械去除骨样表面污染后，选取 2g 左右骨样，加入 0.5mol/L 的 HCl 溶液，于 4℃下静置，浸泡脱钙，每隔 2 天换新鲜酸液，直至骨样松软，溶液无明显气泡为止。去离子水清洗至中性后，浸于 0.001mol/L 的 HCl 溶液中，于微酸环境 70℃环境下明胶化 48 小时，趁热过滤。超滤后，冷冻干燥获得骨胶原。称重后，计算骨胶原产率（骨胶原重量/骨样重量）。

3.2.7 骨骼样品羟磷灰石制备方法

尽管骨胶原能够为我们提供非常准确的有效信息，但是作为有机质的骨胶原，在热带/亚热带地区，受地下水位过高、土壤偏酸性、微生物侵蚀、温度高等不利环境因素的影响[83][84]，骨胶原往往被水解、分解而流失严重，从而极大限制了对这些地区骨骼的埋藏状况、测年、古食谱研究的进展；在我国，特别是在新石器时代的食谱研究中，也主要利用骨骼骨胶原讨论北方原始粟作农业（包括种植业与家畜饲养业）的起源与发展[85][86][87][88]，对南方地区涉及较少[89][90][91][92]，这也与南方地区骨骼骨胶原保存情况不佳有着密切关系。因此，在骨骼骨胶原不可得的情况下，对骨骼中的羟磷灰石进行分析，似成为唯一选择。

针对分析对象的不同，国际上对羟磷灰石的前处理方法也较为多样，本书中主要采用以下方法[93]：先用手术刀机械去除骨骼表面污染物，取 2g 骨样放入试管。试管加去离子水，放入超声波清洗仪反复清洗至清洗液无色。放入烘箱以 70℃烘干 48 小时。烘干后用研磨仪将骨样研磨至粉末状。用 2% 的次氯酸钠溶液在 4℃环境下浸泡 48 小时，清除有机污染物。去离子水清洗 3 遍后，用 1mol/L 的醋酸溶液继续在 4℃环境下浸泡 24 小时，去除骨样中吸附的碳酸盐。最后用冷冻干燥机冷冻干燥，备用。

3.2.8 牙釉质样品制备方法

牙齿釉质样品前处理按照一套成熟的方案进行[94][95]。用刷子清洁釉质表面后，在超声波清洗仪中清洗直到不再浑浊，于 70℃环境下干燥 48h。用钨钻机械去除外表面牙骨质后，每一样本按距离齿根的距离（distance from erj）间隔 1～2mm 连续取样，由钨钻取足 5～8mg 牙釉质粉末，每次取样都必须清洁钻头，以避免交叉污染。牙釉质粉末在 0.1mol 乙酸溶液中静置 4 小时，然后冲洗沥干冷冻，最后使用冷冻干燥机提纯送检。

3.2.9 污染鉴别分析原理与分析方法

骨骼在漫长的埋藏过程中，不可避免会受到土壤中各种因素的影响而产生不同程度成分和结构的改变，这就是所谓的骨骼污染，也称为骨骼的成岩作用（bone diagenesis）。污染了的骨骼，其化学成分与食物化学成分间的对应关系也就不复存在，无法运用于稳定同位素研究中[96]。由于骨骼与牙齿分为有机质（骨胶原）和无机质（羟磷灰石）两个部分，污染鉴别方法也不尽相同。

关于骨骼的有机质部分（骨胶原），现代研究表明，若骨样（牙本质）满足骨胶原提取率大于 5%、胶原中 C 含量介于 15.3%～47%、N 的含量介于 5.5%～17.3% 及 C/N 摩尔比值介于 2.9～3.6，则可认为骨样未受到污染，可用于稳定同位素分析[97]。

关于骨骼的无机质部分（羟磷灰石），则情况较为复杂。羟基磷灰石矿物，与胶原纤维交织在一起，共同支撑起整个骨骼强度。羟基磷灰石是一种易取代、结晶度较差的矿物质，化学式为 $Ca_{10}(PO_4)_6(OH)_2$[98][99]。碳酸盐通过取代磷灰石中的羟基和磷酸根位点形成晶体，同时碳酸盐也可以吸附在晶体的表面，这种吸附的碳酸盐比取代后的碳酸盐更加不稳定，使其受到沉积和骨化学反应易发生改变。综合来看,磷灰石主要由许多小的易吸附和重结晶的不稳定晶体组成。

碳酸盐比胶原蛋白更加容易发生成岩作用。在骨骼当中,碳酸盐与磷灰石结合,在 $Ca_{10}(PO_4)_6(OH)_2$ 中更易取代磷酸根。由证据表明碳酸盐在羟基磷灰石晶体中更加容易结合在磷酸盐的位置[100]。成岩过程主要包括通过与周围土壤的互相作用(同位素的互相交换或者碳酸盐的重结晶)、微生物污染以及其他降解和分解来源改变化学性质[101]。在样品制备过程中也可能发生同位素的改变,例如用于分离骨骼有机部分而使用的乙酸溶液促进重结晶[102]。总体上来说,稳定的同位素研究必须包括严格筛查骨骼样本,以确保成岩作用不会掩盖矿物质的膳食信号。

目前已经有许多方法来鉴定骨骼当中无机部分成岩作用的影响,包括XRD 衍射分析、傅立叶红外光谱分析、拉曼光谱分析、骨微观结构组织学分析、扫描电镜等方法[103][104][105][106]。

3.2.10　碳稳定同位素分析原理

碳(C)元素是地球生命形成的必要元素,也是人类最早接触、最早利用的元素之一,与人类关系极为密切;同时,碳元素质量轻、同位素分馏效应强,因此,从早期的放射性碳同位素测年 C^{14} 分析开始,人类学家最先使用的就是碳稳定同位素[107]。测定了大量的数据后,学者们认识到其中某些种类植物的碳稳定同位素比值不同[108]。这些植物根据其光合作用所产生的三个和四个碳原子化合物,可以被区分为 C_3 类和 C_4 类植物[109]。C_3 类植物包括大多数蔬菜和人工栽培作物,例如小麦、大麦和水稻等;C_4 类植物包括粟、黍、小米、玉米和其他热带植物[110][111]。

陆地生态循环系统中的碳元素主要来自大气中的二氧化碳,其 $\delta^{13}C$ 比值大约为 $-7‰$。C_3 植物的光合作用途径主要是卡尔文-本森(Calvin-Benson)循环,通过二磷酸核酮糖羧化固定吸收二氧化碳,最终形成三碳分子磷酸甘油酸[112]。这个过程中会优先采用较轻的碳稳定同位素,因此植物组织中产生的碳稳定同位素比值比大气中的二氧化碳低约 $-17.0‰$[113]。大部分 C_3 植物的 $\delta^{13}C$ 比值主要在 $-20.0‰\sim-35.0‰$ 内[114],自然界中大部分树木、灌木、蔬菜和许多栽培作物都采用该途径。C_4 植物固定碳的途径为哈奇-斯莱克(Hatch-Slack)循环,所利用的酶为磷酸烯醇丙酮酸羧化酶。这个反应的主要产物为一种四碳分子草酰乙酸[115]。反应过程中不会根据质量区分稳定同位素,因此其与大气 CO_2 相比分馏系数约为 $-3‰$,主要范围在 $-6.0‰\sim$ $-19.0‰$。大部分在温暖气候条件下的禾本科植物是 C_4 植物,玉米、小米、高粱和甘蔗都属于 C_4 植物[116]。第三类固定碳的途径是 CAM(crassulacean acid metabolism),此途径并不是单独的化学反应,而是某些特定的植物为了应对气候变化所调节使用 C_3 和 C_4 碳固定途径。CAM 植物一般存在于非常炎热和干燥的环境中。在温和条件下,使用 C_3 途径,但当温度较高或湿度较低时,C_4 途径可以为其提供另一种适应环境的途径。由于其主要在两种途径中不断地转换,其 $\delta^{13}C$ 比值介于 C_3 和 C_4 植物范围中间,例如仙人掌、菠萝等[117]。

海洋生态系统中的碳和陆地生态系统有所区别,主要来源是溶解在水中的无机碳(包括碳酸和二氧化碳),全球海洋中平均 $\delta^{13}C$ 比值约为 $1.5‰$[118]。除此之外还存在一部分有机碳源,包括藻类和岩屑,$\delta^{13}C$ 比值通常在 $-18.5‰\sim-22.0‰$[119]。在海洋系统中的植物和动物的 $\delta^{13}C$ 比值在这两者之间,海水鱼类的 $\delta^{13}C$ 比值一般在约 $-11.0‰\sim-19.0‰$[120]。由于海洋环境和陆地环境的碳稳定同位素存在差异,这种差异可以直接地体现在人类身体组织中,因此在判别时候利用海洋资源可以采用该手段[121]。淡水生态系统中植物的 $\delta^{13}C$ 比值变化很大,与主要来自大气 CO_2 或海洋碳的陆地碳不同,主要来自溶解的碳酸盐,淡水环境中的碳元素受许多因素的影响。这主要与大气平衡和分解有机物质有关,各元素对淡水总同位素值的相对贡献在很大程度上取决于湖的大小和水的流动性[122]。因此淡水鱼具有广泛的 $\delta^{13}C$ 比值[123]。许多研究中淡水鱼的 $\delta^{13}C$ 比值非常低,可能是因为淡水植物的 $\delta^{13}C$ 较低[124]。因为淡水鱼的营养级较高,但其碳比值较低,因此在一些大量利用淡水鱼类资源的遗址中可以得到很好的解释。通过这种饮食的重建,可以在淡水鱼类消费和高营养级之间建立联系解释考古学问题。

碳稳定同位素除了受食物分馏的影响,还有一些非饮食影响,如"冠层效应",即树冠会阻止大气中的 CO_2 与森林中的 CO_2 混合。有机质中的碳衰变释放出同位素耗尽的 CO_2,这种 CO_2 被植物固定后会导致生活在森林环境中动物的 $\delta^{13}C$ 比值较低[125]。在欧洲,已经证明占据密集森林地区的动物群体比占据森林边缘开阔地带的动物有着更低的碳稳定同位素比值[126]。20 世纪的同质轻质化石燃料排放导致整体大气 CO_2 在 $\delta^{13}C$ 比值上与现代不同,因此,现代标本和考古动植物之间的比较必须考虑 1.5‰的变化[127]。温度和湿度对光合作用都会产生影响,因此 $\delta^{13}C$ 比值也随纬度而变化。在欧洲北部通过木炭的稳定同位素数据说明纬度的确会对 $\delta^{13}C$ 比值有 2‰～4‰范围的变化[128]。

经过代谢分馏过程,消费者骨胶原的碳稳定同位素比值会比食物来源高约 5‰,来自消耗它的动物肌肉和骨胶原之间有大约 1‰的富集[129]。通过从人类骨骼中获得的稳定同位素数据和这些已知的代谢关系导致的富集原因,我们可以大致了解个体饮食食谱的碳稳定同位素比值。拥有大量这样的数据配合考古学中推测的当地可能的生业模式以及环境,能帮助我们去解释先民潜在的食物消费。

3.2.11　氮稳定同位素分析原理

植物和动物组织中氮(N)稳定同位素比值是 ^{15}N 和 ^{14}N 相对于公认标准(大气氮气)比值。骨骼中骨胶原是考古饮食重建中 $\delta^{15}N$ 比值的主要来源,除此之外还可以测定头发、指甲等软组织。生物体中的 $\delta^{15}N$ 比值和该生物在当地食物往中的营养级有关;当来自食物的氮被摄入并结合到消费者组织中,较轻的同位素 ^{14}N 比 ^{15}N 更易于分解并随尿素排出体外[130]。在食物链中,目前国际上较为认可的氮稳定同位素在捕食者与被捕食者之间的富集和植物消费者蛋白之间的富集量为 3‰～5‰甚至 6‰[131][132]。陆地系统中许多植物在通过光合作用从大气中分馏后表现出大约 3‰的 $\delta^{15}N$ 比值。经过营养富集,食用这些植物的食草动物表现出的 $\delta^{15}N$ 比值为 6‰～8‰,食肉动物表现出约 9‰的比值。人类属于杂食动物,其 $\delta^{15}N$ 比值通常介于两者之间[133]。尽管 $\delta^{15}N$ 比值可以估计动物蛋白质在生物体饮食中的比例,但是来自动物的种类,以及不同部位的动物肉类和乳制品具有相似的 $\delta^{15}N$ 比值[134],因此在此问题上无法区分,可能需要更详细的考古学数据。豆类植物能够固定大气中的氮,同时并不会通过根瘤菌进行分馏,因此,豆科植物的 $\delta^{15}N$ 比值与大气中的 $\delta^{15}N$ 比值相似约为 0‰[135]。至于豆科植物是否会抵消其他植物氮值的富集这一问题尚不清楚。肉类通常被认为是比植物更好的食物资源,因此,很

多学者利用 $\delta^{15}N$ 比值来区别性别[136]、生理状态[137]以及哺乳断奶[138]的差异，并且当婴儿哺乳时，这会使婴儿有着更高的营养级，骨骼上会富集更高的 $\delta^{15}N$ 比值。断奶这一行为在不同社会情况下差异很大，可以用来讨论多种问题。

　　动物和植物的 $\delta^{15}N$ 比值在不同区域并不相同，导致其发生这种分布的原因也各不相同。气候、营养压力和农业技术都会导致 $\delta^{15}N$ 比值发生这种区域性的差异，这使得分析跨群体的同位素数据变得十分复杂。因此，建立起人类的稳定同位素局部标准十分关键，这可以评估人类的饮食行为是否受到了文化的影响。一般利用动物和植物的数据构建起人类的稳定同位素区域，最理想的情况应该包含人类食用和未食用的动植物种类，这样可以确定在特定环境下人类最终所食用肉类资源和植物资源。目前虽然假设稳定同位素模型中胶原蛋白的氮比值富集是 3‰，但是观察到的实际范围在 $1.3\text{‰}\sim5.7\text{‰}$，甚至到 6‰[139][140][141]，主要是由于动物对温度产生应激性的生理反应，例如炎热、干旱等气候会导致营养级之间同位素分馏。为了节约体内的水分，许多动物能够浓缩自身的尿素，在这个过程中会区分 ^{14}N 使得组织比正常情况下更加富集。不过该结论是由啮齿类动物控制变量实验得到，需要更多的控制变量实验来验证这一结果[142]。$\delta^{15}N$ 比值同样和营养压力（正负氮平衡）之间存在联系，维持性饮食的鸟类比生长性饮食的鸟类有着更高的 $\delta^{15}N$ 比值，这可能是由于前者采用分解代谢自身组织导致它的营养级上升[143]。在生长期间（正氮平衡），更多的氮用于构建组织，并且较少地参与转氨和脱氨的分级过程，因此正氮平衡的动物应具有较低的 $\delta^{15}N$ 比值[144][145]。男性和女性一般来说在稳定同位素上没有特别明显的差异，不过，Fuller 等人提出过妇女的氮值可能会由于妊娠和哺乳导致骨骼 $\delta^{15}N$ 比值相对较低[146]，不过该假设目前还存在争议，但这提示我们生理状态上的变化可能导致生物体稳定同位素发生变化。

　　虽然动植物和人类之间的存在着较好的对应关系，但是一些人类的生存行为和对环境的改造可能会导致这种分馏关系的改变。施肥这一行为是较为直接和简单的，可以很明显的提高农业生产力。人类在休耕的农田上放牧动物，使其粪便为土壤补充氮元素，并且在适宜的季节进行耕种。由于土地当中的氮源是来自动物富集后的结果，因此在耕地上生长的植物会表现出较高的 $\delta^{15}N$ 比值[147]。在中世纪北欧农场中生产的植物具有 $10\text{‰}\sim16\text{‰}$ 的 $\delta^{15}N$

比值[148]，这和一般的认识有很大的区别。这种情况会在分析人类饮食上出现难以区分的情况，但是动物骨骼的稳定同位素可以帮助解释该问题，如食草动物表现出异常的高，不能用食用鱼或肉来解释该问题。用于提高土壤肥力的另一种策略是"刀耕火种"，燃烧过的土壤上生长的植物会出现较高的 δ^{15} N 比值[149]。由于植物的选择性吸收，经历几代过后，大多数植物生根的土壤表面会缺乏 ^{15} N，而利用火可以有效地去除上层土壤，使富含 ^{15} N 的下层土壤出现，利于未来的植物生长。因此农业的发展情况会极大地影响人类生活环境植物的 δ^{15} N 比值。

由于和海水脱氮作用下的分馏[150]和相对较长的水生食物链，淡水和海洋生物通常表现出较高的 δ^{15} N 比值[151][152]。经过营养级富集后，预计鱼类的消费者有者比陆地消费者更高的 δ^{15} N 富集，高于约 11‰。许多研究者利用消费鱼类资源或者不消费鱼类资源这一行为去探讨更加广泛的社会演变过程现象。例如从狩猎采集到农业社会的转变，不仅仅是人类饮食的变化[153][154]，还有经济模式的扩张[155]，以及基督徒禁食限制的制度宗教影响[156][157]。在海洋环境周边的植物可能富含 ^{15} N[158]，在一些欧洲史前地区，盐沼放牧时一种特有的畜牧业策略[159]。因此有学者推测在英国盐沼放牧的动物骨骼表现出比内陆地区更高的氮比值，不过这些可能性都存在争议。

3.2.12　氧稳定同位素分析原理

按质量来计算，氧(O)是地球上最丰富的元素，在水圈、生物圈和岩石圈中都占据很高的成分[160]。氧的三种稳定同位素会随丰度其比例不断降低，^{16}O(99.755％)、^{18}O(0.206％)和 ^{17}O(0.039％)[161]。近年来，对三种氧同位素的分析，尤其是在古气候科学当中，取得了许多重要的科研成果[162]。

大多数陆地水体的原始水源来自降水，其中蒸发涉及同位素变化导致氧同位素组成发生很大的变化，主要表现为蒸发过程中较轻的同位素异构体 $H_2^{16}O$ 转变为气体，使液体中 ^{18}O 逐渐富集发生分馏[163]。在冷凝阶段，^{18}O 优先积累，沉淀、降水过程中，^{18}O 的含量相对较高。由于这些气体—液体的相变，任何特定降水事件中 ^{18}O 特征可以被认为是反映了地表水和空气的交互，包括水分来源、转移过程、前期条件，即降水区域和降水事件的特征[164]。当高湿度水蒸气从海洋转移向大陆地区，随着海岸距离的增加，δ^{18}O 的比值逐渐降低。同样,高度效应应与沿着山坡的渐进式降雨有关,当云层上升,优先从云中以雨的形式去除 $H_2^{18}O$。这导致高海波降水中的 $\delta^{18}O$ 比值相对较低,而低海拔降水中的 $\delta^{18}O$ 比值较高[165][166]。低海拔和高海拔地区之间的温差加强了这种高度效应。

对比过去数十年的水中氧稳定同位素比值与温度可得出这种关系与季节变化相关,在中高纬度地区可以观察到地面气温与局部 $\delta^{18}O$ 比值之间存在显著关系[167]。在热带地区,这种影响没有那么明显,因为降雨量的影响导致 $\delta^{18}O$ 比值变化很小,这两种效应构成了许多基于稳定同位素的古气候重建方法的基础[168]。温度效应主要取决于降水凝结过程中同位素分馏的温度依赖性,导致夏季降水显示出比冬季降水更高的 $\delta^{18}O$ 比值[169]。温度效应的映射关系应随地理和季节性变化,但观察到许多地区有强烈温度效应斜率保持一致的现象[170]。在热带或温度始终高于 20℃ 的其他地区,降水的 $\delta^{18}O$ 随着降水量的增加而减少或在一定范围内的高湿度下降[171]。降水量的影响被认为是由于较大雨滴的蒸发和平衡减少引起的降水位置的相对湿度增加和二次蒸发导致的再循环。在季风区域,降水量可能与对流效应有关。在热带地区和季风活动区域,沿海和陆地交汇处,降水量发生了明显的变化,这导致明显的季节性 $\delta^{18}O$ 比变化。温度和降水量受到水分源效应和大气循环变化的影响[172],而且这种变化在海上更加大。环境 $\delta^{18}O$ 比值的这种年度变化模式对于理解形成增量组织中记录季节导致的 $\delta^{18}O$ 的比值变化特别重要,例如牙釉质,这是许多重要的生物考古学应用的基础,例如季节性迁移的调查,出生季节性和重建过去的季节性气候[173]。因此 $\delta^{18}O$ 比值可以被认为是受大陆性、海拔、纬度、温度、降水量、相对湿度和季节性相关的影响[174]。这些影响在全球范围都是一致的,但受到地理和地形的不同而有所差异。

降水中氧同位素主导了大部分的水文循环,其中的 $\delta^{18}O$ 常被用作预测动物饮用水来源。哺乳动物骨骼组织的氧同位素组成变化由体液中的同位素驱动,而体液中的氧同位素取决于摄入氧源(例如水)和食物中的氧组成。消耗的水是体内最大的氧供应者,是哺乳动物骨骼组织 $\delta^{18}O$ 中最重要的驱动因素[175]。虽然骨骼组织的氧同位素是经历生理代谢等过程的混合物,但消耗的水占据比例最高,影响特别明显,并且基准线的变化通常都反映在组织的 $\delta^{18}O$ 中。人和动物经常从诸如河流、湖泊、泉水或水井等水体中获取饮用水,

其 $\delta^{18}O$ 比值可能偏离地区 $\delta^{18}O$ 比值。一般来说，河流和地下水已被证明能够密切反映当地的 $\delta^{18}O$ 比值，河流、湖泊和地下水通常代表了在更广泛的集水区内降水量的加权同位素平均值，"非本地"水的流入会导致河流、地下水或湖泊偏离当地降水，一般来自高 $\delta^{18}O$ 比值水域，会导致本地的 $\delta^{18}O$ 比值升高。蒸发和浓缩也会引起相当大的同位素偏离，由于湖泊等静水水体停留时间较长，其 $\delta^{18}O$ 比值也会有明显的上升。由于形成体积较大的湖泊主要依靠积累各种来源水，因此大型湖泊水体更具有同位素的稳定性[176]。根据该原理，湖泊水体中的 $\delta^{18}O$ 比值变化会比降水中的更加滞后；在河流中，下游地区变化会比上游地区更滞后。此外，干旱环境下湖泊和河流通常表现出由蒸发富集驱动的季节性同位素模式，在夏季时达到最高值。然而在高海拔地区，河流中的水主要来自山顶冰雪融化，因此以季节性变化为主，夏季时 $\delta^{18}O$ 比值最低[177]。除此之外，在大多数地表和地下水体中，季节性同位素变化比较小，一般小于 2‰。尽管人类和动物使用的多种水源具有不同的稳定同位素比值，并且这些来源中可能存在同位素异常，但哺乳动物骨骼 $\delta^{18}O$ 数据一直显示与局部降水 $\delta^{18}O$ 相关，特别是在专性饮用物种中。在证明饮用特定水源的考古案例研究中，解释生物体中氧稳定同位素数据的重要考虑因素是环境水中同位素基线变化[178]。

考古遗址中出土的动物遗骸已经被证明与环境水中的氧同位素有密切关系，这反映了动物和人主要饮用的水源[179]。然而，一些非专性饮用动物，例如干旱适应的食草动物可以从它们食用的植物中获得大部分所需的水甚至全部的水[180]。叶片水中 $\delta^{18}O$ 比值明显高于局部降水，因为蒸发通过叶片气孔蒸发而产生强烈的蒸发富集[181]。叶片水中的 ^{18}O 浓度与环境因素密切相关，如叶片温度和相对湿度。在炎热干旱条件下叶片富集的程度最强，这种富集程度可以高达 20‰甚至 40‰[182]。另外，由于叶片形态结构的影响，不同植物类型不同部位的氧稳定同位素也有差异，例如，叶片中叶尖部位的氧值会更高，因为具有高 $\delta^{18}O$ 比值的水向上运输，最后蒸发。这导致了草中叶片水富集效果比叶状双子叶植物更强[183]。分析植物叶片水的氧同位素组成在确定叶片 $\delta^{18}O$ 比值十分重要[184]。草、灌木和扎根较浅的树主要吸收来自上层经历过蒸发富集土壤的水，而扎根较深的植物吸收的水可能更接近地下水的范围[185]。当解释具有不同饮食偏好和觅食行为的食草动物的数据时，这种食用不同种类植物的习性会在氧稳定同位素上有所区别。一些研究者利用叶片水组织的 $\delta^{18}O$ 比值来研究过去食草动物不同的摄食行为,以及分析专性和非专性饮水者的数据来重建环境的相对湿度[186]。食肉动物通常是非专性饮水者,从猎物中获取大部分水分,或者从食物营养素中获取水。虽然这在理论上对猎物的选择会对组织 $\delta^{18}O$ 比值有影响,但到目前为止发现的食肉动物组织 $\delta^{18}O$ 比值与猎物 $\delta^{18}O$ 比值和环境 $\delta^{18}O$ 比值有明显的区分,推测原因可能是由生理代谢导致的[187]。大多数情况下,在考古研究中应考虑食物、水和饮食偏好对专性饮水者组织 $\delta^{18}O$ 比值的影响。

3.3　存在问题

尽管我国的稳定同位素生物考古已进入高速发展期,研究领域不断拓宽,研究方法不断拓展;但纵观我国的稳定同位素考古研究现状,主要以个案研究为主,缺少系统研究,缺少理论思考,缺少范式的指引,研究逐渐呈现思路模式化、原因解释简单化、研究方法创新不足的倾向;即使是在稳定同位素考古个案研究中,也重"人",轻"动植物",缺少对当时当地稳定同位素基线的重建,缺少对生态系统的全面重建,因此对先民食物结构的分析很难细化至具体的食物来源,生业模式的重建显得简单、粗糙;同时,稳定同位素考古研究结果与考古学研究的结合程度,仍显不足,由于缺少长时间段、跨地域范围的系统研究,很难建立起具有宏观意义的框架序列,对考古学而言,借鉴意义只能限于点上的突破。[188]

3.4　拟解决方案

正因以上问题的存在,本书拟以长江三角洲新石器时代 6 个考古遗址出土的人、动物、植物遗存为例,参考已有的考古学文化背景、体质人类学、古DNA、动物考古、植物考古等研究结果,建构起环境、植物、动物、人、食物残留物一体化的分析模型,以动植物的稳定同位素比值为基线,运用稳定同位素生物考古基本原理,利用最新的食谱分析模型,提出全新的判断先民食物来源(尤其是水稻)的分析模式,尝试重建长三角地区距今8000~6000年间先民的生业模式,解析从农业起源发展至文明起源期间,人类摄食方式的变化对文化、文明起源演进的作用,为深入揭示区域内文化发展、文明起源的动因提供有价值的科学证据。

[1]郑昌时.放射性元素碳十四[J].化学世界,1947(1):31-32.

[2]夏鼐.中国考古学的现状[J].科学通报,1953(12):3,36-41.

[3]夏鼐.放射性同位素在考古学上的应用——放射性炭素或炭14的断定年代法[J].考古通讯,1955(4):73-78.

[4]仇士华,张雪莲.中国碳十四年代学的始创者——仇士华先生访谈录[J].南方文物,2008(4):14-21.

[5]袁靖.夏鼐先生与中国科技考古——读《夏鼐文集》有感[J].南方文物,2010(4):18-25.

[6]Hoefs J. 稳定同位素地球化学[M]. 北京:地质出版社,2012.

[7]Bender, Margaret M. Mass Spectrometric Studies of Carbon 13 Variations in Corn and Other Grasses[J]. Radiocarbon,1968(2):468-472.

[8]Hoefs J. 稳定同位素地球化学[M]. 北京:地质出版社,2012.

[9]Smith B N, Epstein S. Two Categories of $^{13}C/^{12}C$ Ratios for Highe,r Plants[J]. Plant Physiology,1971(3):380-384.

[10]Hoefs J. 稳定同位素地球化学[M]. 北京:地质出版社,2012.

[11]O'Leary M H. Carbon isotope fractionation in plants[J]. Phytochemistry,1981(4):553-567.

[12]O'Leary M H. Carbon isotope fractionation in plants[J]. Phytochemistry,1981(4):553-567.

[13]Osmond C B. Crassulacean acid metabolism:a Curiosity in context[J]. Annual Review of Plant Biology,1978(1):379-414.

[14] Ambrose S H, Katzenberg M A. Biogeochemical Approaches to Paleodietary Analysis[J]. American Journal of Physical Anthropology,2002(3):298-299.

[15]Hall R L. Those late corn dates：Isotopic fractionation as a source of error in carbon-14 dates[J]. The Michigan Archaeologist,1967(13):171-180.

[16]Vogel J C，Van D M, Nikolaas J. Isotopic Evidence for Early Maize Cultivation in New York State[J]. American Antiquity, 1977（2）：238-242.

[17]Vogel J C. Isotopic assessment of dietary habits of ungulates[J]. South African Journal of Science,1978(8):98-301.

[18]DeNiro M J, Epstein S. Influence of diet on the distribution of carbon isotope in animals[J]. Geochimica et cosmochimica acta,1978(5):495-506.

[19]Price T D. The Chemistry of prehistoric human bone[M]. Cambridge：Cambridge University Press，1989.

[20]Vogel J C，Van D. Isotopic Evidence for Early Maize Cultivation in New York State[J]. American Antiquity,1977(2):238-242.

[21]Vandrmrw N, J. C. V O. ^{13}C Content of human collagen as a measure of prehistoric diet in woodland North America[J]. Nature，1978(5690)：815-816.

[22]蔡莲珍,仇士华.碳十三测定和古代食谱研究[J].考古,1984(10):949-955.

[23]佚名.碳-14年代的误差问题[J].考古,1974(5):328-332.

[24]科技考古论丛组.科技考古论丛——全国第二届科技考古学术讨论会论文集[M].合肥:中国科学技术大学出版社,1991.

[25]全国科技考古学术会议.第三届全国科技考古学术会议论文集[M].出版者不详,1991.

[26]佚名.全国第五届科技考古学术讨论会在安徽合肥市召开[J].考古,1999(3):64.

[27]王昌燧,国际科技考古研究的现状与动向,华东师范大学学报(环境遥感考古专辑),4(1998),15-22.

[28]胡耀武,杨学明,王昌燧.古代人类食谱研究现状[C]// 科技考古论丛(第二辑).合肥:中国科学技术大学出版社,2000:51-58.

[29]王昌燧.科技考古论丛第二辑[M].合肥:中国科学技术大学出版社,2000.

[30]胡耀武,王昌燧,左健,等.古人类骨中羟磷灰石的 XRD 和喇曼光谱分析[J].生物物理学报,2001(4):621-626.

[31]胡耀武.古代人类食谱及其相关研究[D].合肥:中国科学技术大学博士学位论文,2002.

[32]张雪莲,蔡莲珍,仇士华.生物体中(13)C、(15)N 的分析方法[C]//中国生物物理学会.第三届全国现代生物物理技术学术讨论会论文摘要汇编.2000:1.

[33]张雪莲,王金霞,冼自强,等.古人类食物结构研究[J].考古,2003(2):158-171.

[34]张雪莲.应用古人骨的元素、同位素分析研究其食物结构[J].人类学学报,2003(1):75-84.

[35]胡耀武,James H B,王昌燧.贾湖遗址人骨的元素分析[J].人类学学报,2005(2):158-165.

[36]胡耀武,何德亮,董豫,等.山东滕州西公桥遗址人骨的稳定同位素分析[J].第四纪研究,2005(5):561-567.

[37]胡耀武,王昌燧.中国若干考古遗址的古食谱分析[J].农业考古,2005(3):49-54,64.

[38]Hu Y, Ambrose S H, Wang C. Stable isotopic analysis of human bones from Jiahu site, Henan, China: implications for the transition to agriculture[J]. Journal of Archaeological Science, 2006(9):1319-1330.

[39]崔亚平,胡耀武,陈洪海,等.宗日遗址人骨的稳定同位素分析[J].第四纪研究,2006(4):604-611.

[40]胡耀武,何德亮,董豫,等.山东滕州西公桥遗址人骨的线扫描分析[J].光谱学与光谱分析,2006(6):1179-1182.

[41]胡耀武,何德亮,刘歆益,等.山东滕州西公桥遗址人骨的元素分析[J].高等学校化学学报,2006(6):1075-1079.

[42]胡耀武,王昌燧,何德亮,等.古代人骨羟磷灰石的去污染研究[J].考古,2006(7):68-74.

[43]张全超,朱泓,胡耀武,等.内蒙古和林格尔县新店子墓地古代居民的食谱分析[J].文物,2006(1):87-91.

[44]张全超.吐尔基山辽墓墓主人骨骼的稳定同位素分析[J].内蒙古文物考

古,2006(1):106-108.

[45]张全超,李溯源.新疆尼勒克县穷科克一号墓地古代居民的食物结构分析[J].西域研究,2006(4):78-81,118.

[46]李法军,金海燕,朱泓,等.姜家梁新石器时代遗址古人类的食谱[J].吉林大学学报(理学版),2006(6):1001-1007.

[47]张全超,朱泓,金海燕.新疆罗布淖尔古墓沟青铜时代人骨微量元素的初步研究[J].考古与文物,2006(6):99-103.

[48]凌雪,陈靓,薛新明,等.山西芮城清凉寺墓地出土人骨的稳定同位素分析[J].第四纪研究,2010(2):415-421.

[49]凌雪,王望生,陈靓,等.宝鸡建河墓地出土战国时期秦人骨的稳定同位素分析[J].考古与文物,2010(1):95-98.

[50]凌雪,陈靓,田亚岐,等.陕西凤翔孙家南头秦墓出土人骨中C和N同位素分析[J].人类学学报,2010(1):54-61.

[51]郭怡,胡耀武,朱俊英,等.青龙泉遗址人和猪骨的C,N稳定同位素分析[J].中国科学:地球科学,2011(1):52-60.

[52]郭怡,胡耀武,高强,等.姜寨遗址先民食谱分析[J].人类学学报,2011(2):149-157.

[53]胡耀武,何德亮,董豫,等.山东滕州西公桥遗址人骨的稳定同位素分析[J].第四纪研究,2005(5):561-567.

[54]安成邦,吉笃学,董广辉,等.碳同位素在史前粟黍鉴定中的应用初探[J].第四纪研究,2010(2):410-414.

[55]侯亮亮,王宁,吕鹏,等.申明铺遗址战国至两汉先民食物结构和农业经济的转变[J].中国科学:地球科学,2012(7):1018-1025.

[56]陈相龙,袁靖,胡耀武,等.陶寺遗址家畜饲养策略初探:来自碳,氮稳定同位素的证据[J].考古,2012(9):75-82.

[57]王明辉.中国考古学会人类骨骼考古专业委员会在长春成立[J].人类学学报,2015(1):137-137.

[58]郭怡,陈虹,周科南.浙江大学召开"中国史前先民生活方式研讨会"[J].人类学学报,2014(3):284-284.

[59]张全超,张群.多维视角下的生物考古学——"东亚地区生物考古学国际

研讨会"综述[J].边疆考古研究,2015(1):419-423.

[60]郑永飞,陈江峰.稳定同位素地球化学[M].北京:科学出版社,2000.

[61][德]Jochen Hoefs.稳定同位素地球化学(第四版)[M].刘季花,石学法,
卜文瑞,译.北京:海洋出版社,2002.

[62](俄)巴郎诺夫主编.同位素——性质、制取与应用[M].王立军,等,译.同
位素——性质、制取与应用[M].北京:清华大学出版社,2004.

[63]郑永飞,陈江峰编著.稳定同位素地球化学[M].北京:科学出版
社,2000.

[64](德)Jochen Hoefs 著.稳定同位素地球化学(第四版)[M].刘季花,石学
法,卜文瑞,译.北京:海洋出版社,2002.

[65](俄)巴郎诺夫主编.同位素——性质、制取与应用[M].王立军,等,译.同
位素——性质、制取与应用[M].北京:清华大学出版社,2004.

[66]Galimov E M 著.同位素有机地球科学[M].宫色,李剑,胡国艺,译.同
位素有机地球科学[M].北京:石油工业出版社,2007.

[67](德)Jochen Hoefs 著.稳定同位素地球化学(第四版)[M].刘季花,石学
法,卜文瑞,译.北京:海洋出版社,2002.

[68](俄)巴郎诺夫主编.同位素——性质、制取与应用[M].王立军,等,译.北
京:清华大学出版社,2004.

[69]黄达峰,罗修泉,李喜斌,等编著.同位素质谱技术与应用[M].北京:化
学工业出版社,2006.

[70]郑永飞,陈江峰编著.稳定同位素地球化学[M].北京:科学出版
社,2000.

[71]Galimov E M 著.同位素有机地球科学[M].宫色,李剑,胡国艺,译.北
京:石油工业出版社,2007.

[72](德)Jochen Hoefs 著.稳定同位素地球化学(第四版)[M].刘季花,石学
法,卜文瑞,译.北京:海洋出版社,2002.

[73](德)Jochen Hoefs 著.稳定同位素地球化学(第四版)[M].刘季花,石学
法,卜文瑞,译.北京:海洋出版社,2002.

[74](俄)巴郎诺夫主编.同位素——性质、制取与应用[M].王立军,等,译.北
京:清华大学出版社,2004.

[75]郑永飞,陈江峰编著.稳定同位素地球化学[M].北京:科学出版社,2000.

[76](俄)巴郎诺夫主编.同位素——性质、制取与应用[M].王立军,等,译.北京:清华大学出版社,2004.

[77](德)迈克·约赫曼,托尔斯滕·施密特著.特定化合物稳定同位素分析[M].冒德寿,王晋,李志宇,等,译.北京:科学出版社,2018.

[78](德)Jochen Hoefs 著.稳定同位素地球化学(第四版)[M].刘季花,石学法,卜文瑞,译.北京:海洋出版社,2002.

[79]曹亚澄,张金波,温腾等编著.稳定同位素示踪技术与质谱分析——土壤、生态、环境研究中的应用[M].北京:科学出版社,2018.

[80]黄达峰,罗修泉,李喜斌,等编著.同位素质谱技术与应用[M].北京:化学工业出版社,2006.

[81]Richards M P, Hedges R E M. Stable isotope evidence for similarities in the types of marine foods used by Late Mesolithic humans at sites along the Atlantic coast of Europe [J]. Journal of Archaeological Science, 1999(6):717-722.

[82]Brown T A, Nelson D E, Vogel J S, et al. Improved Collagen Extraction by Modified Longin Method[J]. Radiocarbon, 1988(2):171-177.

[83]Pestle W J, Colvard M. Bone collagen preservation in the tropics: A case study from ancient Puerto Rico[J]. Journal of Archaeological Science, 2012(7):2079-2090.

[84]Hedges R E M, Klinken G J V. A review of current approaches in the pretreatment of bone for radiocarbon dating by AMS[J]. Radiocarbon, 2006(3):279-291.

[85]Pechenkina E A, Ambrouse S H, Ma X L, et al. Reconstructing northern Chinese Neolithic subsistence practices by isotopic analysis [J]. Journal of Archaeological Science, 2005(8):1176-1189.

[86]Hu Y W, Wang S G, Luan F S, et al. Stable isotope analysis of humans from Xiaojingshan site: Implications for understanding the

origin of millet agriculture in China[J]. Journal of Archaeological Science，2008(11):2960-2965.

[87]Loukas B，Newsome S D，Chen F H，et al. Agricultural origins and the isotopic identity of domestication in Northern China[J]. Proceedings of the National Academy of Sciences of the United States of American，2009(14):5523-5538.

[88]张雪莲,仇士华,钟建,等.中原地区几处仰韶文化时期考古遗址的人类食物状况分析[J].人类学学报,2010(2):197-207.

[89]Guo Y，Hu Y W，Zhu J Y，et al. Stable carbon and nitrogen isotope evidence of human and pig diets at the Qinglongquan site，China[J]. Science China：Earth Science，2011(4):519-527.

[90]张雪莲,王金霞,冼自强,等.古人类食物结构研究[J].考古,2003(2):158-171.

[91]胡耀武,王根富,崔亚平,等.江苏金坛三星村遗址先民的食谱研究[J].科学通报,2007(1):85-88.

[92]胡耀武,李法军,王昌燧,等.广东湛江鲤鱼墩遗址人骨的C、N稳定同位素分析:华南新石器时代先民生活方式初探[J].人类学学报,2010(3):264-269.

[93]郭怡,项晨,夏阳,等.中国南方古人骨中羟磷灰石稳定同位素分析的可行性初探——以浙江省庄桥坟遗址为例[J].第四纪研究,2017(1):143-154.

[94]Wang Y，Cerling T E，MacFadden B J. Fossil horses and carbon isotopes：New evidence for Cenozoic dietary，habitat，and ecosystem changes in North America[J]. Palaeogeogr Palaeo climatol Palaeoecol，1994(107)：269-279.

[95]Balasse M，Boury L，Ughetto-Monfrin J，Tresset Aet al. Stable isotope insights (δ^{18}O，δ13C) into cattle and sheep husbandry at Bercy (Paris，France，IVth millennium BC)：birth seasonality and winter leaf foddering[J]. Environmental Archaeology，2012(1):29-44.

[96]凌雪.秦人食谱研究[D].西安:西北大学博士学位论文,2010.

[97]DeNiro，M J. Postmortem preservation and alteration of in vivo bone

collagen isotope ratios in relation to palaeodietary reconstruction[J]. Nature，1985(6040):806-809.

[98]Biltz R M，Pellegrino E D. The Nature of Bone Carbonate[J]. Clinical Orthopaedics and Related Research，1977(129):279.

[99]Kay M I，Young R A，Posner A S. Crystal Structure of Hydroxyapatite[J]. Nature，1964(4963):1050-1052.

[100]Lee-Thorp J A ，Van D . Lee-Thorp J A，et al. Aspects of the chemistry of modern and fossil biological apatites[J]. Journal of Archaeological Science，1991(3):343-354.

[101]Nielsen-Marsh C M ，Hedges R . Patterns of Diagenesis in Bone I: The Effects of Site Environments[J]. Journal of Archaeological Science，2000(12):1139-1150.

[102]Garvie-Lok S J ，Varney T L ，Katzenberg M A . Preparation of bone carbonate for stable isotope analysis: the effects of treatment time and acid concentration[J]. Journal of Archaeological Science，2004(6):763-776.

[103]Nielsen-Marsh C M ，Hedges R . Patterns of Diagenesis in Bone II: Effects of Acetic Acid Treatment and the Removal of Diagenetic CO32-[J]. Journal of Archaeological Science，2000(12):1151-1159.

[104] Wright L E，Schwarcz H P. Infrared and Isotopic Evidence for Diagenesis of Bone Apatite at Dos Pilas，Guatemala: Palaeodietary Implications[J]. Journal of Archaeological Science，1996(6):933-944.

[105]胡耀武，王昌燧，左健,等.古人类骨中羟磷灰石的 XRD 和喇曼光谱分析[J].生物物理学报，2001(4):621-626.

[106]胡耀武，王昌燧，何德亮,等.古代人骨羟磷灰石的去污染研究[J].考古，2006(7):68-74.

[107]Libby W F. Radiocarbon dating[J]. Science，1961(3453):621-629.

[108]Park R，Epstein S. Carbon isotope fractionation during photosynthesis [J]. Geochimica Et Cosmochimica Acta，1960(1):110-126.

[109]Park R，Epstein S. Metabolic fractionation of C13 & C12 in plants [J]. PLANT PHYSIOLOGY，1961(2):133-138.

[110]Bender，Margaret M. Mass Spectrometric Studies of Carbon 13 Variations in Corn and Other Grasses[J]. Radiocarbon，1968(02):468-472.

[111]SmithBN，EpsteinS. Two Categories of 13C/12C Ratios for Higher Plants[J]. Plant Physiology，1971(3):380-384.

[112]Hoefs J.稳定同位素地球化学[M].北京:地质出版社，2012.

[113]Park R，Epstein S. Carbon isotope fractionation during photosynthesis [J]. Geochimica Et Cosmochimica Acta，1960(1):110-126.

[114]Ambrose S H，Katzenberg M A. Biogeochemical Approaches to Paleodietary Analysis[J]. American Journal of Physical Anthropology，2002(3): 298-299.

[115]Hoefs J.稳定同位素地球化学[M].北京:地质出版社，2012.

[116]Smith B N，Epstein S. Two Categories of ^(13) C/^(12) C Ratios for Higher Plants[J]. Plant Physiology，1971(3):380-384.

[117]Hoefs J.稳定同位素地球化学[M].北京:地质出版社，2012.

[118]Hoefs J.稳定同位素地球化学[M].北京:地质出版社，2012.

[119]Hoefs J.稳定同位素地球化学[M].北京:地质出版社，2012.

[120]Barrett J，Johnstone C，Harland J，et al. Detecting the medieval cod trade：a new method and first results[J]. Journal of Archaeological Science，2008(4):850-861.

[121]Chisholm B S，Nelson D E，Schwarcz H P. Stable-Carbon Isotope Ratios as a Measure of Marine Versus Terrestrial Protein in Ancient Diets[J]. Science，1982(4550):1131-1132.

[122]Dufour E，Bocherens H，Mariotti A. Palaeodietary Implications of Isotopic Variability in Eurasian Lacustrine Fish [J]. Journal of Archaeological Science，1999(6):617-627.

[123]Katzenberg M A，Weber A. Stable Isotope Ecology and Palaeodiet in the Lake Baikal Region of Siberia[J]. Journal of Archaeological Science，1999(6):651-659.

[124]Reitsema L J，Crews D E，Polcyn M. Preliminary evidence for medieval Polish diet from carbon and nitrogen stable isotopes[J]. Journal of

Archaeological Science, 2010(7):1413-1423.

[125]Ambrose S H, Katzenberg M A. Biogeochemical Approaches to Paleodietary Analysis[J]. American Journal of Physical Anthropology, 2002(3): 298-299.

[126]Noe-Nygaard N, Price T D, Hede S U. Diet of aurochs and early cattle in southern Scandinavia: Evidence from 15N and 13C stable isotopes [J]. Journal of Archaeological Science, 2005(6):855-871.

[127]Marino B D, Mcelroy M B. Isotopic composition of atmospheric CO2 inferred from carbon in C4 plant cellulose[J]. Science, 1991(6305):127-131.

[128]Klinken G J V, Richards M P, Hedges B E M . An Overview of Causes for Stable Isotopic Variations in Past European Human Populations: Environmental, Ecophysiological, and Cultural Effects [M]// Biogeochemical Approaches to Paleodietary Analysis. Springer, Boston, MA,, 1970.

[129]Price T D. The Chemistry of prehistoric human bone[M]. Cambridge: Cambridge University Press, 1989.

[130]Schoeninger M J, Deniro M J. Nitrogen and carbon isotopic composition of bone collagen from marine and terrestrial animals[J]. Geochimica Et Cosmochimica Acta, 1984(4):625-639.

[131]Bocherens H, Drucker D. Trophic level isotopic enrichment of carbon and nitrogen in bone collagen: case studies from recent and ancient terrestrial ecosystems[J]. International Journal of Osteoarchaeology, 2003(1-2):46-53.

[132]O"Connell T C, Kneale C J, Tasevska N, et al. The diet-body offset in human nitrogen isotopic values: A controlled dietary study[J]. American Journal of Physical Anthropology, 2012(3):426-434.

[133] Schoeninger M J. Bone stable isotope studies in archaeology[J]. Journal of World Prehistory, 1992(2):247-296.

[134]Steele K W, Daniel R M. Fractionation of nitrogen isotopes by animals: a further complication to the use of variations in the natural

abundance of 15N for tracer studies[J]. The Journal of Agricultural Science, 1978(1):3.

[135]Klepinger L L. Nutritional Assessment from Bone[J]. Annual Review of Anthropology, 1984(13):75-96.

[136]Richards M P, Fuller B T, Molleson T I. Stable isotope palaeodietary study of humans and fauna from the multi-period (Iron Age, Viking and Late Medieval) site of Newark Bay, Orkney[J]. Journal of Archaeological Science, 2006(1):122-131.

[137]Richards M P, Hedges R E M, Molleson T I, et al. Stable Isotope Analysis Reveals Variations in Human Diet at the Poundbury Camp Cemetery Site[J]. Journal of Archaeological Science, 1998(12):1247-1252.

[138]Waters-Rist A L, Bazaliiskii V I, Weber A W, et al. Infant and child diet in Neolithic hunter-fisher-gatherers from cis-baikal, Siberia:Intra-long bone stable nitrogen and carbon isotope ratios[J]. American Journal of Physical Anthropology, 2011(2).

[139]Ambrose S H. Controlled Diet and Climate Experiments on Nitrogen Isotope Ratios of Rats [M]// Biogeochemical Approaches to Paleodietary Analysis. Springer, Boston, MA, 2006.

[140]Bocherens H, Drucker D. Trophic level isotopic enrichment of carbon and nitrogen in bone collagen: case studies from recent and ancient terrestrial ecosystems[J]. International Journal of Osteoarchaeology, 2003(1-2):46-53.

[141]O"Connell T C, Kneale C J, Tasevska N, et al. The diet-body offset in human nitrogen isotopic values: A controlled dietary study[J]. American Journal of Physical Anthropology, 2012(3):426-434.

[142]Ambrose S H. Controlled Diet and Climate Experiments on Nitrogen Isotope Ratios of Rats [M]// Biogeochemical Approaches to Paleodietary Analysis. Springer, Boston, MA, 2006.

[143]Hobson K A. Stable-Carbon and Nitrogen Isotope Ratios of Songbird

Feathers Grown in Two Terrestrial Biomes: Implications for Evaluating Trophic Relationships and Breeding Origins[J]. The Condor, 1999(4):799-805.

[144]Fuller B T, Fuller J L, Harris D A, et al. Detection of Breastfeeding and Weaning in Modern Human Infants with Carbon and Nitrogen Stable Isotope Ratios [J]. American Journal of Physical Anthropology, 2006(2):279-293.

[145]Waters-Rist A L, Katzenberg M A. The effect of growth on stable nitrogen isotope ratios in subadult bone collagen[J]. International Journal of Osteoarchaeology, 2010(2):172-191.

[146]Fuller B T, Fuller J L, Sage N E, et al. Nitrogen balance and d15N: Why you're not what you eat during nutritional stress[J]. Rapid Communications in Mass Spectrometry, 2005(18):2497-2506.

[147]Bogaard A, Heaton T H E, Poulton P, et al. The impact of manuring on nitrogen isotope ratios in cereals: archaeological implications for reconstruction of diet and crop management practices[J]. Journal of Archaeological Science, 2007(3):335-343.

[148]Commisso R G, Nelson D E. Correlation between modern plant nitrogen values and activity areas of Medieval Norse farms[J]. Journal of Archaeological Science, 2008, 35(2):492-504.

[149]Grogan P, Burns T D, Iii F S C. Fire effects on ecosystem nitrogen cycling in a Californian bishop pine forest[J]. Oecologia, 2000(4):537-544.

[150]Price T D. Bone chemistry and past behavior: an overview[J]. Journal of Human Evolution, 1985(5):419-447.

[151]Barrett J, Johnstone C, Harland J, et al. Detecting the medieval cod trade: a new method and first results[J]. Journal of Archaeological Science, 2008(4):850-861.

[152]Deniro M J, Epstein S. Influence of diet on the distribution of carbon isotopes in animals [J]. Geochimica Et Cosmochimica Acta, 1978(5):495-506.

[153]Bonsall C, Lennon R, Mcsweeney K, et al. Mesolithic and Early

Neolithic in the Iron Gates: A Paiaeodietary Perspective[J]. Journal of European Archaeology, 1997(1):50-92.

[154]Lubell D, Jackes M, Schwarcz H, et al. The Mesolithic-Neolithic Transition in Portugal: Isotopic and Dental Evidence of Diet[J]. Journal of Archaeological Science, 1994(2):201-216.

[155]Barrett J, Johnstone C, Harland J, et al. Detecting the medieval cod trade: a new method and first results[J]. Journal of Archaeological Science, 2008(4):850-861.

[156]Gundula Müldner, Richards M P. Fast or feast: reconstructing diet in later medieval England by stable isotope analysis[J]. Journal of Archaeological Science, 2005(1):39-48.

[157]Gundula Müldner, Richards M P. Diet and diversity at Later Medieval Fishergate: The isotopic evidence[J]. American Journal of Physical Anthropology, 2007(2):162-174.

[158]Heaton T H E. 15N/14N ratios of plants in South Africa and Namibia: Relationship to climate and coastal/saline environments[J]. Oecologia, 1987(2):236-246.

[159]Britton K, Gundula Müldner, Bell M. Stable isotope evidence for salt-marsh grazing in the Bronze Age Severn Estuary, UK: implications for palaeodietary analysis at coastal sites [J]. Journal of Archaeological Science, 2008(8):21110-2118.

[160]Seaborg. Encyclopedia of the Chemical Elements [J]. Journal of Occupational & Environmental Medicine, 1968(11).

[161]Rundel P W, Ehleringer J R, Nagy K A. Stable Isotopes in Ecological Research[J]. Ecology, 1995(5):1683-1684.

[162]Suarez M B, Passey B H . Assessment of the clumped isotope composition of fossil bone carbonate as a recorder of subsurface temperatures[J]. Geochimica et Cosmochimica Acta, 2014(140):142-159.

[163]Rundel P W. Stable Isotopes in Ecological Research[J]. Ecology, 1995(5):1683-1684.

[164]A Läderch, Sodemann H. A revised picture of the atmospheric moisture residence time[J]. Geophysical Research Letters, 2016(2): 924-933.

[165]L Araguás-Araguás, Froehlich K, Rozanski K. Deuterium and Oxygen-18 Isotope Composition of Precipitation and Atmospheric Moisture[J]. Hydrological Processes, 2000(8):1341-1355.

[166]Gonfiantini R, Roche M A, Olivry J C, et al. The altitude effect on the isotopic composition of tropical rains[J]. Chemical Geology, 2001 (1):147-167.

[167]Stumpp C, Klaus J, Stichler W. Analysis of long-term stable isotopic composition in German precipitation[J]. Journal of Hydrology, 2014 (517):351-361.

[168]Johnsen S J, Dahl-Jensen D, Dansgaard W, et al. Greenland palaeotemperatures derived from GRIP bore hole temperature and ice core isotope profiles [J]. Tellus B: Chemical and Physical Meteorology, 1995(5):624-629.

[169]Craig H. Isotopic Variations in Meteoric Waters[J]. Science, 1961 (3465):1702-1703.

[170]Aggarwal P K, Alduchov O A, Froehlich K O, et al. Stable isotopes in global precipitation: A unified interpretation based on atmospheric moisture residence time[J]. Geophysical Research Letters, 2012(11): 162-171.

[171]L Araguás-Araguás, Froehlich K, Rozanski K. Deuterium and Oxygen-18 Isotope Composition of Precipitation and Atmospheric Moisture[J]. Hydrological Processes, 2000(8):1341-1355.

[172]Aggarwal P K, Alduchov O A, Froehlich K O, et al. Stable isotopes in global precipitation: A unified interpretation based on atmospheric moisture residence time[J]. Geophysical Research Letters, 2012(11): 162-171.

[173]Pederzani S, Britton K. Oxygen isotopes in bioarchaeology: Principles

and applications, challenges and opportunities[J]. Earth - Science Reviews, 2018.

[174]Gat J R. Oxygen and Hydrogen isotopes in the hydrologic cycle[J]. Annual Review of Earth and Planetary Sciences, 1996(1):225-262.

[175]Podlesak D W, Torregrossa A M, Ehleringer J R, et al. Turnover of oxygen and hydrogen isotopes in the body water, CO2, hair, and enamel of a small mammal[J]. Geochimica Et Cosmochimica Acta, 2008(1):19-35.

[176]Darling W G, Bath A H, Talbot J C. The O and H stable isotope composition of freshwaters in the British Isles. 2, surface waters and groundwater[J]. Hydrology & Earth System Sciences, 12003(2): 183-195.

[177]Tsujimura M, Abe Y, Tanaka T, et al. Stable isotopic and geochemical characteristics of groundwater in Kherlen River basin, a semi-arid region in eastern Mongolia[J]. Journal of Hydrology, 2007(1):47-57.

[178]Congjian S, Yaning C, Weihong L, et al. Isotopic time series partitioning of streamflow components under regional climate change in the Urumqi River, northwest China[J]. International Association of Scientific Hydrology. Bulletin, 2016(8):17.

[179]Bryant J D, Luz B, Froelich P N. Oxygen isotopic composition of fossil horse tooth phosphate as a record of continental paleoclimate [J]. Palaeogeography, Palaeoclimatology, Palaeoecology, 1994(3-4):303-316.

[180]Brown G, Lynch J. Some aspects of the water balance of sheep at pasture when deprived of drinking water[J]. Australian Journal of Agricultural Research, 1972(4):669-684.

[181]Barbour M M, Farquhar G D, Buckley T N. Leaf water stable isotopes and water transport outside the xylem[J]. Plant, Cell & Environment, 2016.

[182]Cernusak L A, Barbour M M, Arndt S K, et al. Stable isotopes in leaf water of terrestrial plants[J]. Plant, Cell & Environment, 2016 (5): 1087-1102.

［183］Dawson T E，Ehleringer J R. Streamside trees that do not use stream **water** ［J］. Nature，1991(6316)：335-337.

［184］Cook P G，O'grady A P. Determining soil and ground water use **of** vegetation from heat pulse，water potential and stable isotope data［J］. Oecologia (Berlin)，2006(1)：97-107.

［185］Adams M，Grierson P F. Stable Isotopes at Natural Abundance **in** Terrestrial Plant Ecology and Ecophysiology：An Update［J］. **Plant** Biology，2001(4)：299-310.

［186］Blumenthal S A，Levin N E，Brown F H，et al. Aridity and homi**nin** environments［J］. Proceedings of the National Academy of Sciences，2017 (28)：7331-7336.

［187］Pietsch S J，Hobson K A，Wassenaar L I，et al. Tracking Cats：Problems with Placing Feline Carnivores on δ18O，δD Isoscapes［J］. PLOS ONE，2011(9)：e24601.

［188］胡耀武.稳定同位素生物考古学的概念、简史、原理和目标［J］.人类学学报，2021(3)：526-534.

4 样品来源与遗址情况介绍

本次研究中用于重建古代先民食物结构和生业模式的生物遗存，主要来自长三角地区 8000～6000cal BP，时间段内的 6 个考古遗址。现对各遗址考古学背景和取样情况介绍如下。

4.1 跨湖桥遗址

跨湖桥遗址地处杭州市萧山区城厢街道湘湖村，位于萧山中南部的古湘湖之滨，因遗址北部约 700 米处上、下湘湖之间的一座跨湖桥而得名。自 20 世纪 90 年代初至 2002 年 12 月，跨湖桥遗址先后开展了三次考古发掘，揭露总面积达 1080 平方米。遗址绝对年代约 8200～7000cal BP，地层堆积共分为 9 层，其中 4～9 层为文化层[1]。值得关注的是，沉积物、硅藻化石以及地球化学与沉积环境研究共同指出在 7000cal BP. 左右，跨湖桥遗址先民受到全新世海侵的影响，受海洋环境影响大[2]。而从出土的世界上最早的独木舟可以进一步看出，跨湖桥遗址先民与湖泊海洋关系密切[3]。

尽管跨湖桥遗址破坏严重，但仍然出土有 5123 块保存较好的动物骨骼，包括鱼类、两栖类、鸟类、哺乳类等动物。其中水牛占哺乳类动物总数的27.86%，仅次于鹿，与猪数量相当，完整和基本完整的标本有 172 件，是本次研究的重要材料[4]。

本研究取样 82 例，其中包括鹿 44 例，水牛 26 例，狗 10 例，虎 1 例，龟 1 例。

4.2 马家浜遗址

马家浜遗址是环太湖地区新石器时代马家浜文化的命名地,位于嘉兴市区西南约 7.5 公里,北及东北临九里港,西有坟屋浜,南为马家浜,是一个三河交叉的平原[5]。1959 年 3 月,浙江省文物管理委员会联合杭州大学历史系等 6 个单位对马家浜遗址进行了发掘。遗址面积东西长约 150 米,南北宽约 100 米。发掘坑位于遗址中部,发掘面积共 213 平方米。

遗址共分为上、下两个文化层。上文化层以灰黑色黏土为主,并有红烧土层和淤泥层。墓葬分布在上、下两个文化层交接处的淤土层之上。这一层的包含物以兽骨最多,其次有石锛、砺石、骨镞和各种陶质的陶片。下文化层为黑色黏土,含有大量腐烂的兽骨碎片,也有草木灰。包含物中兽骨比上层更多。此外,还有骨镞、锥、凿、针、管以及砺石和陶片。

墓葬均为南北走向,共发现人骨标本 30 例,葬式以俯身葬为主,仰身直肢葬次之,还有少部分仰身屈肢葬。其中有 6 个墓葬中发现了穿孔石斧、陶豆、陶罐、陶盆、陶纺轮及玉环等随葬品。

马家浜遗址的第一次试掘,对了解其文化堆积情况具有重要作用。该遗址以鲜明典型的文化特征,不同于黄河流域的史前文化形态,成为长江下游、太湖流域新石器时代早期文化的代表。

2009 年 11 月至 2011 年 1 月,浙江省文物考古研究所联合嘉兴博物馆对马家浜遗址进行了第二次发掘,此次发掘区紧邻第一次发掘区,在遗址西北部 300 平方米的发掘范围内,清理了马家浜文化墓葬 80 座。墓葬主要集中于发掘区东北角,墓地总面积约 200 平方米。墓葬以长方形竖穴土坑墓为主,绝大部分保留人骨遗骸,流行俯身葬,个别残留木质葬具。墓葬中共出土玉器、石器、骨器、陶器等随葬品近百件。玉器仅玉玦一种;骨器中包括锥、玦等;石器仅有锛。陶器以豆为主,其他陶器种类有釜、鼎、盉、罐及匜等。出土的随葬器物中骨玦和六角沿陶豆在以往马家浜文化遗址中未见,进一步丰富了马家浜遗址的文化内涵。

本研究选择的马家浜遗址样品取自第二次考古发掘的 54 个墓葬,共 56 例人骨。这 56 例人骨标本大部分保存情况较好,考古信息明确[6]。

4.3 田螺山遗址

田螺山遗址位于浙江省余姚市三七市镇相岙村,地处宁绍平原姚江谷地北侧低丘环绕的小盆地中部,北面横亘四明山支脉翠屏山,东距海岸 30～40 公里,西南距离河姆渡遗址约 7 公里,邻近遗址还包括鲻山遗址和傅家山遗址等,是一处埋藏良好的河姆渡文化古村落遗址,属于河姆渡文化中心区域[7]。2004 年 2 月至 2008 年 7 月,田螺山遗址共开展了四次考古发掘,揭露总面积 1000 平方米,总面积达 30000 多平方米[8]。遗址绝对年代约为 7000～5700cal BP,地层堆积可分为 8 层,其中 3～8 层为文化层[9]。当时环境整体上处于全新世海退期,受海洋环境影响较大。出土的动物种类包括鱼类、两栖类、爬行类、鸟类、哺乳类等,基本都是遗址附近的原生动物,生活环境遍及淡水河湖、丘陵、海洋等。不同地层出土水牛骨骼总数达 300 余件,仅次于鹿和猪[10]。更重要的是发现了一定数量保存完好的动物牙齿,包括水牛、鹿、猪等,为本次研究提供了丰富的材料[11]。

本研究选择的田螺山遗址共取样 194 例,其中包括:人 12 例,猪 13 例,水牛 54 例,鹿 49 例,鲸 2 例,鲨鱼 1 例,金枪鱼 27 例,鳄鱼 7 例,淡水鱼 15 例,青蛙 14 例。

4.4 圩墩遗址

圩墩遗址(31°43′N,120°3′E)位于江苏省常州市,地处太湖流域西北部,先后在 1972 年、1974 年、1978 年、1985 年和 1992 年经历了五次发掘[12][13][14][15][16]。通过考古类型学对出土器物类型、纹饰等方面的比较,认为其属于马家浜文化晚期典型遗址。AMS-[14]C 测年数据显示,圩墩遗址的绝对年代约为 6200～5900cal BP[17]。遗址共发现墓葬 191 座[18],出土了大量人类骨骼遗骸,同时伴有大量陪葬器物(陶器、石器、玉器等),保留了丰富的考古学信息。除此之外,圩墩遗址发现的大量动物骨骼遗骸(包含哺乳类、鱼类、鸟类、爬行类),为分析当地生业模式提供了有效信息。

本次研究的样品取自圩墩遗址第四次发掘所得人类和动物骨骼共 113 例,其中包括:人 22 例,牛 3 例,猪 13 例,鹿 39 例,狗 7 例,鸟类 19 例,鳖 3 例和鱼 7 例。所有发现的动物骨骼均由山东大学宋艳波老师进行动物种属鉴定。取样的人类骨骼均选择肢骨,并确保每个骨骼来自不同个体以及后续实验的一致性。动物骨骼由于种属不同,选择保存较好的部分进行后续实验,通过人和动物的数据对比可以了解当地居民的蛋白质消费量,明确圩墩遗址人和动物的食物链关系[19]。

4.5   江家山遗址

江家山遗址,位于浙江省西北部的长兴县临城镇,距太湖约 23 公里。其所处的浙江省最大的堆积平原——杭嘉湖平原,与田螺山遗址所处的宁绍平原统称为浙北平原。平原上河网密布,地势低平,平均海拔在 10 米以下。同时由于紧邻东南丘陵,平原上也有很多起伏的小丘陵,自然资源丰富。该遗址清理了新石器时代墓葬 340 座,其中马家浜文化晚期墓葬 46 座、崧泽文化时期墓葬 292 座及良渚文化时期墓葬 2 座。该遗址为探索和研究太湖西南部史前文化提供了较为重要和丰富的资料。

为深入探索江家山遗址先民的家猪驯化程度,研究中特别选取了 9 例猪骨及 2 例相同时期的人骨进行稳定同位素检测,以期在揭示其食物结构的基础上,通过对家猪的辨认以及与其他遗址的对比分析,较为全面地揭示长江下游地区家猪驯化路线[20]。

4.6   庄桥坟遗址

庄桥坟遗址(119°42′N,31°21′E)[21] 位于浙江省平湖市东南部林埭镇群丰村。2003年6月1日,浙江省文物考古研究所联合平湖市博物馆组成考古队对该遗址进行了长达15个月的抢救性考古发掘,发掘面积约2000平方米。发现并发掘了良渚文化时期土台遗迹3处,清理了良渚文化中晚期墓葬271座。此外,还发掘了灰坑、沟、祭祀坑等遗迹近1000处,出土各类遗物近3000件(组),以及大量的动植物遗存[22]。

从整体布局来看,遗址内墓葬大致可分为四区,且各有特点,发掘者认为这可能反映了每个区域墓主间的血缘关系。除此之外,还发现了12座埋葬狗的墓葬和埋葬狗与猪的祭祀坑。H70发现的1件组合式分体石犁,也是目前发现年代最早的带木质犁底石犁。

为进一步廓清遗址内墓地的布局范围,2006年5月至9月,浙江省文物考古研究所与平湖市博物馆再次联合组成考古队,对庄桥坟遗址进行二期发掘。本次发掘面积约500平方米,共发现良渚文化时期墓葬35座,出土随葬品约400件,其中陶器约280件,石器约50件,玉器约30件。

二期发掘所揭露的遗迹现象与一期发掘基本相似,但也存在少量差异,如M271发现有葬具盖板遗迹,殉葬狗屈肢置于墓坑西北角,其头骨背向墓主脚端,这与一期发现的殉葬狗面向墓主脚端刚好相反。

本次研究选择了庄桥坟遗址50例骨骼样品,其中人骨37例,动物骨骼13例(兽骨3例,猪骨2例,狗骨7例,蚌壳1例)。

[1]浙江省文物考古研究所,萧山博物馆.浦阳江流域考古报告之一跨湖桥[M].北京:文物出版社,2004.

[2]Bird M I, Austin W E N, Wurster C M, et al. Punctuated eustatic sea-level rise in the rise in the early mid-Holocene[J]. Geology, 2010(9): 803-806.

[3]蒋乐平.跨湖桥文化研究[M].北京:科学出版社,2014.

[4]楼佳.新石器时代中国长江下游地区水牛家养化文化特征的C、N、O稳定同位素研究——以跨湖桥遗址与田螺山遗址为例[D].杭州:浙江大学硕士学位论文,2018.

[5]浙江省文物管理委员会.浙江嘉兴马家浜新石器时代遗址的发掘[J].考古,1961(7):5-6,345-351,354.

[6]项晨.环太湖流域新石器时代中晚期人(动物)骨骼的稳定同位素研究——以马家浜遗址和庄桥坟遗址为例[D].杭州:浙江大学硕士学位论文,2017.

[7]孙国平,黄渭金,郑云飞,等.浙江余姚田螺山新石器时代遗址2004年发掘简报[J].文物,2007(11):4-24.

[8]浙江省文物考古研究所.田螺山遗址第一阶段(2004—2008年)考古工作概述[M]//田螺山遗址自然遗存综合研究.北京:文物出版社,2011:7-39.

[9]吴小红,秦岭,孙国平.田螺山遗址的14C年代数据[M]//田螺山遗址自然遗存综合研究.北京:文物出版社,2011:40-46.

[10]张颖,袁靖等.田螺山遗址2004年出土哺乳动物遗存的初步分析[M]//田螺山遗址自然遗存综合研究.北京:文物出版社,2011:172-205.

[11]楼佳.新石器时代中国长江下游地区水牛家养化文化特征的C、N、O稳定同位素研究——以跨湖桥遗址与田螺山遗址为例[D].杭州:浙江大学硕士学位论文,2018.

[12]陈晶.江苏常州圩墩村新石器时代遗址的调查和试掘[J].考古,1974(2):109-115.

[13]吴苏.圩墩新石器时代遗址发掘简报[J].考古,1978(4):223-240.

[14]常州市博物馆.常州圩墩新石器时代遗址第三次发掘简报[J].史前研究,1984(2):69-81.

[15]陈丽华,黄建康,唐星良.1985年江苏常州圩墩遗址的发掘[J].考古学报,2001(1):73-107.

[16]江苏省圩墩遗址考古发掘队.常州圩墩遗址第五次发掘报告[J].东南文化,1995(4):69-94.

[17]陈晶.常州圩墩新石器时代遗址分期——兼谈马家浜文化分期[C]//1981年江苏省考古学会第二次年会暨吴文化学术讨论会论文集(第一册).南京,1981:1-12.

[18]王建华,曹静.圩墩遗址单人墓葬人口自然结构及相关问题研究[J].长江文明,2013(3):7.

[19]楼杰.马家浜文化晚期生业模式稳定同位素分析——以江苏常州圩墩遗址(6200-5900 BP)为例[D].杭州:浙江大学硕士学位论文,2020.

[20]俞博雅.中国家猪驯化路线初探——以中原地区与长江下游地区遗址出土猪骨为例[D].杭州:浙江大学硕士学位论文,2016.

[21]徐新民,程杰.浙江平湖市庄桥坟良渚文化遗址及墓地[J].考古,2005(7):10-14.

[22]程杰,杨根文,徐新民.浙江平湖庄桥坟遗址再度发掘[N].中国文物报,2006-12-22(2).

5 测试分析与污染鉴别

5.1 测试分析

所有骨骼均在浙江大学考古与文博系进行骨胶原和羟磷灰石提取实验。

所有骨胶原样品均送于北京中国科学院大学考古稳定同位素实验室进行 δ^{13}C 和 δ^{15}N 同位素比值检测，采用仪器为元素分析仪和 Isoprime 100 型稳定同位素质谱分析仪（Isoprime 100 Isotope Ratio Mass Spectrometry，IRMS）。稳定同位素比值结果主要是检测较重的同位素与较轻同位素（^{13}C/^{12}C 或 ^{15}N/^{14}N）的比值，并且采用国际统一标准，碳（Vienna Pee Dee Belemnite，VPDB）、氮（Ambient Inhalable Reservoir，AIR）进行表示。在检测实验样品过程中，放入标准样品（磺胺，IAEA-600，IEAE-N-1，IAEA-N-2，IAEA-CH-6，USGS-24，USGS 40 和 USGS 41）进行结果校正。所有样品 δ^{13}C 和 δ^{15}N 比值的测量误差均小于 0.2‰。

羟磷灰石样品稳定同位素在中国科学院大学考古学及人类学系的稳定同位素实验室进行测试。使用的实验仪器为 Isoprime 100 型稳定同位素质谱分析仪（Isoprime 100 Isotope Ratio Mass Spectrometry，IRMS）。样品在 70℃ 环境下与浓磷酸反应 1 小时后，产生的气体进入 IRMS 进行测试。以 NBS-18 和 NBS-19A 为标准样品对元素含量和稳定同位素进行校正。测试结果以 δ^{13}C 以相对于标准化石 VPDB 的 δ^{13}C 比值和 δ^{18}O 比值表示，分析精度均为 ± 0.2‰。

羟磷灰石污染判别主要采用 X 射线衍射分析(XRD)和红外光谱分析,其中 XRD 实验在浙江大学分析测试中心理化分析测试中心实验室进行。实验使用的仪器为 Dmax2550pc X 射线多晶衍射仪,仪器正常使用要求电压为 40kV,电流为 100mA。设置发散狭缝(DS)、防发散狭缝(SS)、接收狭缝(RS)分别为 1°、1°和 0.15mm,衍射角范围为 10°~60°。

红外光谱实验在浙江大学化学系有机与药物化学研究所的红外光谱实验室进行。实验使用的仪器 VECTOOR 22 傅里叶变换红外光谱仪。取 3mg 骨样和 300mg 溴化钾在玛瑙研钵中沿同一方向研磨混合 1~2 分钟。研磨全程在红外灯烘烤下完成。将混合后的样品均匀放入擦拭干净的模具。将模具放置在压片机上,旋紧螺旋,关闭放气阀,加压至 8~10 吨。等待 3 分钟后,打开放气阀,拧开螺旋,取出模具。打开底座取出压片,放入药片夹中。压制成功的压片应为均匀半透明状,无裂痕。将压片夹放入红外光谱仪,设定检测范围为 4000~400cm^{-1},分辨率为 1cm^{-1},对样品进行检测。

5.2　骨胶原污染鉴别

5.2.1　跨湖桥遗址

实验所用 82 例样品均采自浙江萧山跨湖桥遗址(8000~7000BP),其中包括鹿 44 例,水牛 26 例,狗 10 例,虎 1 例,龟 1 例。样品种属、出土单位、取样部位等信息详见表 5-1。

表 5-1　浙江萧山跨湖桥遗址动物骨骼出土信息及各项 C、N 稳定同位素测试数据

样品	单位	种属	部位	Collagen（%）	δ^{13} C（‰）	δ^{15} N（‰）	C（%）	N（%）	C/N
KHQ1	T0513⑧	鹿	桡骨	2.6	−20.1	4.9	42.6	15.6	3.2
KHQ2	T0411⑪	鹿	掌骨	5.3	−14.2	8.3	39.6	14.5	3.2
KHQ3	T0513⑧	鹿	肩胛骨	3.2	−21.3	4.1	42.9	15.5	3.2
KHQ4	T0510⑧	鹿	尺骨	2.7	−15.2	6.8	42.5	15.3	3.3
KHQ5	T0510⑧	鹿	肩胛骨	3.7	−17.0	6.5	42.5	15.6	3.2

样品	单位	种属	部位	Collagen（%）	$\delta^{13}C$（‰）	$\delta^{15}N$（‰）	C（%）	N（%）	C/N
KHQ6	T0411⑧	鹿	掌骨	3.3	−18.8	3.7	39.5	14.2	3.3
KHQ7	T0411⑧	鹿	桡骨	4.8	−18.3	4.9	43.6	16.0	3.2
KHQ8	T0511⑧	鹿	肩胛骨	1.1	−16.6	8.7	37.7	13.8	3.2
KHQ9	T0410⑧	鹿	胫骨	0.4	−17.6	5.0	41.7	14.9	3.3
KHQ10	T0411⑥	鹿	肩胛骨	4.8	−19.2	7.1	42.1	15.4	3.2
KHQ11	T0409⑥	鹿	胫骨	0.9	−21.0	3.3	42.5	15.2	3.3
KHQ12	T0410⑦	鹿	桡骨	4.0	−18.1	6.3	38.3	13.9	3.2
KHQ13	T0512⑦	鹿	肱骨	2.6	−19.0	5.6	43.0	15.5	3.2
KHQ14	T0411⑩	鹿	肱骨	3.0	−15.9	7.5	43.2	15.7	3.2
KHQ15	T0411⑧	鹿	肱骨	3.6	−19.0	5.0	39.2	14.2	3.2
KHQ16	T0410⑥	鹿	股骨	2.6	−11.4	6.7	38.4	13.9	3.2
KHQ17	T0511⑥	鹿	桡骨	2.2	−19.7	5.5	36.7	13.4	3.2
KHQ18	T0512⑥	鹿	肱骨	3.6	−19.6	5.6	40.6	14.7	3.2
KHQ19	T0411⑥	鹿	肱骨	2.5	−19.6	5.2	43.5	15.8	3.2
KHQ20	T0512⑥	鹿	跖骨	1.5	−13.6	10.2	43.2	15.4	3.3
KHQ21	T0512⑥	鹿	肩胛骨	3.5	−20.6	6.9	43.2	15.8	3.2
KHQ22	T0512⑥	鹿	胫骨	2.8	−17.9	6.1	42.5	15.5	3.2
KHQ23	T0409⑥	鹿	肩胛骨	2.5	−17.7	7.6	43.1	15.5	3.2
KHQ24	T0511⑥	鹿	跖骨	2.7	−15.0	7.3	43.1	15.5	3.2
KHQ25	T0512⑤	鹿	桡骨	1.8	−20.2	4.1	38.6	14.1	3.2
KHQ26	T0412⑤	鹿	掌骨	1.0	−15.9	8.0	42.4	15.7	3.2
KHQ27	T0511⑤	鹿	肩胛骨	4.8	−19.8	7.4	41.1	14.5	3.3
KHQ28	T0512⑤	鹿	肩胛骨	1.4	−20.3	5.1	42.9	15.4	3.3
KHQ29	T0511⑤	鹿	股骨	2.4	−18.8	6.5	44.7	16.1	3.2
KHQ30	T0512⑤	鹿	跖骨	2.3	−16.0	8.1	42.4	15.4	3.2
KHQ31	T0512⑤	鹿	桡骨（近端）	2.8	−20.0	5.4	42.8	15.6	3.2

样品	单位	种属	部位	Collagen（%）	δ^{13} C（‰）	δ^{15} N（‰）	C（%）	N（%）	C/N
KHQ32	T0510⑤	鹿	肩胛骨	3.7	−20.1	5.3	40.9	15.1	3.1
KHQ33	T0412⑤	鹿	跗骨	2.1	−18.3	3.4	38.6	14.2	3.2
KHQ34	T0411⑤	鹿	肱骨	2.1	−19.7	4.8	42.9	15.5	3.2
KHQ35	T0410④	鹿	跗骨	0.9	−18.6	6.3	36.7	13.3	3.2
KHQ36	T0411④	鹿	跗骨	5.1	−11.8	8.9	44.0	16.0	3.2
KHQ37	T0512④	鹿	股骨	1.3	−11.7	7.0	42.6	15.0	3.3
KHQ38	T0411④	鹿	股骨	3.0	−18.1	4.3	41.8	15.2	3.2
KHQ39	T0409④	鹿	肩胛骨	3.3	−20.4	6.3	43.3	15.8	3.2
KHQ40	T0512④	鹿	胫骨	2.5	−19.0	8.9	38.9	14.1	3.2
KHQ41	T0411④	鹿	桡骨	1.7	−19.9	4.6	36.2	13.3	3.2
KHQ42	T0409④	鹿	掌骨	2.9	−18.0	4.2	42.3	15.4	3.2
KHQ43	T0411④	鹿	掌骨	0.7	−16.7	9.6	44.0	15.5	3.3
KHQ44	T0513④	鹿	胫骨	0.9	−14.9	8.6	43.3	15.6	3.2
KHQ45	T0411⑪	水牛	跗骨	/	/	/	/	/	/
KHQ46	T0511⑩	水牛	胫骨	2.9	−13.1	11.0	39.3	14.2	3.2
KHQ47	T0411⑨	水牛	跗骨	3.8	−13.1	9.4	42.6	15.6	3.2
KHQ48	T0510⑨	水牛	胫骨	6.0	−12.7	9.9	41.5	15.2	3.2
KHQ49	T0510⑨	水牛	股骨	4.5	−18.2	11.5	43.4	15.8	3.2
KHQ50	T0510⑧	水牛	桡骨	4.5	−11.2	8.8	42.7	15.7	3.2
KHQ51	T0512⑧	水牛	胫骨	4.2	−13.6	11.8	42.4	15.6	3.2
KHQ52	T0512⑧	水牛	股骨	4.1	−11.0	8.7	43.0	15.7	3.2
KHQ53	T0510⑧	水牛	肱骨	2.2	−12.3	10.4	42.4	15.1	3.3
KHQ54	T0512⑧	水牛	桡骨	1.5	−13.9	11.0	32.2	11.9	3.2
KHQ55	T0510⑧	水牛	胫骨	4.6	−14.7	11.4	43.6	15.8	3.2
KHQ56	T0411⑦	水牛	肱骨	3.6	−11.6	9.7	43.1	15.7	3.2
KHQ57	T0512⑦	水牛	桡骨	5.0	−12.7	9.8	43.4	15.9	3.2
KHQ58	T0512⑦	水牛	肱骨	3.7	−14.0	9.1	43.1	15.6	3.2

样品	单位	种属	部位	Collagen（%）	$\delta^{13}C$（‰）	$\delta^{15}N$（‰）	C（%）	N（%）	C/N
KHQ59	T0510⑥	水牛	股骨	1.2	−15.8	9.2	42.1	15.2	3.2
KHQ60	T0512⑥	水牛	桡骨	6.3	−15.4	10.8	43.6	15.9	3.2
KHQ61	T0409⑥	水牛	掌骨或跖骨	2.9	−14.7	8.6	41.8	14.7	3.3
KHQ62	T0511⑥	水牛	跖骨	5.8	−20.6	12.1	64.2	15.3	4.9
KHQ63	T0510⑥	水牛	肱骨	4.9	−14.7	11.4	43.3	15.7	3.2
KHQ64	T0410⑥	水牛	胫骨	3.8	−11.3	8.7	42.1	15.4	3.2
KHQ65	T0411⑥	水牛	股骨	3.6	−16.6	11.2	42.3	15.4	3.2
KHQ66	T0512⑥	水牛	胫骨	3.7	−14.4	10.2	44.1	16.1	3.2
KHQ67	T0410⑤	水牛	肱骨	1.3	−12.0	8.6	44.4	16.1	3.2
KHQ68	T0510⑤	水牛	桡骨	3.0	−10.9	9.3	43.4	15.8	3.2
KHQ69	T0512⑤	水牛	肱骨	6.1	−11.1	6.9	39.6	14.6	3.2
KHQ70	T0512⑤	水牛	跖骨	6.4	−10.7	11.5	43.7	16.0	3.2
KHQ71	T0411⑪	狗	股骨	3.4	−18.6	8.8	41.4	15.1	3.2
KHQ72	T0429⑨	狗	尺骨	2.3	−18.9	10.3	42.0	15.2	3.2
KHQ73	T0512⑧	狗	桡骨	2.4	−20.2	8.6	43.3	15.8	3.2
KHQ74	T0410⑧	狗	肱骨	4.2	−19.4	10.5	43.1	15.6	3.2
KHQ75	T0512⑧	狗	肩胛骨	7.0	−18.4	10.1	42.2	15.4	3.2
KHQ76	T0512⑦	狗	肱骨	6.2	−19.5	10.8	38.3	14.1	3.2
KHQ77	T0510⑥	狗	胫骨	4.0	−19.0	10.5	42.8	15.4	3.2
KHQ78	T0409⑥	狗	肱骨	2.8	−20.2	8.3	42.7	15.5	3.2
KHQ79	T0512⑥	狗	肱骨	5.2	−18.7	10.5	40.0	14.5	3.2
KHQ80	T0512⑥	狗	肱骨	3.8	−19.6	9.8	42.9	15.5	3.2
KHQ81	T0409④	虎	肱骨远端	4.7	−16.5	10.8	44.8	16.5	3.2
KHQ82	T0512⑦	龟	甲板	3.3	−20.6	8.0	38.7	13.7	3.3

本次实验,82个骨骼样品中有81个提取出骨胶原,其骨胶原含量,C、N含量,C和N稳定同位素比值见表5-1。

除未能提取出骨胶原样品的 KHQ45(1 例水牛)外,其余 81 例骨骼测试样品,骨胶原产获得率在 0.4%～7.0%之间,均值为 3.2%±1.5%(n=81),与现代样品(约 20%)[1]相差较大,说明样品中大部分骨胶原在埋藏过程中已分解。一般认为,当骨胶原的 C、N 含量分别落于 15.3%～47%和 5.5%～17.3%范围内,且 C/N 摩尔比值介于 2.9～3.6,可视为基本未受污染[1][2]。从测试结果看,除 KHQ62(水牛,C 含量:64.2%,N 含量:15.3%,C:N=4.9)1 例样品外,其余 80 例样品骨胶原含量虽然较低,但 C 含量(32.2%～44.8%,均值 41.8%±2.3%,n=80)、N 含量(11.9%～16.5%,均值 15.2%±0.8%,n=80)及 C/N 摩尔比值(3.1～3.3,均值 3.2±0.1,n=80)均符合未污染样品要求,故认为这 80 例样品保存状况较良好,应为未污染样品,可用作进一步稳定同位素分析。

5.2.2 田螺山遗址

经多次前往浙江省余姚市田螺山遗址发掘现场,共选取不同地层的动物骨骼样品共计 194 件,分别包括:人 12 例,猪 13 例,水牛 54 例,鹿 49 例,鲸 2 例,鲨鱼 1 例,金枪鱼 27 例,鳄鱼 7 例,淡水鱼 15 例,青蛙 14 例。所有 194 例骨样中,1 例人、2 例猪、5 例水牛、1 例鹿、1 例鲨鱼、17 例金枪鱼、3 例鳄鱼、6 例淡水鱼、8 例青蛙在制备过程中未能提取出骨胶原或骨胶原含量太低不足以进行稳定同位素,故最终获得 150 例骨胶原样品可用于稳定同位素测试,样品出土单位、年代、骨胶原提取率等信息均列于表 5-2。

从表可知,序号为 201602 的样品未测得数据;序号为 201601、TLS80、TLS148、TLS151、TLS158、TLS160、TLS164、TLS No.27 的样品 C:N 摩尔比值超出正常范围,表明其骨胶原已受到严重污染,应予以剔除;序号为 TLS58(C 含量:112.9%,N 含量:38.4%)、TLS146(C 含量:6.7%,N 含量:2.2%)的样品 C、N 含量均超出合理范围,故认为其保存情况较差,也应剔除。其余 139 例样品骨胶原提取率虽然较低(1.9%±1.6%),表明大部分骨胶原在长期埋藏过程中已遭到分解,但其他指标,包括 C 含量均值(39.5%±6.2%)、N 含量均值(14.0%±2.3%)和 C/N 摩尔比均值(3.3%±0.1%),均符合未污染样品的要求,表明样品骨胶原未被污染,可用于进一步分析。

表 5-2　田螺山遗址人骨、动物骨样品种属、出土单位及测试数据

样品	种属	单位	层位	年代 (c. BP)	骨胶原 含量%	$\delta^{13}C$ (‰)	$\delta^{15}N$ (‰)	C(%)	N(%)	C/N
TLS No. 1	人	T107⑤M?			4.8	−20.8	10.7	41.8	14.6	3.3
TLS No. 2	人	M16③			6.0	−21.4	9.1	41.8	15.2	3.2
TLS No. 3	人	M17③			5.1	−20.3	9.4	43.7	15.6	3.3
TLS No. 4	人	T106③M?			6.4	−20.1	9.	43.8	15.6	3.3
TLS No. 5	人?	M5③			1.1	−21.2	7.2	37.9	13.3	3.3
TLS No. 6	人	M1④			5.4	−20.4	9.4	40.6	15.0	3.2
TLS No. 7	人	M5③			4.1	−20.8	9.3	41.4	14.5	3.3
TLS No. 8	人	M7⑤			6.2	−20.2	8.3	40.8	14.8	3.2
TLS No. 9	人	M8⑤			7.3	−20.2	4.8	43.9	16.1	3.2
TLS No. 10	人	M6⑤			5.3	−20.2	8.4	44.3	16.3	3.2
TLS No. 11	人	M9④			5.1	−20.3	8.9	43.8	15.9	3.2
TLS No. 12	人	M22?			0.0	—	—	—	—	—
TLS No. 13	猪	T103⑧:81			2.1	−21.4	5.4	42.7	15.3	3.3
TLS No. 14	猪	T104⑦:40			0.7	—				
TLS No. 15	猪	T104⑥:694			4.9	−21.0	4.8	43.9	15.9	3.2
TLS No. 16	猪	T003⑦:12			1.2	−21.2	6.9	42.0	14.6	3.4
TLS No. 17	猪	T105⑥:12			2.8	−22.1	6.2	40.4	14.4	3.3
TLS No. 18	猪	T301⑥:95			0.7	−19.8	6.9	32.6	11.6	3.3
TLS No. 19	猪	T106⑥:76			0.4	−20.7	5.7	36.6	12.5	3.4
TLS No. 20	猪	T304⑥:9			2.4	−20.6	5.5	41.9	15.4	3.2
TLS No. 21	猪	T003⑤:4			3.1	−20.3	7.6	41.7	15.3	3.2
TLS No. 22	猪	T304⑤:119			0.0	—	—	—	—	—
TLS No. 23	猪	T105⑤:15			4.5	−22.6	6.2	42.8	15.8	3.2
TLS No. 24	猪	T006③:8			0.2	−20.0	7.4	33.4	11.3	3.5
TLS No. 25	猪	T105③:2			4.0	−19.0	7.9	41.6	14.8	3.3
56	水牛	T305⑧	8	7000-6700	3.5	−11.9	8.9	42.9	15.9	3.2
57	水牛	T306⑧:1	8	7000-6700	2.2	−12.7	8.5	43.2	16.1	3.1
58	水牛	T303⑧	8	7000-6700	1.7	−22.2	5.9	41.9	15.4	3.2
59	水牛	T304⑧	8	7000-6700	1.7	−12.3	8.8	44.4	16.2	3.2

样品	种属	单位	层位	年代 （c. BP）	骨胶原 含量%	$\delta^{13}C$ （‰）	$\delta^{15}N$ （‰）	C（%）	N（%）	C/N
60	水牛	T307⑧	8	7000-6700	2.0	−12.5	8.8	43.9	15.8	3.2
61	水牛	T306⑧:2	8	7000-6700	2.2	−12.7	8.6	43.8	16.0	3.2
TLS66	水牛	T403⑧	8	7000-6700	0.6	−12.6	8.5	42.1	15.4	3.2
TLS67	水牛	T403⑧	8	7000-6700	1.2	−16.6	9.2	43.2	15.6	3.2
TLS68	水牛	T403⑧	8	7000-6700	0.7	−13.1	10.3	40.2	14.4	3.2
TLS69	水牛	T403⑧	8	7000-6700	2.5	−14.4	10.0	44.2	16.1	3.2
TLS70	水牛	T403⑧	8	7000-6700	3.1	−18.4	7.5	43.6	16.0	3.2
62	水牛	T304⑦	7	6700-6500	1.9	−11.6	9.9	43.9	16.0	3.2
63	水牛	T207⑦	7	6700-6500	2.2	−13.9	9.1	43.4	15.9	3.2
64	水牛	T305⑦	7	6700-6500	3.3	−22.5	6.1	42.2	15.5	3.2
65	水牛	T205⑦	7	6700-6500	2.9	−12.5	8.5	43.4	16.2	3.1
TLS71	水牛	T403⑦	7	6700-6500	1.0	−13.1	10.3	38.9	14.2	3.2
201601	水牛	T105⑦	7	6700-6500	0.3	−15.7	9.9	33.0	10.4	3.7
201602	水牛	T203⑦	7	6700-6500	1.7	/	/	/	/	/
201603	水牛	T204⑦	7	6700-6500	1.6	−18.7	8.8	40.4	14.0	3.4
201604	水牛	T303⑦	7	6700-6500	1.2	−11.9	9.4	42.3	14.9	3.3
201605	水牛	T303⑦	7	6700-6500	3.9	−13.1	10.0	45.7	16.0	3.3
TLS No. 35	水牛	T104⑥:312	6	6500-6300	3.0	−13.4	9.5	45.2	15.9	3.3
67	水牛	T107⑥:2	6	6500-6300	0.7	−14.5	10.0	41.9	14.9	3.3
TLS72	水牛	T403⑥	6	6500-6300	0.7	−11.4	9.8	40.5	14.8	3.2
TLS73	水牛	T403⑥	6	6500-6300	0.4	−12.7	9.4	34.2	12.5	3.2
TLS74	水牛	T403⑥	6	6500-6300	0.2	−14.8	8.3	36.0	12.5	3.4
TLS75	水牛	T403⑥	6	6500-6300	0.3	−14.4	8.8	40.7	13.7	3.5
TLS76	水牛	T403⑥	6	6500-6300	0.6	−13.2	8.6	37.2	13.1	3.3
TLS77	水牛	T206⑥	6	6500-6300	1.2	−18.2	6.0	39.6	14.0	3.3
TLS78	水牛	T206⑥	6	6500-6300	2.2	−14.2	9.4	42.5	15.2	3.3
TLS79	水牛	T407⑥	6	6500-6300	0.5	−14.5	8.6	38.8	13.5	3.3
69	水牛	T404⑤:2	5	6300-6100	1.4	−16.7	9.1	43.8	15.3	3.3
TLS80	水牛	T107⑤	5	6300-6100	0.5	/	/	12.1	3.1	4.6

样品	种属	单位	层位	年代 （c. BP）	骨胶原 含量%	$\delta^{13}C$ （‰）	$\delta^{15}N$ （‰）	C（%）	N（%）	C/N
TLS81	水牛	T107⑤	5	6300-6100	1.2	−18.8	8.7	42.2	15.3	3.2
TLS82	水牛	T403⑤	5	6300-6100	0.4	−15.1	8.7	38.6	14.0	3.2
TLS83	水牛	T403⑤	5	6300-6100	0.5	−12.9	8.5	41.6	15.2	3.2
TLS84	水牛	T403⑤	5	6300-6100	0.8	−13.2	9.2	41.1	14.9	3.2
TLS85	水牛	T403⑤	5	6300-6100	1.0	−12.7	9.3	41.2	14.9	3.2
TLS87	水牛	T404⑤	5	6300-6100	0.5	−16.2	9.0	35.9	12.9	3.3
TLS88	水牛	T404⑤	5	6300-6100	1.5	−12.7	10.1	41.7	15.0	3.2
TLS89	水牛	T404⑤	5	6300-6100	0.5	−13.0	7.8	42.1	14.9	3.3
TLS90	水牛	T404⑤	5	6300-6100	1.5	−17.5	8.8	42.9	14.9	3.4
TLS91	水牛	T404⑤	5	6300-6100	1.6	−14.1	6.9	15.8	5.3	3.5
TLS93	水牛	T404⑤	5	6300-6100	0.4	−16.1	8.8	34.3	12.0	3.3
201607	水牛	T203④	4	6100-5900	0.4	−22.5	8.9	39.3	13.7	3.4
201609	水牛	T304④	4	6100-5900	1.6	−12.7	10.2	43.1	14.9	3.4
201610	水牛	T103③	3	5900-5700	1.3	−17.3	8.6	35.1	12.1	3.4
201611	水牛	T103③	3	5900-5700	0.8	−13.6	9.7	39.3	13.6	3.4
201613	水牛	T203③	3	5900-5700	0.7	−18.0	9.0	27.6	9.6	3.4
82	鹿	T305⑧	8	7000-6700	1.9	−21.9	5.1	42.9	15.9	3.2
83	鹿	T205⑧	8	7000-6700	1.4	−22.2	4.8	42.6	15.8	3.2
TLS22	鹿	T403⑧	8	7000-6700	2.0	−17.0	10.7	43.9	15.2	3.4
TLS23	鹿	T403⑧	8	7000-6700	4.6	−22.8	5.1	45.5	15.9	3.3
TLS24	鹿	T403⑧	8	7000-6700	4.5	−18.2	8.3	44.5	15.6	3.3
TLS26	鹿	T403⑧	8	7000-6700	2.5	−21.3	8.4	43.5	15.1	3.4
TLS27	鹿	T403⑧	8	7000-6700	5.4	−17.9	9.7	44.3	15.5	3.3
TLS28	鹿	T403⑧	8	7000-6700	2.3	−17.9	10.5	44.4	15.3	3.4
TLS29	鹿	T403⑧	8	7000-6700	2.4	−17.9	10.7	43.0	15.1	3.3
TLS30	鹿	T403⑧	8	7000-6700	2.7	−17.8	10.8	43.7	15.2	3.4
TLS31	鹿	T403⑧	8	7000-6700	1.6	−17.8	10.4	38.0	12.9	3.4
84	鹿	T107⑦	7	6700-6500	1.0	−22.6	5.4	42.0	15.6	3.1
85	鹿	T305⑦	7	6700-6500	1.4	−20.5	7.0	42.9	15.4	3.3

续表

样品	种属	单位	层位	年代 （c. BP）	骨胶原 含量%	δ^{13}C （‰）	δ^{15}N （‰）	C（%）	N（%）	C/N
TLS32	鹿	T403⑦	7	6700-6500	2.3	−20.5	7.0	42.9	15.4	3.3
TLS33	鹿	T403⑦	7	6700-6500	2.0	−22.2	4.8	45.4	15.9	3.3
TLS34	鹿	T403⑦	7	6700-6500	2.1	−16.9	8.9	44.6	15.5	3.3
TLS35	鹿	T403⑦	7	6700-6500	2.3	−18.1	8.3	42.0	14.8	3.3
TLS36	鹿	T403⑦	7	6700-6500	1.7	−17.3	8.8	42.0	14.9	3.3
TLS37	鹿	T403⑦	7	6700-6500	3.9	−22.4	6.4	40.4	14.3	3.3
TLS38	鹿	T403⑦	7	6700-6500	2.4	−16.1	7.5	43.2	15.1	3.3
TLS39	鹿	T403⑦	7	6700-6500	1.7	−21.8	9.4	42.0	14.7	3.3
TLS41	鹿	T403⑦	7	6700-6500	1.4	−21.7	9.5	41.0	14.4	3.3
TLS42	鹿	T403⑦	7	6700-6500	1.8	−22.4	5.4	41.4	14.1	3.4
86	鹿	T307⑥	6	6500-6300	0.5	−23.6	6.9	26.3	9.5	3.2
TLS44	鹿	T403⑥	6	6500-6300	0.7	−18.5	7.2	36.4	12.8	3.3
TLS45	鹿	T403⑥	6	6500-6300	0.4	−22.4	4.5	37.7	13.2	3.3
TLS46	鹿	T403⑥	6	6500-6300	0.4	−23.2	6.8	34.2	11.8	3.4
TLS47	鹿	T403⑥	6	6500-6300	2.3	−19.4	7.6	40.2	14.2	3.3
TLS48	鹿	T403⑥	6	6500-6300	2.1	−18.4	7.6	43.5	15.2	3.3
TLS49	鹿	T403⑥	6	6500-6300	0.7	−15.8	8.8	39.4	13.6	3.4
TLS50	鹿	T403⑥	6	6500-6300	1.5	−22.6	4.7	46.0	16.2	3.3
TLS51	鹿	T403⑥	6	6500-6300	0.1	−22.2	5.6	24.7	8.6	3.4
TLS52	鹿	T403⑥	6	6500-6300	0.6	−22.8	5.7	38.7	13.5	3.3
TLS54	鹿	T403⑤	5	6300-6100	1.0	−23.1	7.0	39.6	14.4	3.2
TLS55	鹿	T403⑤	5	6300-6100	0.4	−21.1	4.8	41.9	15.1	3.2
TLS56	鹿	T403⑤	5	6300-6100	1.8	−23.1	4.4	41.1	14.6	3.3
TLS58	鹿	T404⑤	5	6300-6100	0.9	−23.3	5.0	112.9	38.4	3.4
TLS59	鹿	T404⑤	5	6300-6100	0.4	−22.7	6.0	34.3	11.7	3.4
TLS60	鹿	T404⑤	5	6300-6100	0.8	−18.7	8.5	34.9	12.0	3.4
TLS61	鹿	T404⑤	5	6300-6100	0.6	−22.5	6.1	43.4	14.5	3.5
TLS No. 26	鹿	T301⑦			2.5	−20.9	5.4	41.8	15.0	3.3
TLS No. 27	鹿	T103③:117			0.0	−23.9	4.4	13.9	3.6	4.6

样品	种属	单位	层位	年代 （c. BP）	骨胶原 含量%	δ^{13}C （‰）	δ^{15}N （‰）	C（%）	N（%）	C/N
TLS No. 28	鹿	T205⑥:G50			2.3	−22.6	6.5	42.9	15.7	3.2
TLS No. 29	鹿	T205⑥:G46			1.7	−22.1	6.0	35.2	12.5	3.3
TLS No. 30	鹿	T103③:G51			2.2	−22.2	6.5	42.5	14.9	3.3
TLS No. 31	鹿	T302⑤:124			2.1	−21.6	4.4	41.5	15.3	3.2
TLS No. 32	鹿	T303⑤:7			2.2	−17.2	5.1	43.8	16.1	3.2
TLS No. 33	鹿	T205④:75			2.9	−22.9	6.0	43.1	15.7	3.2
TLS No. 40	淡水鱼	DK3H1			4.9	−22.1	9.0	44.5	15.9	3.3
TLS135	鲸鱼	T305⑧	8	7000-6700	1.4	−14.5	10.4	45.9	15.9	3.4
TLS136	鲸鱼	T301⑥	6	6500-6300	1.0	−14.4	10.2	39.7	13.7	3.4
TLS No. 36	金枪鱼	T103⑧	8	7000-6700	0.9	−13.0	13.3	40.1	13.8	3.4
TLS137	金枪鱼	T403⑧	8	7000-6700	0.2	−13.0	13.3	40.1	13.8	3.4
TLS139	金枪鱼	T403⑧	8	7000-6700	0.5	−14.1	12.8	13.9	4.7	3.4
201616	金枪鱼	T301⑦	7	6700-6500	0.1	−12.8	14.3	21.9	7.6	3.4
TLS142	金枪鱼	T403⑥	6	6500-6300	0.2	−13.4	14.4	19.4	6.3	3.6
TLS146	金枪鱼	T407⑥	6	6500-6300	0.5	−18.1	10.9	6.7	2.2	3.6
201617	金枪鱼	T404⑥	6	6500-6300	1.9	−15.1	11.7	19.5	6.7	3.4
TLS148	金枪鱼	T407⑤	5	6300-6100	0.3	/	/	1.2	0.1	28.0
TLS151	金枪鱼	T406⑤	5	6300-6100	0.4	/	/	1.5	0.1	13.2
TLS No. 37	金枪鱼	T106⑤	5	6300-6100	0.8	−11.8	14.5	33.8	11.7	3.4
TLS127	鳄鱼	T403⑧	8	7000-6700	1.2	−22.0	8.3	39.3	13.7	3.3
TLS128	鳄鱼	T403⑧	8	7000-6700	2.2	−22.1	7.6	43.1	14.9	3.4
TLS130	鳄鱼	T403⑦	7	6700-6500	0.9	−22.2	7.6	43.2	15.1	3.3
TLS131	鳄鱼	T403⑦	7	6700-6500	0.6	−22.1	9.2	41.1	13.8	3.5
TLS193	淡水鱼	T403⑧	8	7000-6700	0.9	−20.7	6.3	26.1	9.2	3.3
TLS194	淡水鱼	T403⑧	8	7000-6700	1.5	−19.0	5.6	43.8	15.1	3.4
TLS195	淡水鱼	T403⑧	8	7000-6700	1.0	−19.8	6.7	35.9	12.6	3.3
TLS196	淡水鱼	T403⑦	7	6700-6500	1.2	−19.2	7.0	40.3	14.0	3.4
TLS197	淡水鱼	T403⑦	7	6700-6500	0.8	−19.0	7.3	26.8	9.1	3.4
TLS198	淡水鱼	T403⑦	7	6700-6500	1.3	−19.5	5.9	40.3	13.8	3.4

样品	种属	单位	层位	年代 (c. BP)	骨胶原 含量%	δ^{13}C (‰)	δ^{15}N (‰)	C(%)	N(%)	C/N
TLS158	淡水鱼	T404⑤	5	6300-6100	0.4	/	/	3.1	0.6	6.3
TLS160	淡水鱼	T404⑤	5	6300-6100	0.2	/	/	2.1	0.3	8.1
TLS202	青蛙	T403⑧	8	7000-6700	0.7	−20.4	8.0	24.3	8.6	3.3
TLS203	青蛙	T403⑧	8	7000-6700	1.9	−21.4	10.3	37.1	13.1	3.3
TLS206	青蛙	T403⑦	7	6700-6500	1.7	−22.5	9.9	38.9	13.4	3.4
TLS207	青蛙	T403⑦	7.0	6700-6500	2.0	−21.3	6.5	40.2	14.1	3.3
TLS210	青蛙	T403⑥	6	6500-6300	0.6	−23.5	7.9	21.0	7.2	3.4
TLS164	青蛙	T404⑤	5	6300-6100	0.5	−23.1	8.1	38.3	9.4	4.7

5.2.3　江家山遗址

为深入探索江家山遗址先民的家猪驯化程度,特选取 9 例猪骨及 2 例相同时期的人骨进行稳定同位素检测,以期在揭示其食物结构的基础上,通过对家猪的辨认以及与其他遗址的对比分析,较为全面地揭示长江下游地区家猪驯化路线。

表 5-3　江家山遗址先民与猪骨样品种属、出土单位、取样部位及各项测试数据

样品 编号	种属	单位	部位	骨骼 重量 (g)	骨胶原 重量 (mg)	δ^{13}C (‰)	δ^{15}N (‰)	(%) Coll	C(%)	N(%)	C/N
JJS NO. 1	猪	—	肢骨	1.3	8.8	−20.7	7.0	0.7	42.9	15.6	3.2
JJS NO. 2	猪	—	肢骨	1.1	9.5	−19.0	4.7	0.9	39.1	13.8	3.3
JJS NO. 3	猪	—	肢骨	1.4	4.8	−15.0	3.0	0.4	43.2	15.6	3.2
JJS NO. 4	猪	—	下颌骨	3.1	7.8	−20.8	5.3	0.3	29.0	10.1	3.4
JJS NO. 5	猪	—	下颌骨	2.8	22.1	−21.4	7.4	0.8	41.3	14.1	3.4
JJS NO. 6	猪	—	下颌骨	1.0	11.6	−21.3	7.3	1.1	43.7	15.2	3.4
JJS NO. 7	猪	—	下颌骨	1.6	24.3	−20.9	6.9	1.5	41.0	14.3	3.4
JJS NO. 8	猪	—	下颌骨	1.3	14.8	−20.9	6.4	1.1	41.9	14.9	3.3
JJS NO. 9	猪	—	下颌骨	0.9	5.9	−20.6	8.1	0.6	43.6	15.3	3.3
JJS NO. 10	人	T21⑧	肢骨	2.3	42.2	−20.5	10.2	1.8	43.6	15.9	3.2
JJS NO. 11	人	T6⑧;463	肢骨	3.0	28.5	−20.2	5.1	0.9	39.4	14.4	3.2

如表 5-3 所示,所有 11 例例样品的骨胶原提取率平均值为 0.91%,与现

代样品(约 20.0%)相差较大,说明样品中大部分骨胶原在埋藏过程中已分解。但判断骨胶原的污染程度是否可用于食性分析,最重要的指标为骨胶原中 C 含量(15.3%~47.0%)、N 含量(5.5%~17.3%)及 C/N 摩尔比值(2.9~3.6)。从结果看所有 11 例样品骨胶原含量虽较低,但其他指标皆符合未污染样品的要求,故认为这 11 例样品应皆为未污染样品,可用作稳定同位素分析。

5.2.4 圩墩遗址

经江苏常州博物馆同意,总共取回圩墩遗址(距今 6200~5900 年)第四次发掘获得人类和动物骨骸 113 例,其中包括人 22 例,牛 3 例,猪 13 例,鹿 39 例,狗 7 例,鸟类 19 例,鳖 3 例和鱼 7 例。所有发现的动物骨骼均由山东大学宋艳波老师进行动物学骨骼鉴定。取样的人类骨骼均选择肢骨,确保每个骨骼来自不同个体以及后续实验的一致性,动物骨骼由于种属不同,选择保存较好的部分进行后续实验,通过人和动物的数据对比可以了解当地居民的蛋白质消费量,明确圩墩遗址人和动物的食物链关系。113 例样品中共有 72 例样品成功提取出骨胶原。所有样品测试结果包含编号、种属均列于表5-4。

表 5-4 圩墩遗址人和动物骨胶原碳氮稳定同位素测试结果

样品编号	种属	Collagen(%)	C(%)	N(%)	C/N	$\delta^{13}C_{collagen}$ (‰)	$\delta^{15}N_{collagen}$ (‰)
WD1	人	0.0	—	—	—	—	—
WD2	人	15.9	41.6	15.3	3.2	−20.4	10.0
WD3	人	0.0	—	—	—	—	—
WD4	人	0.0	—	—	—	—	—
WD5	人	0.0	—	—	—	—	—
WD6	人	0.0	—	—	—	—	—
WD7	人	43.6	44.8	16.6	3.1	−20.0	10.7
WD8	人	0.0	—	—	—	—	—
WD9	人	0.0	—	—	—	—	—
WD10	人	0.0	—	—	—	—	—
WD11	人	0.0	—	—	—	—	—

样品编号	种属	Collagen(%)	C(%)	N(%)	C/N	$\delta^{13}C_{collagen}$ (‰)	$\delta^{15}N_{collagen}$ (‰)
WD12	人	0.0	—	—	—	—	—
WD13	人	0.0	—	—	—	—	—
WD14	人	0.0	—	—	—	—	—
WD15	人	0.0	—	—	—	—	—
WD16	人	0.0	—	—	—	—	—
WD17	人	7.6	0.0	0.1	0.0	−24.7	−16.9
WD18	人	0.0	—	—	—	—	—
WD19	人	0.0	—	—	—	—	—
WD20	人	0.0	—	—	—	—	—
WD21	人	0.0	—	—	—	—	—
WD22	人	0.0	—	—	—	—	—
WD23	牛	21.7	35.4	12.9	3.2	−12.3	7.9
WD24	牛	49.7	41.6	15.3	3.2	−16.1	8.3
WD25	牛	0.0	—	—	—	—	—
WD26	猪	0.0	—	—	—	—	—
WD27	猪	0.0	—	—	—	—	—
WD28	猪	44.8	37.7	13.5	3.3	−18.1	6.6
WD29	猪	8.2	42.4	15	3.3	−18.9	7.4
WD30	猪	0.0	—	—	—	—	—
WD31	猪	0.0	—	—	—	—	—
WD32	猪	302.9	36.8	13.4	3.2	−16.0	6.2
WD33	猪	58.7	38.7	14.1	3.2	−21.0	6.3
WD34	猪	13.6	42.5	15.2	3.3	−21.2	4.5
WD35	猪	71.6	41.6	14.7	3.3	−21.6	8.9
WD36	猪	69.2	42.0	15.1	3.3	−21.2	9.3
WD37	猪	81.0	37.4	13.7	3.2	−19.6	9.4
WD38	猪	18.2	33.9	12.3	3.2	−20.0	7.6

样品编号	种属	Collagen(%)	C(%)	N(%)	C/N	$\delta^{13}C_{collagen}$ (‰)	$\delta^{15}N_{collagen}$ (‰)
WD39	大鹿	32.3	41.7	14.9	3.3	−15.5	5.9
WD40	大鹿	2.7	34.6	12.4	3.3	−13.5	6.7
WD41	大鹿	35.3	39.4	14.1	3.3	−19.5	7.3
WD42	大鹿	32.8	40.7	14.6	3.2	−16.2	7.4
WD43	大鹿	0.0	—	—	—	—	—
WD44	大鹿	81.0	35.8	13.3	3.1	−15.6	6.0
WD45	大鹿	29.4	39.2	14.2	3.2	−18.1	7.7
WD46	大鹿	20.3	41.6	15.3	3.2	−19.0	6.2
WD47	大鹿	45.1	36.6	13.2	3.2	−15.6	6.1
WD48	大鹿	35.7	41.1	14.9	3.2	−15.5	6.8
WD49	大鹿	64.5	39.6	14.3	3.2	−15.2	7.0
WD50	大鹿	8.5	35.6	12.8	3.2	−11.0	7.3
WD51	大鹿	62.5	40.3	14.4	3.3	−16.5	8.7
WD52	中鹿	3.5	35.1	12.9	3.2	−18.5	7.0
WD53	中鹿	0.0	—	—	—	—	—
WD54	中鹿	3.8	33.3	12.4	3.1	−19.1	8.7
WD55	中鹿	41.3	36.9	13.4	3.2	−21.0	8.5
WD56	中鹿	0.0	—	—	—	—	—
WD57	中鹿	15.6	38.9	13.9	3.3	−20.7	6.3
WD58	中鹿	46.9	38.1	13.9	3.2	−20.8	6.4
WD59	中鹿	20.2	43.4	15.9	3.2	−19.9	6.7
WD60	中鹿	122.6	35.3	13.0	3.2	−20.0	6.2
WD61	中鹿	0.0	—	—	—	—	—
WD62	小鹿	56.1	41.0	14.8	3.2	−19.7	3.6
WD63	小鹿	54.0	42.6	15.6	3.2	−19.6	6.9
WD64	小鹿	38.2	37.7	13.8	3.2	−20.8	6.0
WD65	小鹿	0.0	—	—	—	—	—

续表

样品编号	种属	Collagen(%)	C(%)	N(%)	C/N	$\delta^{13}C_{collagen}$ (‰)	$\delta^{15}N_{collagen}$ (‰)
WD66	小鹿	0.0	—	—	—	—	—
WD67	小鹿	0.0	—	—	—	—	—
WD68	小鹿	0.0	—	—	—	—	—
WD69	小鹿	0.0	—	—	—	—	—
WD70	小鹿	52.0	38.3	13.5	3.3	−21.7	3.5
WD71	小鹿	67.9	39.5	14.3	3.2	−21.7	4.6
WD72	小鹿	63.3	39.2	14.5	3.2	−21.8	6.5
WD73	小鹿	57.9	40.5	14.7	3.2	−21.6	5.3
WD74	小鹿	72.2	40.6	14.8	3.2	−21.0	5.6
WD75	小鹿	38.4	37.8	13.7	3.2	−19.9	5.1
WD76	小鹿	10.3	36.5	13.0	3.3	−17.7	6.5
WD77	小鹿	55.2	43.5	15.9	3.2	−17.7	4.4
WD78	狗	0.0	—	—	—	—	—
WD79	狗	60.1	41.6	15.0	3.2	−20.8	9.1
WD80	狗	51.2	44.3	16.1	3.2	−20.2	9.4
WD81	狗	0.0	—	—	—	—	—
WD82	狗	1.5	36.9	14.8	2.9	−20.8	10.0
WD83	狗	15.7	36.1	12.7	3.3	−21.1	9.8
WD84	狗	110.1	41.2	14.9	3.2	−20.2	9.8
WD85	鸭	0.0	—	—	—	—	—
WD86	鸭	0.0	—	—	—	—	—
WD87	鸭	6.4	42.3	14.2	3.5	−17.9	7.3
WD88	鸭	48.1	43.0	15.6	3.2	−19.7	9.2
WD89	鸭	65.5	43.1	15.5	3.2	−17.7	9.4
WD90	鸭	38.0	42.6	15.4	3.2	−18.7	8.6
WD91	鸭	26.6	44.7	16.2	3.2	−16.8	8.3
WD92	鸭	33.9	45.2	16.2	3.3	−21.7	12.3

样品编号	种属	Collagen(%)	C(%)	N(%)	C/N	$\delta^{13}C_{collagen}$ (‰)	$\delta^{15}N_{collagen}$ (‰)
WD93	鸭科	10.1	42.5	14.7	3.4	−16.0	6.3
WD94	鳖	13.5	41.6	15.0	3.2	−21.2	7.9
WD95	鳖	50.8	39.9	14.1	3.3	−20.5	8.9
WD96	鳖	30.3	42.2	14.9	3.3	−22.2	8.7
WD97	雉科	18.1	42.0	15.1	3.3	−14.2	6.8
WD98	雉科	33.2	44.7	15.9	3.3	−18.8	7.5
WD99	雉科(雄)	58.9	45.2	16.1	3.3	−13.7	6.3
WD100	鹤	53.9	44.4	16	3.2	−16.8	9.8
WD101	鹤	73.3	43.8	15.8	3.2	−19.2	7.6
WD102	大型鸟	34.9	44.8	16.2	3.2	−18.7	9.0
WD103	大型鸟	0.0	—	—	—	—	—
WD104	中型鸟	13.6	43.4	12.9	3.9	−20.2	7.8
WD105	中型鸟	0.0	—	—	—	—	—
WD106	中型鸟	91.7	44.2	15.5	3.3	−21.3	6.2
WD107	黄颡鱼	8.3	38.2	13.4	3.3	−16.3	8.3
WD108	黄颡鱼	5.0	28.1	11.2	2.9	−20.0	8.1
WD109	乌鳢	9.8	41.0	12.5	3.8	−22.5	10.6
WD110	乌鳢	6.4	40.4	13.9	3.4	−20.9	10.5
WD111	乌鳢	7.7	42.1	13.5	3.6	−22.2	10.4
WD112	鱼肋骨	0.0	—	—	—	—	—
WD113	鱼骨	2.5	26.2	9.3	3.3	−14.3	7.4

目前国际上较为流行的判别方法是根据测得骨胶原碳氮摩尔比比值进行判定,C/N摩尔比比值在2.9~3.6范围内样品被认为是未受污染[2]。根据检测结果,3例样品(WD17,WD104,WD109)不在该范围内,表明其受到污染,不具有分析的价值,因此予以剔除。其余69例样品虽然有一部分骨胶原获取率较低,但均符合未受污染标准,可用于后续的数据分析,所有C/N摩尔比比值均列于表5-4。

5.3 羟磷灰石污染鉴别

5.3.1 田螺山遗址

实验选取余姚田螺山遗址出土水牛、鹿及猪牙共 12 例标本,其中水牛牙齿 5 例,鹿牙 5 例,猪牙 2 例,样品详细信息见表 5-5。需要指出的是在对有限的水牛牙齿样本取样过程中,我们尽可能地对所有地层的水牛样品进行测试,在周杉杉已经发现的田螺山水牛 6 层的食物结构转变迹象[3]的基础上,在对水牛个体研究中特别关注到 6 层可能发生的变化。

表 5-5 田螺山遗址出土动物牙齿取样信息

样品	出土单位	种属	取样部位	牙齿	取样数量/个	实际测试数量/个
TLST1	T405⑧	水牛	上颌骨	前臼齿	13	10
TLST2	T403⑧	水牛	不详	M3	17	16
TLST3	T301⑥	水牛	不详	M1	7	3
TLST4	T105⑤	水牛	不详	M1	6	2
TLST5	T302④	水牛	不详	M3	20	16
TLST6	T403⑧	大型鹿	不详	M1	11	9
TLST7	T403⑧	大型鹿	上颌骨	M3	7	5
TLST8	T403⑦	鹿(年老)	下颌骨	M1	4	1
TLST9	T403⑥	大型鹿	下颌骨	M2	4	1
TLST10	T403⑤	大型鹿(未成年)	下颌骨	M2	7	4
TLST11	T403⑧	猪	上颌骨	M1	4	1
TLST12	T403⑦	猪	上颌骨	M1	5	1

通过对牙齿的序列取样,本次实验 105 个样品中,因鹿、猪牙齿样品本身牙釉质少以及前处理过程中不可避免的流失,因而对于样品个体按照序列进行合并测试,最终仅获得 69 个测试数据。其中 TLST1 测试样品 2 因峰值过高,应排除。因此总共获得 68 个有效数据。此外,样品 TLST3(水牛)仅获得 3 个数据,TLST4(水牛)仅获得 2 个数据,TLST8、TLST9(鹿)及 TLST11、

TLST12（猪）仅各获得 1 个数据，难以从中获得牙釉质时间序列的 C、O 稳定同位素组成变化结果，但可作为对比及补充数据（见表 5-6）。

表 5-6　田螺山出土动物牙齿牙釉质序列采样 C、O 稳定同位素测试结果（距牙冠由近及远）

样品编号	种属	测试编号	$\delta^{13}C$（‰）	$\delta^{18}O$（‰）
TLST1	水牛	1	-7.9	-7.7
		2	-13.4	-48.8
		3	-8.3	-8.8
		4	-8.0	-8.4
		5	-7.7	-8.3
		6	-7.6	-8.8
		7	-6.1	-7.1
		8	-5.5	-7.7
		9	-5.1	-8.0
		10	-5.5	-8.6
TLST2	水牛	1	-8.0	-7.6
		2	-7.9	-8.3
		3	-7.1	-6.6
		4	-7.8	-7.5
		5	-7.9	-7.6
		6	-8.4	-8.0
		7	-7.7	-6.6
		8	-8.3	-7.3
		9	-7.7	-6.6
		10	-7.9	-7.3
		11	-7.1	-7.2
		12	-6.2	-6.5
		13	-6.6	-7.5
		14	-6.6	-7.2
		15	-7.8	-8.5
		16	-7.3	-7.2

样品编号	种属	测试编号	$\delta^{13}C$（‰）	$\delta^{18}O$（‰）
TLST3	水牛	1	-4.0	-7.3
		2	-5.8	-8.2
		3	-6.1	-6.9
TLST4	水牛	1	-4.1	-7.3
		2	-5.7	-7.1
TLST5	水牛	1	-9.7	-7.7
		2	-10.8	-9.0
		3	-10.4	-7.9
		4	-10.6	-7.5
		5	-11.3	-7.8
		6	-10.4	-7.2
		7	-10.1	-7.2
		8	-9.8	-7.2
		9	-9.2	-6.9
		10	-9.3	-7.6
		11	-9.1	-8.1
		12	-8.6	-6.9
		13	-9.6	-8.1
		14	-8.7	-7.8
		15	-9.7	-9.8
		16	-9.5	-8.1
TLST6	鹿	1	-7.4	-6.7
		2	-7.6	-7.7
		3	-7.1	-6.7
		4	-7.1	-6.8
		5	-7.6	-6.9
		6	-7.9	-7.0
		7	-8.1	-7.0
		8	-8.4	-6.9
		9	-8.6	-7.0

样品编号	种属	测试编号	$\delta^{13}C$ (‰)	$\delta^{18}O$ (‰)
		1	−13.9	−6.7
		2	−13.9	−6.7
TLST7	鹿	3	−13.7	−6.5
		4	−14.3	−7.8
		5	−14.1	−7.1
TLST8	鹿	1	−9.7	−7.2
TLST9	鹿	1	−14.7	−6.7
		1	−16.0	−7.2
TLST10	鹿	2	−15.4	−6.7
		3	−14.6	−7.0
		4	−14.0	−6.9
TLST11	猪	1	−14.0	−6.8
TLST12	猪	1	−15.3	−9.1

5.3.2　马家浜遗址

本次研究选择的马家浜遗址样品取自第二次考古发掘的 54 个墓葬,共 56 例(编号 MJB1-MJB56)。这 56 例人骨大部分保存情况较好,具体的考古信息、种属及出土地点见表 5-7。

表 5-7　马家浜遗址样品信息

样品	地点	种属	$\delta^{13}C$(‰)	$\delta^{18}O$(‰)	PCI	BPI	C/P
MJB1	M23	人	—	—	—	—	—
MJB2	M14	人	—	—	—	—	—
MJB3	M30	人	—	—	—	—	—
MJB4	M36	人	−12.1	−5.9	3.5	0.5	0.2
MJB5	M43	人	—	—	—	—	—
MJB6	M22	人	−12.5	−6.8	3.7	0.7	0.2
MJB7	M66	人	−11.5	−7.0	3.7	0.7	0.1

续表

样品	地点	种属	$\delta^{13}C(\permil)$	$\delta^{18}O(\permil)$	PCI	BPI	C/P
MJB8	M42	人	—	—	—	—	—
MJB9	M53	人	−11.9	−7.3	3.6	0.6	0.2
MJB10	M58	人	—	—	—	—	—
MJB11	M34	人	−11.7	−7.3	3.6	0.6	0.2
MJB12	M18	人	—	—	—	—	—
MJB13	M33	人	—	—	—	—	—
MJB14	M8	人	−11.9	−6.9	3.7	0.7	0.1
MJB15	M74	人	—	—	—	—	—
MJB16	M27	人	−11.5	−6.1	3.6	0.6	0.2
MJB17	M52	人	−11.2	−6.4	3.7	0.7	0.2
MJB18	M47	人	−11.6	−7.0	3.7	0.7	0.1
MJB19	M25	人	−11.9	−7.3	3.5	0.5	0.2
MJB20	M11	人	—	—	—	—	—
MJB21	M19	人	−12.4	−5.6	3.5	0.5	0.2
MJB22	M21	人	—	—	—	—	—
MJB23	M70	人	—	—	—	—	—
MJB24	M69	人	—	—	—	—	—
MJB25	M24	人	—	—	—	—	—
MJB26	M39	人	−31.7	−5.1	3.6	0.6	0.2
MJB27	M64	人	—	—	—	—	—
MJB28	M13	人	—	—	—	—	—
MJB29	M38	人	−11.3	−7.1	3.8	0.7	0.1
MJB30	M16	人	—	—	—	—	—
MJB31	M32	人	—	—	—	—	—
MJB32	M7	人	—	—	—	—	—
MJB33	M61	人	—	—	—	—	—
MJB34	M35	人	—	—	—	—	—

样品	地点	种属	$\delta^{13}C(\text{‰})$	$\delta^{18}O(\text{‰})$	PCI	BPI	C/P
MJB35	M59	人	−12.0	−8.0	3.6	0.6	0.2
MJB36	M63	人	—	—	—	—	—
MJB37	M17	人	—	—	—	—	—
MJB38	M28	人	−11.3	−6.2	3.6	0.6	0.2
MJB39	M41	人	−11.7	−6.4	3.6	0.6	0.2
MJB40	M40	人	−11.7	−7.0	3.6	0.6	0.2
MJB41	M9	人	—	—	—	—	—
MJB42	M73	人	—	—	—	—	—
MJB43	M11	人	—	—	—	—	—
MJB44	M46	人	—	—	—	—	—
MJB45	M51	人	—	—	—	—	—
MJB46	M45	人	—	—	—	—	—
MJB47	M15	人	—	—	—	—	—
MJB48	M44	人	—	—	—	—	—
MJB49	M47	人	—	—	—	—	—
MJB50	M48	人	−10.9	−6.6	3.6	0.6	0.2
MJB51	M5	人	−12.3	−6.0	3.7	0.7	0.1
MJB52	M4	人	−12.0	−6.2	3.5	0.5	0.2
MJB53	M31	人	−11.5	−6.0	3.7	0.7	0.1
MJB54	M37	人	−11.8	−6.0	3.7	0.6	0.2
MJB55	M3	人	—	—			
MJB56	M12	人	−11.4	−6.1	3.6	0.6	0.2

从 XRD 图谱的分析结果来看,有 33 例人骨样品的图谱中除含有羟磷灰石特征峰之外,在(101)处另有明显特征峰。检索发现为石英的特征衍射峰,因此可以确定这 33 例样品中含有相当数量的石英等污染物,其晶体结构很可能由于原子或离子的掺杂而发生了畸变,不能再用作古食谱分析的材料。剩余的 23 例样品的羟磷灰石主要特征衍射峰明显,且不含其他杂质(见图 5-1)。

说明尽管经过了几千年的埋藏,样品中的羟磷灰石依然保存完好。

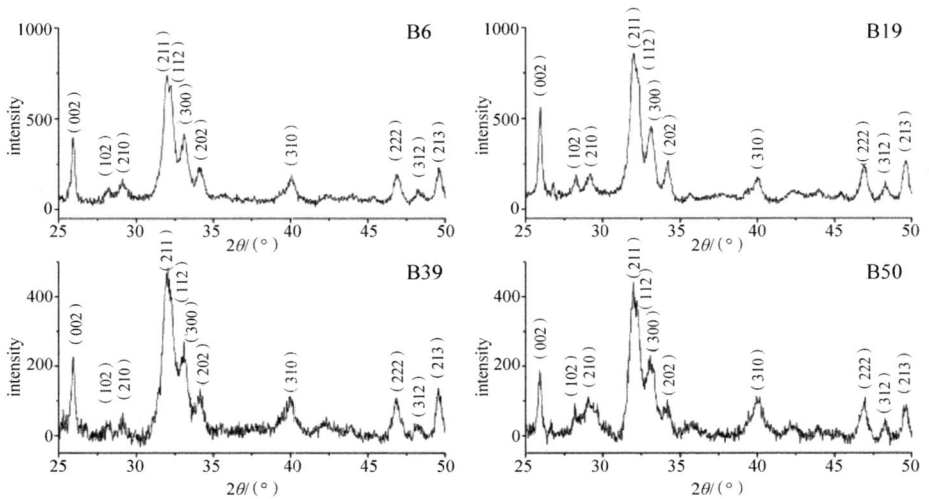

图 5-1 部分未污染样品的 XRD 图

对这 23 例样品进行 FTIR 实验,并进行指数分析后发现,样品的 PCI 在 3.5~3.8,平均值为 3.6±0.1(n=23),低于 4.3,说明样品的结晶度较低,受成岩作用影响小。BPI 值在 0.5~0.7,平均值为 0.6±0.1(n=23),说明其 CO_3^{2-} 平均含量为 7%左右,近似于现代样品中的 CO_3^{2-} 含量(7.4%)。C/P 值在 0.1~0.2,平均值为 0.17±0.03(n=23),现代样品和其他遗址中的古代样品大致相当。这说明马家浜遗址中的 23 例样品保存情况良好,可以用于下一步的稳定同位素分析。

5.3.3 圩墩遗址

对圩墩遗址 62 例样品进行羟磷灰石污染判别与测试分析,XRD 结果如下。所有样品均仅具有羟磷灰石特征衍射峰(以 WD1、WD2、WD4 为例,见图 5-2,其余样品图表略),说明所有样品保存情况完好,基本未受污染。检测过程中混有其他杂质样品予以剔除,不作参考。

图 5-3 为 WD1 样品的红外光谱实验结果(其余图表略)。OH-的峰位于 3439cm^{-1}。PO_4^{3-} 的 v3 振动带为 1040cm^{-1}。v4 振动带为 605cm^{-1}、568cm^{-1}。873cm^{-1} 为 CO_3^{2-} 的 v2 振动带,1552cm^{-1}、1459 cm^{-1}、1416 cm^{-1} 为 CO_3^{2-} 的

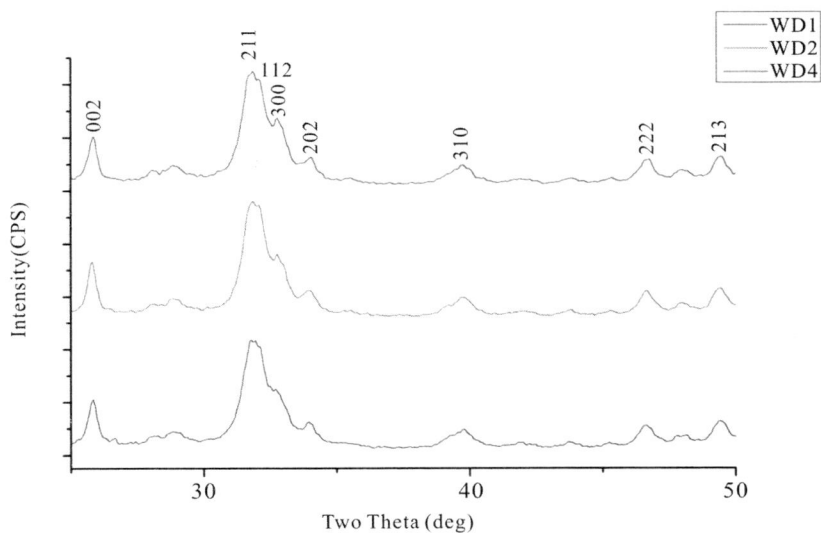

图 5-2　圩墩遗址样品骨骼羟磷灰石 XRD 图[4]

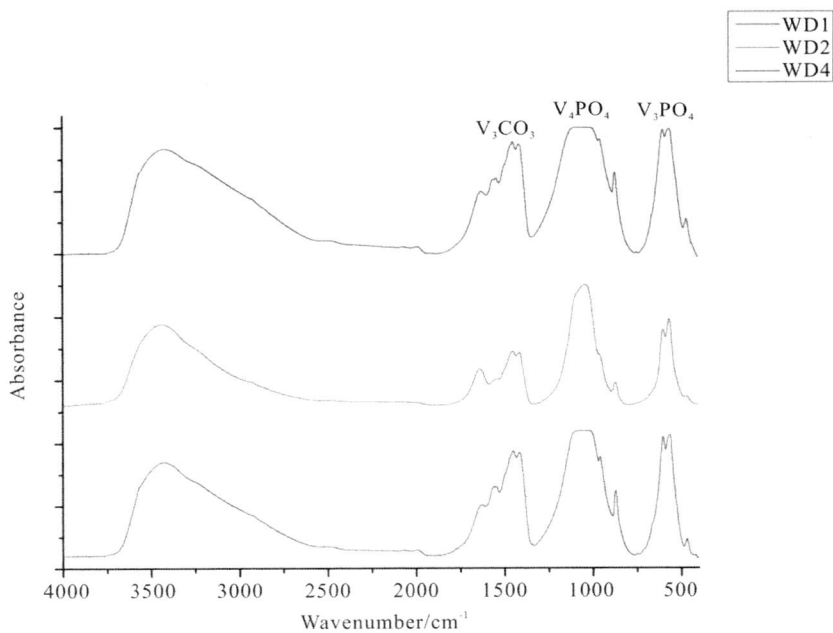

图 5-3　圩墩遗址样品骨骼羟磷灰石红外曲线图[4]

$v3$ 振动带。H_2O 的吸收峰约为 $1649cm^{-1}$，可能受测试环境的湿度变化影响，可忽略不计。现代生物磷灰石中 $1544cm^{-1}$、$1457cm^{-1}$、$1415cm^{-1}$ 等 3 个峰的出现，表明 CO_3^{2-} 同时取代了 OH^- 和 PO_4^{3-}。所有的样品图谱中都在相近位置出现了这 3 个峰，约 $1544cm^{-1}$ 位置的峰强度较弱，约 $1457cm^{-1}$ 和 $1415cm^{-1}$ 位置的峰强度较高，与现代生物磷灰石类似。所有样品中均有明显的 OH^-、CO_3^{2-} 和 PO_4^{3-} 的特征吸收峰。

对这 62 例样品进行分析，结果如表 5-8 所示，可以计算得 PCI 平均值为 $2.9\pm0.2(n=62)$；C/P 平均值为 $0.3\pm0.1(n=62)$；BPI 为 $0.6\pm0.1(n=62)$（见表5-8），根据公式 $CO_3 wt.\% = 10\times BPI\pm0.7^{[5]}$ 求得碳酸根质量百分比为 $7.0\pm0.7wt.\%(n=62)$。可以看到，C/P 平均值低于现代样品 0.5 的水平，属于正常情况下埋藏过程中的碳元素流失[6]。PCI 和 BPI 平均值与新鲜骨样平均值基本相同。部分样品 CO3wt.%大于未受污染的样品碳酸根的质量百分比，但是其 C/P 均小于0.5，说明并未发生次生碳酸盐堆积。由此可见，62例羟磷灰石样品保存情况较为完好，均可以用作后续的稳定同位素分析。

表 5-8 圩墩遗址骨骼羟磷灰石红外分析

样品编号	种属	PCI	C/P	BPI	CO_3 wt.（%）	$\delta^{13}C_{apatite}$（‰）	$\delta^{18}O_{apatite}$（‰）
WD1	人	3.2	0.2	0.5	5.9	−14.1	−6.9
WD2	人	2.6	0.2	0.6	6.6	−14.5	−6.1
WD4	人	3.3	0.3	0.6	6.7	−13.7	−6.0
WD5	人	3.3	0.3	0.6	6.4	−13.7	−6.3
WD14	人	2.9	0.3	0.6	6.7	−14.3	−5.7
WD15	人	3.1	0.2	0.5	5.8	−14.1	−6.5
WD16	人	2.9	0.4	0.6	6.7	−14.3	−6.2
WD17	人	2.3	0.5	0.7	8.1	−13.4	−6.3
WD18	人	3.2	0.4	0.6	6.6	−13.7	−7.0
WD24	牛	2.9	0.3	0.7	7.4	−8.2	−7.7
WD25	牛	2.7	0.3	0.7	7.2	−7.9	−9.0
WD26	猪	2.9	0.2	0.6	6.3	−14.7	−8.1
WD28	猪	2.8	0.3	0.6	6.7	−11.6	−9.3

样品编号	种属	PCI	C/P	BPI	CO_3 wt. (%)	$\delta^{13}C_{apatite}$ (‰)	$\delta^{18}O_{apatite}$ (‰)
WD29	猪	3.0	0.2	0.6	6.2	−12.5	−7.8
WD30	猪	2.8	0.2	0.7	7.5	−11.2	−9.6
WD31	猪	3.2	0.2	0.7	7.2	−12.0	−6.8
WD34	猪	2.6	0.2	0.6	6.7	−13.8	−9.4
WD35	猪	3.1	0.2	0.7	7.2	−14.3	−8.6
WD37	猪	2.7	0.3	0.7	7.6	−12.5	−7.7
WD38	猪	2.8	0.3	0.7	7.2	−12.9	−7.9
WD39	大鹿	2.8	0.3	0.7	7.8	−8.9	−8.1
WD41	大鹿	3.0	0.2	0.7	7.5	−11.4	−8.2
WD42	大鹿	2.4	0.2	0.7	7.8	−9.3	−8.9
WD44	大鹿	2.9	0.2	0.7	7.2	−8.0	−8.2
WD45	大鹿	2.9	0.3	0.7	8.0	−13.0	−9.7
WD46	大鹿	2.6	0.4	0.8	8.2	−10.1	−7.9
WD47	大鹿	2.9	0.2	0.6	7.1	−10.8	−7.9
WD48	大鹿	2.8	0.3	0.8	8.4	−7.9	−8.5
WD49	大鹿	3.0	0.2	0.6	6.4	−8.7	−7.5
WD50	大鹿	2.9	0.3	0.7	7.4	−4.9	−8.0
WD54	中鹿	2.9	0.2	0.6	6.9	−12.4	−9.9
WD57	中鹿	3.1	0.2	0.5	6.0	−13.0	−7.5
WD58	中鹿	3.0	0.2	0.6	6.5	−15.1	−10.8
WD59	中鹿	3.0	0.2	0.6	6.9	−12.4	−9.9
WD60	中鹿	2.9	0.3	0.7	7.8	−12.3	−8.6
WD61	中鹿	2.8	0.2	0.5	6.1	−14.6	−6.3
WD64	小鹿	2.8	0.3	0.7	7.5	−13.2	−8.6
WD66	小鹿	3.1	0.2	0.6	6.4	−12.5	−7.6
WD67	小鹿	2.7	0.2	0.5	5.8	−13.2	−7.2
WD68	小鹿	3.1	0.2	0.6	6.4	−15.1	−8.3

续表

样品编号	种属	PCI	C/P	BPI	CO_3 wt. (%)	$\delta^{13}C_{apatite}$ (‰)	$\delta^{18}O_{apatite}$ (‰)
WD69	小鹿	3.0	0.2	0.6	6.2	−13.3	−7.2
WD70	小鹿	2.7	0.3	0.7	7.5	−14.9	−8.6
WD72	小鹿	2.8	0.2	0.6	6.7	−14.9	−7.8
WD75	小鹿	2.9	0.2	0.6	6.7	−12.9	−6.9
WD76	小鹿	2.9	0.2	0.7	7.3	−11.3	−6.4
WD78	狗	2.8	0.2	0.6	6.9	−13.5	−7.9
WD79	狗	2.8	0.3	0.7	7.4	−13.9	−7.0
WD80	狗	2.8	0.2	0.7	8.0	−14.7	−8.5
WD82	狗	3.0	0.2	0.6	6.6	−14.1	−6.7
WD84	狗	2.6	0.4	0.7	8.2	−13.9	−7.6
WD91	鸭	2.9	0.3	0.6	7.0	−13.0	−9.9
WD92	鸭	2.9	0.2	0.6	6.8	−12.2	−10.8
WD97	雉科	2.9	0.2	0.6	6.3	−9.2	−9.0
WD98	雉科	2.8	0.3	0.7	7.5	−10.5	−9.1
WD100	鹤	2.6	0.3	0.6	6.6	−9.1	−8.3
WD101	鹤	2.7	0.3	0.8	8.2	−10.8	−9.8
WD102	大型鸟	2.7	0.4	0.8	8.4	−9.9	−10.4
WD103	大型鸟	3.3	0.2	0.5	5.6	−11.5	−7.6
WD113	鱼鳍鱼	2.9	0.2	0.6	6.2	−11.0	−7.9
WD115	鸭	2.9	0.2	0.6	6.2	−11.3	−10.5
WD117	鳖	2.8	0.3	0.7	7.8	−8.9	−9.5

5.3.4 庄桥坟遗址

骨胶原实验完成后尚余 44 例样品，对这 44 例样品进行 XRD 检测，发现有 14 例样品的图谱中除了含有羟磷灰石特征峰，在(101)还有一处较明显的特征峰（见图 5-4，部分图谱略），经 PDF 标准数据检索为石英、钠长石和钾长石，表明这 14 例骨样应为污染样品，不能进行后续分析；其余 30 例样品，如ZQF3、ZQF5 等的羟磷灰石主要特征衍射峰明显，且不含其他杂质（见图 5-5，部分图谱略），说明其羟磷灰石历经千年的埋藏过程后仍然得以保留。

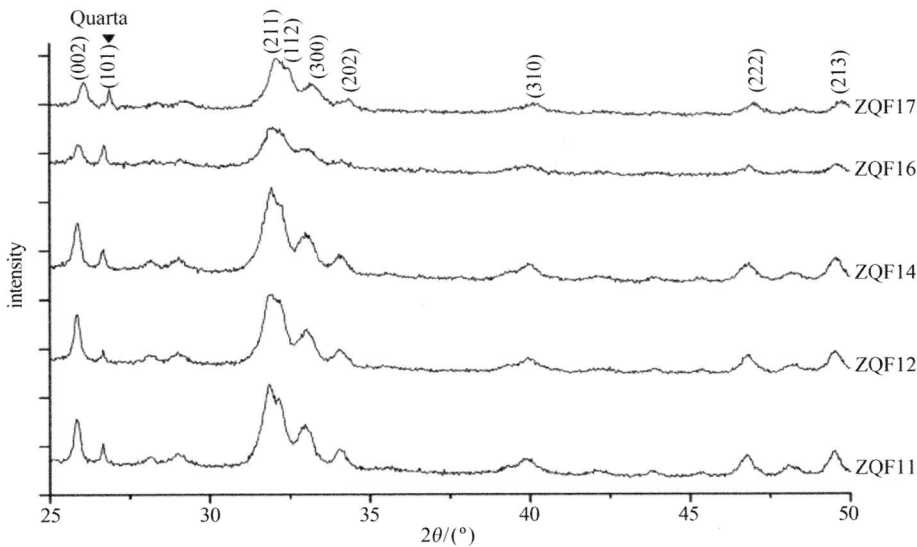

图 5-4 部分污染骨样 XRD 图[7]

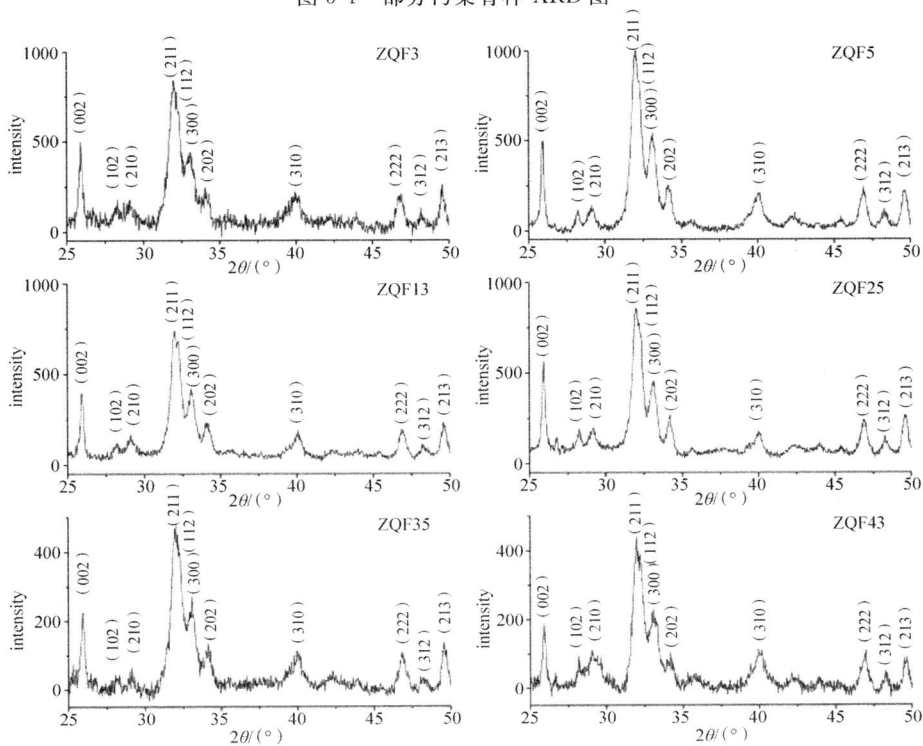

图 5-5 部分未污染样品的 XRD 图[8]

对不含石英、长石杂质的 30 例样品进行 FTIR 指数分析,结果见表 5-9。将其与其他研究所得的 FTIR 指数进行比较分析后发现(见表 5-10),本研究中 30 例样品的 PCI 在 3.0~4.2,平均值为 3.6±0.3(n=30),低于 4.3,且与其他遗址出土的样品 PCI 值相当,说明样品的结晶度较低,受成岩作用影响小;30 例样品的 BPI 值在 0.4~0.6,平均值为 0.5±0.1(n=30),说明 CO_3^{2-} 含量在 4.8%~6.9%,这一数值低于现代样品中 CO_3^{2-} 含量(7.4%),与其他遗址相比也较低,这可能说明了在埋藏过程中,CO_3^{2-} 含量有一定程度的流失,也有可能是预处理中的醋酸分解了样品中的弱结晶盐所引起的;C/P 值在 0.1~0.3,平均值为 0.2±0.1(n=30),与现代样品和其他遗址的古代样品大致相当。

表 5-9 庄桥坟遗址样品的稳定同位素及 FTIR 指数

样品编号	地点	$\delta^{13}C$(‰)	$\delta^{18}O$(‰)	PCI	BPI	C/P
ZQF1	M167	−13.6	−10.4	3.3	0.6	0.2
ZQF2	M30	−14.0	−11.3	3.3	0.6	0.2
ZQF3	T302 H5	−13.0	−11.9	3.5	0.5	0.2
ZQF4	T603(2)	−12.8	−11.7	3.5	0.5	0.2
ZQF5	T604(9)	−12.1	−11.7	3.6	0.5	0.2
ZQF6	M269	−11.7	−12.0	3.8	0.5	0.1
ZQF7	T703 M269	—	—	—	—	—
ZQF8	M206	−13.1	−10.4	3.4	0.4	0.2
ZQF9	M230	−13.3	−12.1	3.6	0.5	0.1
ZQF10	T103 M131	−12.9	−10.9	3.9	0.4	0.1
ZQF11	M175	—	—	—	—	—
ZQF12	T102 M114	—	—	—	—	—
ZQF13	T303(11)	−12.7	−11.3	3.4	0.5	0.2
ZQF14	M74	—	—	—	—	—
ZQF15	T703 M270	−11.9	−8.7	3.6	0.5	0.2
ZQF16	M205	—	—	—	—	—
ZQF17	M205	—	—	—	—	—

样品编号	地点	$\delta^{13}C(‰)$	$\delta^{18}O(‰)$	PCI	BPI	C/P
ZQF18	M27	−12.4	−8.9	4.0	0.4	0.1
ZQF19	T302 M144	−13.2	−11.1	3.4	0.5	0.2
ZQF20	M46	−13.1	−8.5	3.9	0.4	0.1
ZQF21	M204	−13.6	−12.7	3.4	0.5	0.2
ZQF22	M83	−12.5	−10.9	3.7	0.5	0.2
ZQF23	M20	—	—	—	—	—
ZQF24	M33	—	—	—	—	—
ZQF25	M115	−12.6	−9.7	3.7	0.4	0.1
ZQF26	M234	−12.2	−10.2	3.6	0.4	0.1
ZQF27	M207	—	—	—	—	—
ZQF28	M85	−13.4	−9.4	3.5	0.5	0.1
ZQF29	M164	—	—	—	—	—
ZQF30	M75	−11.8	−10.8	4.2	0.4	0.1
ZQF31	M19	—	—	—	—	—
ZQF32	M83	−13.1	−12.3	4.1	0.5	0.1
ZQF33	T203 M128	−11.5	−11.8	3.8	0.5	0.2
ZQF34	M100	−13.3	−11.7	3.5	0.5	0.2
ZQF35	M271	−12.5	−11.8	3.2	0.6	0.2
ZQF36	不明	−13.6	−11.4	3.7	0.5	0.1
ZQF37	M76	−13.3	−11.8	3.2	0.6	0.2
ZQF38	T103 M85	—	—	—	—	—
ZQF39	M66	—	—	—	—	—
ZQF40	M47	−13.2	−12.0	3.6	0.5	0.1
ZQF41	T603(9)	−13.9	−12.1	3.2	0.6	0.2
ZQF42	T303 H31	−12.7	−12.2	3.0	0.6	0.3
ZQF43	T103(8)	−22.6	−12.6	3.2	0.6	0.2
ZQF44	T202 M58	—	—	—	—	—

表 5-10　FTIR 指数分析

FTIR 指数	时间	指数范围	平均值	σ	来源
PCI	现代	3.05～3.59	3.3	±0.1	Wright,1996[4]
	古代	3.44～4.02	3.66		
	古代	2.8～4.0	3.17	±0.33	Sillen,1996[7]
	现代	2.8～3.27	2.92	±0.05	Trueman,2008[8]
	古代	2.8～4.1	3.42	±0.2	
	现代	2.8～3.1	2.9	±0.15	Antoine,2009[9]
	古代	2.6～3.6	3.1		
	古代		3.1	±0.3	Webb,2014[10]
	古代	3.0～4.0	3.5	±0.3	本研究
BPI	现代	0.29～0.82	0.69	±0.15	Trueman,2008
	古代	0.6～0.8	0.74	±0.14	
	古代		0.7	±0.1	Webb,2014
	古代	0.6～0.9	0.7	±0.05	Antoine,2009
	古代	0.4～0.6	0.5	0.1	本研究
C/P	现代	0.10～0.25	0.16	±0.01	Wright,1996
	古代	0.1～0.2	0.18		
	古代		0.5	±0.2	Webb,2014
	古代	0.3～0.7	0.4	±0.05	Antoine,2009
	古代	0.1～0.3	0.2	0.1	本研究

由以上分析可知,PCI 和 C/P 的数值处于正常范围内,而 BPI 的数值相对较低。为了讨论较低的 BPI 是否会对羟磷灰石保存情况造成影响,需要对三者之间的相关性进行分析(见图 5-6)。一般而言,BPI 与 C/P、BPI 与 PCI、PCI 与 C/P 之间的相关性越显著,骨骼的保存情况越好[4]。分析结果表明 30 例样品的 PCI 与 BPI 具有相关性,C/P 与 PCI 有较强的负相关性,而与 BPI 具有较强的正相关性。这三者之间较强的相关性暗示此 30 例样品虽然 BPI 值较低,但是其中的 CO_3 依旧得到了较好的保存。

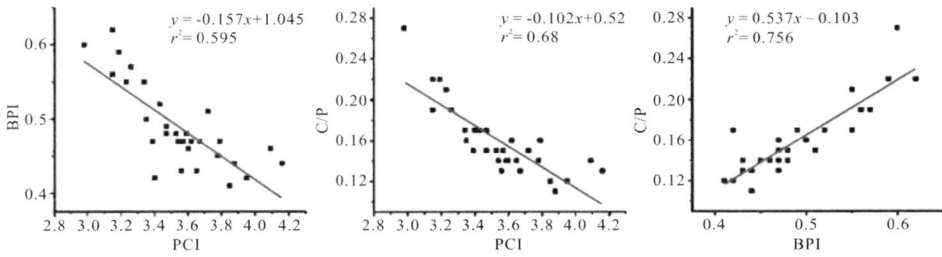

图 5-6　FTIR 指数的相关性分析

[1]Ambrose，Stanley H. Preparation and characterization of bone and tooth collagen for isotopic analysis[J]. Journal of Archaeological Science，1990 (4):431-451.

[2]DeNiro M J. Postmortem preservation and alteration of in vivo bone collagen isotope ratios in relation to palaeodietary reconstruction[J]. Nature，1985(6040):806-809.

[3]周杉杉. 浙江省余姚田螺山遗址水牛驯化可能性的初步研究研究——基于 C、N 稳定同位素食谱分析[D]. 杭州:浙江大学硕士学位论文,2017.

[4]郭怡,项晨,夏阳,等.中国南方古人骨中羟磷灰石稳定同位素分析的可行性初探——以浙江省庄桥坟遗址为例[J].第四纪研究,2017(1):143-154.

[5]LeGeros R Z. Calcium phosphates in oral biology and medicine[J]. Monographs in Oral Science,1991(15):1-201.

[6]Wright L E，Schwarcz H P. Infrared and isotopic evidence for diagenesis of bone apatite at Dos Pilas, Guatemala: Palaeodietary implications[J]. Journal of Archaeological Science，1996(6): 933-944.

[7]Sillen A，Parkington J. Diagenesis of Bones from Eland's Bay Cave[J]. Journal of Archaeological Science，1996(4): 535-542.

[8]Trueman C N，Privat K，Field J. Why do crystallinity values fail to predict the extent of diagenetic alteration of bone mineral? [J]. Palaeogeography Palaeoclimatology Palaeoecology，2008(3): 160-167.

[9]Antoine R. Stable carbon and oxygen isotopes in bone: Tracing droughts

during the maya era using archaeological [D]. Ontario: McMaster University, 2009.

[10]Webb E C, White C D, Longstaffe F J. Investigating inherent differences in isotopic composition between human bone and enamel bioapatite: Implications for reconstructing residential histories [J]. Journal of Archaeological Science, 2014(50): 97-107.

6 　植物遗存的稳定同位素分析

　　从前文对稳定同位素考古基本原理的介绍可以看出,同位素食谱分析的重要依据之一,就是不同类型的植物在光合作用途径不同的情况下所产生的$\delta^{13}C$值差异,这种差异会随着食物链进行传递,永久贯穿于整个食物链中。因此,对考古遗址中出土的、位于食物链底层的多种植物,进行稳定同位素分析,可以为探讨先民(动物)食物结构提供基础的同位素基线,是分析人和动物食物结构的前提。

　　已有的研究表明,人类对植物生长的干预行为,例如施肥等,也会对植物的稳定同位素比值产生一定的影响,因此通过对同一遗址、不同层位出土的多种植物遗存进行稳定同位素分析和比较,还能在一定程度上揭示植物是否受到人为因素的影响,从而探讨人对植物遗存的利用情况、植物本身受人为干预的情况等问题,更为全面地揭示先民对环境中多种植物资源的利用方式。

　　长江下游是栽培稻(oryza sativa)的一大起源中心。该区域的重要考古文化之一河姆渡文化[1],被认为处于狩猎采集向农耕转变的关键时期[2]。田螺山遗址(7000～5800 BP)作为河姆渡文化的典型代表,得益于独特的厌氧饱水环境,保存了大量动植物遗存[3]。对田螺山遗址的相关研究提供了与长江下游资源相关的许多信息,但也引发了对田螺山先民生业经济的争议[4]。当前的主流观点强调水稻在驯化过程中已经达到一定水平[5],此外先民还利用了大量野生资源[6][7],但水稻驯化程度究竟如何的问题,依然争鸣着不同观点[8][9];野生资源是否纯粹野生状态、利用量是多少、与先民之间保持着怎样的关系,这些话题仍然较少被触及。新问题要求我国植物考古学界转换思路,改变常规的思维模式,引入新的方法和手段。

本章即以田螺山的遗址为例，对遗址中出土的多种植物遗存展开稳定同位素研究，突破传统的研究程式，以全面的眼光对待遗址中出土的不同种属的植物考古材料，以深入了解先民对环境中多种资源利用方式的异同，从而进一步思考"人适应环境"这一考古学研究的核心问题。

6.1　植物遗存介绍

田螺山遗址（7000～5800BP）坐落于浙江省余姚市，是河姆渡文化的重要遗址之一。其中遗址 6 层以下的遗存密闭保存在饱水、厌氧环境中，形成了有机质的绝佳保存条件[10]。因此，大量植物遗存得以发现，例如水稻（oryza rufipogon/sativa）、菱角（trapa bispinosa）、橡子[quercus spp.（sensu lato）]、芡实（euryale ferox）、桃（prunus persica）、葫芦（lagenaria siceraria）等[11]。在地层中，尤其是 8 层和 7 层，出土了一些较为完整的菱角。数量众多的良好保存条件下不同文化层出土的菱角，使得研究随时间推移人类是否及如何为了消费而选择出对自己有利的菱角性状成为可能。

对田螺山遗址 8 层至 4 层包括水稻、菱角、橡子、芡实等多种主要食物资源在内的植物进行碳、氮稳定同位素分析，将从新视角提供人与菱角关系的认识，植物本身的历史变化以及不同种类植物间的差异，还能揭示出遗址环境、人类活动等的信息。直接测定植物遗存碳氮比值，对更为精确地推测先民的食物结构也具有十分重要的意义。

6.2　实验方法

碳氮稳定同位素分析法参与考古出土植物遗存分析，在我国的植物考古学研究中还比较少见，但在国际上已经形成了一定的成果。

本书选取包括田螺山遗址的四大主要食物资源（水稻、菱角、橡子、芡实）以及其他几种常见植物（南酸枣、梅、葫芦、柿）（见图 6-1）在内的植物遗存进行碳氮稳定同位素分析。受实际出土情况限制，水稻在遗址 8 层至 4 层均取得样品，菱角样品来自 8 层至 5 层，南酸枣、梅、芡实、橡子为 8 屋至 6 层，葫芦和柿则取得了 8 层样本。

考虑到目前对饱水保存的植物遗存所包含杂质（如碳酸盐、硝酸盐、腐殖酸）的研究还较为有限，本书借鉴了 Vaiglova 等人[12]的综合研究，选择了其中对炭化植物遗存质量和碳氮比值影响最小，而又能较为有效地清除杂质的温和酸洗法（A-only gentle treatment）。经碳氮稳定同位素分析预处理并送样的样品见表 6-1。

图 6-1　碳氮稳定同位素测试植物样品（第一行从左到右分别为：水稻、菱角、橡子、芡实；第二行从左到右分别为：南酸枣、梅、葫芦、柿）

表 6-1　C、N 稳定同位素分析植物遗存取样[11]

8层			7层			6层			5层 & 4层		
单位	类别	N	单位	类别	N	单位	类别	N	单位	类别	N
T407⑧	梅核	5	T407⑦	橡子	5	T107⑥	菱角	5	T207⑤	菱角	5
	葫芦籽	5	T405⑦	菱角	5		梅核	5	T007⑤	水稻	5
	菱角	5		菱角	5		南酸枣	4	T406④	水稻	5
	芡实	5		像子	5		芡实	5			
	南酸枣	4	T307⑦	南酸枣	4	T106⑥	橡子	5			
	橡子	5		梅核	5		梅核	4			
	柿籽	5		芡实	5		水稻	5			
T403⑧	菱角	5	T305⑦	菱角	3	T005⑥	橡子	5			
T107⑧	水稻	5	T205⑦	菱角	3	H69⑥	菱角	5			
	橡子	5	T106⑦	水稻	5						

样品于元素分析仪——同位素比值质谱仪(EA-IRMS)上测试植物遗存的 C、N 含量及同位素比值。C 同位素的分析精度为±0.1‰，N 同位素的分析精度为±0.2‰。C 同位素值以相对 V-PDB 的 $\delta^{13}C$ 表示，N 同位素结果以相对空气或空气中的氮气的 $\delta^{15}N(AIR)$ 表示。

数据中 C、N 稳定同位素比值、C 含量、N 含量和碳氮摩尔比(Atomic C/N)如表 6-2 所示。

表 6-2   田螺山遗址植物遗存 C、N 稳定同位素分析结果

序号	类别	Corrected ^{13}C(‰)	Corrected ^{15}N(‰)	C(%)	N(%)	Atomic C/N
1	T1078 水稻	−27.7	5.4	50.3	2.5	23.7
2	T1078 水稻	−25.6	4.8	49.9	3.1	19.1
3	T1078 水稻	−26.3	2.3	58.3	0.6	107.6
—	均值	−26.5	4.2	—	—	—
—	±标准差	1.1	1.7	—	—	—
—	样品数	3	3	—	—	—
4	T1067 水稻	−25.1	7.3	50.5	4.1	14.3
5	T1067 水稻	−26.4	5.3	43.6	2.5	20.3
6	T1067 水稻	−26.0	8.1	44.4	3.4	15.1
7	T1067 水稻	−28.7	3.1	20.5	0.8	31.0
8	T1067 水稻	−26.8	3.2	54.4	3.6	17.5
—	均值	−26.6	5.4	—	—	—
—	±标准差	1.3	2.3	—	—	—
—	样品数	5	5	—	—	—
9	T0066 水稻	−29.1	9.9	35.3	0.7	57.9
10	T006⑥水稻	−25.8	6.7	46.7	3.3	16.4
11	T006⑥水稻	−25.2	3.2	45.5	2.2	23.7
12	T006⑥水稻	−28.5	4.2	57.3	0.6	105.9
—	均值	−27.1	6.0	—	—	—
—	±标准差	1.9	3.0	—	—	—
—	样品数	4	4	—	—	—

序号	类别	Corrected ^{13}C(‰)	Corrected ^{15}N(‰)	C(%)	N(%)	Atomic C/N
13	T0075 水稻	−25.5	6.5	53.3	3.2	19.7
14	T0075 水稻	−25.4	1.5	54.9	0.8	82.9
15	T0075 水稻	−26.9	2.9	48.1	2.5	22.5
16	T0075 水稻	−26.4	5.5	64.0	0.8	91.3
—	均值	−26.0	4.1	—	—	—
—	±标准差	0.7	2.3	—	—	—
—	样品数	4	4	—	—	—
17	T4064 水稻	−26.3	6.3	30.3	2.8	12.4
18	T4064 水稻	−25.9	3.9	57.9	4.3	15.7
19	T4064 水稻	−24.5	2.3	50.9	2.6	22.8
20	T4064 水稻	−25.2	4.0	50.1	3.5	16.6
—	均值	−25.5	4.1	—	—	—
—	±标准差	0.8	1.7	—	—	—
—	样品数	4	4	—	—	—
21	T4038 菱角	−25.4	11.0	52.8	2.1	30.0
22	T4078 菱角	−24.7	6.9	38.0	1.1	41.8
23	T4078 菱角	−24.8	8.8	49.3	0.9	61.2
24	T4078 菱角	−25.5	8.9	53.2	1.3	49.7
—	均值	−25.1	8.9	—	—	—
—	±标准差	0.4	1.7	—	—	—
—	样品数	4	4	—	—	—
25	T2057 菱角	−25.6	0.5	44.8	1.3	40.5
26	T2057 菱角	−27.1	−3.6	39.6	1.1	43.6
27	T2057 菱角	−26.3	1.0	49.7	1.2	47.5
28	T3057 菱角	−26.4	5.2	50.7	1.0	60.3
29	T3057 菱角	−25.9	5.6	47.4	1.0	57.7
30	T3057 菱角	−26.0	6.6	36.4	0.9	49.4

续表

序号	类别	Corrected ^{13}C(‰)	Corrected ^{15}N(‰)	C(%)	N(%)	Atomic C/N
31	T3077 菱角	−27.4	6.9	28.8	0.9	39.1
32	T3077 菱角	−27.0	5.5	37.9	1.3	35.1
33	T307⑦ 菱角	−27.1	1.3	44.5	0.9	56.4
34	T405⑦ 菱角	−26.7	13.0	37.8	1.5	29.2
—	均值	−26.5	4.2	—	—	—
—	±标准差	0.6	4.6	—	—	—
—	样品数	10	10	—	—	—
35	T1076 菱角	−26.7	4.6	43.9	0.8	64.8
36	T1076 菱角	−26.2	4.1	29.9	0.8	42.6
37	T1076 菱角	−26.2	4.3	39.0	0.9	48.9
38	H696 菱角	−27.2	3.3	50.1	1.2	47.9
39	H696 菱角	−26.9	2.6	49.4	1.2	49.3
40	H696 菱角	−27.0	3.2	50.2	1.2	49.2
41	H696 菱角	−26.6	6.1	45.2	1.1	47.5
42	H696 菱角	−26.6	4.8	48.3	1.3	44.0
—	均值	−26.7	4.1	—	—	—
—	±标准差	0.4	1.1	—	—	—
—	样品数	8	8	—	—	—
43	T2075 菱角	−26.3	4.5	45.3	0.9	58.1
44	T2075 菱角	−25.9	5.6	35.4	1.0	42.6
45	T2075 菱角	−26.6	5.8	40.8	1.0	48.1
46	T2075 菱角	−27.5	0.5	45.9	0.8	67.0
47	T2075 菱角	−26.4	1.6	46.2	0.8	65.7
—	均值	−26.5	3.6	—	—	—
—	±标准差	0.6	2.4	—	—	—
—	样品数	5	5	—	—	—
48	T1078 橡子	−29.4	5.9	42.5	0.9	52.8

序号	类别	Corrected ^{13}C(‰)	Corrected ^{15}N(‰)	C(%)	N(%)	Atomic C/N
49	T1078 橡子	−27.4	6.3	35.8	0.7	60.3
50	T1078 橡子	−27.7	4.5	41.4	0.9	52.0
51	T1078 橡子	−26.8	4.8	36.3	0.9	49.2
52	T1078 橡子	−27.1	2.8	25.6	0.8	39.6
53	T4078 橡子	−27.9	6.7	126.8	2.8	52.2
54	T4078 橡子	−27.4	6.4	43.2	1.3	40.2
55	T4078 橡子	−28.9	4.0	46.0	0.7	73.3
56	T4078 橡子	−26.1	5.0	24.4	0.6	47.8
57	T4078 橡子	−26.5	5.3	44.9	0.9	59.9
—	均值	−27.5	5.2	—	—	—
—	±标准差	1.03	1.2	—	—	—
—	样品数	10	10	—	—	—
58	T4077 橡子	−26.6	3.7	45.0	0.9	61.2
59	T4077 橡子	−28.9	3.9	40.9	0.7	66.6
60	T4077 橡子	−27.6	2.6	42.6	1.0	50.6
61	T4077 橡子	−27.9	5.4	43.8	0.9	58.4
62	T4077 橡子	−26.7	4.1	43.6	0.8	67.5
63	T3077 橡子	−26.8	3.6	40.5	1.0	45.6
64	T3077 橡子	−26.7	5.3	39.1	0.7	63.4
65	T3077 橡子	−25.7	4.3	34.6	1.0	40.0
66	T3077 橡子	−26.8	4.9	39.4	0.9	53.0
67	T3077 橡子	−25.7	4.3	36.3	1.1	37.5
—	均值	−27.0	4.2	—	—	—
—	±标准差	1.0	0.8	—	—	—
—	样品数	10	10	—	—	—
68	T1066 橡子	−28.3	3.7	45.5	0.8	64.3
69	T1066 橡子	−29.1	2.2	42.9	1.2	42.5

续表

序号	类别	Corrected ^{13}C(‰)	Corrected ^{15}N(‰)	C(%)	N(%)	Atomic C/N
70	T1066 橡子	−27.0	3.9	40.2	1.0	48.4
71	T1066 橡子	−25.8	6.4	37.9	1.0	45.0
72	T1066 橡子	−27.0	5.7	18.6	0.8	28.5
73	T0056 橡子	−27.6	11.1	42.3	1.3	37.1
74	T0056 橡子	−27.0	4.5	40.0	1.1	42.7
75	T0056 橡子	−26.5	1.3	41.7	0.8	62.7
76	T0056 橡子	−28.0	6.8	40.9	1.5	32.6
—	均值	−27.4	5.1	—	—	—
—	±标准差	1.0	2.9	—	—	—
—	样品数	9	9	—	—	—
77	T4078 芡实	−23.4	7.6	39.6	0.7	64.9
78	T4078 芡实	−25.4	6.3	48.0	0.8	72.4
79	T4078 芡实	−24.7	4.9	48.4	0.6	94.2
80	T4078 芡实	−25.2	6.2	46.8	1.2	45.1
81	T4078 芡实	−25.4	5.5	49.5	0.7	82.2
—	均值	−24.8	6.1	—	—	—
—	±标准差	0.8	1.0	—	—	—
—	样品数	5	5	—	—	—
82	T3077 芡实	−25.6	4.9	46.2	0.7	82.8
83	T3077 芡实	−25.8	6.3	39.4	1.2	37.4
84	T3077 芡实	−25.3	6.1	46.1	0.9	59.1
85	T3077 芡实	−25.7	4.5	47.8	0.9	62.6
86	T3077 芡实	−26.7	7.7	16.9	0.7	26.6
—	均值	−25.8	5.9	—	—	—
—	±标准差	0.5	1.3	—	—	—
—	样品数	5	5	—	—	—
87	T1066 芡实	−26.1	6.0	44.9	1.1	48.6

序号	类别	Corrected ^{13}C(‰)	Corrected ^{15}N(‰)	C(％)	N(％)	Atomic C/N
88	T1066 芡实	−25.7	6.7	42.1	1.4	35.7
89	T1066 芡实	−25.7	7.7	42.0	1.0	49.1
90	T1066 芡实	−25.0	8.6	45.4	1.3	42.0
91	T1066 芡实	−25.6	7.6	47.0	0.7	77.7
—	均值	−25.6	7.3	—	—	—
—	±标准差	0.4	1.0	—	—	—
—	样品数	5	5	—	—	—
92	T4078 梅	−27.3	7.4	44.6	1.0	52.7
93	T4078 梅	−26.9	17.5	39.0	1.0	46.9
94	T4078 梅	−27.0	6.9	53.8	2.9	21.7
95	T4078 梅	−28.2	9.8	46.5	1.0	55.5
96	T4078 梅	−28.2	10.3	45.2	1.1	47.0
——	均值	−27.5	10.4	—	—	—
—	±标准差	0.6	4.3	—	—	—
—	样品数	5	5	—	—	—
97	T3077 梅	−30.1	8.9	45.1	0.9	57.9
98	T3077 梅	−28.3	7.4	36.7	0.9	49.2
99	T3077 梅	−28.3	7.1	37.5	0.6	69.7
100	T3077 梅	−26.4	9.3	38.6	1.5	30.2
101	T3077 梅	−26.9	6.2	42.0	0.8	58.2
—	均值	−28.0	7.8	—	—	—
—	±标准差	1.4	1.3	—	—	—
—	样品数	5	5	—	—	—
102	T1066 梅	−26.7	8.8	35.7	1.0	42.2
103	T1066 梅	−27.9	8.9	41.0	0.7	73.6
104	T1066 梅	−28.5	5.5	23.1	0.6	48.7
105	T1066 梅	−27.4	6.7	34.1	1.0	41.5

序号	类别	Corrected ^{13}C(‰)	Corrected ^{15}N(‰)	C(%)	N(%)	Atomic C/N
106	T1066 梅	−27.2	5.0	27.6	0.7	48.1
107	T0066 梅	−27.4	8.6	40.6	0.9	53.9
108	T0066 梅	−26.6	4.7	52.1	3.4	17.7
—	均值	−27.4	6.9	—	—	—
—	±标准差	0.7	1.9	—	—	—
—	样品数	7	7	—	—	—
109	T4078 南酸枣	−28.0	8.0	44.8	0.6	90.3
110	T4078 南酸枣	−26.1	15.8	41.5	0.8	57.4
111	T4078 南酸枣	−26.4	4.7	51.9	0.5	126.1
112	T4078 南酸枣	−25.8	5.7	48.7	0.7	82.6
—	均值	−26.6	8.5	—	—	—
—	±标准差	1.0	5.0	—	—	—
—	样品数	4	4	—	—	—
113	T3077 南酸枣	−24.9	8.5	37.0	0.8	54.5
114	T3077 南酸枣	−25.8	6.2	47.1	0.5	106.8
—	均值	−25.3	7.3	—	—	—
—	±标准差	0.7	1.7	—	—	—
—	样品数	2	2	—	—	—
115	T1066 南酸枣	−28.1	5.4	41.9	0.6	77.3
116	T1066 南酸枣	−27.1	13.7	43.5	1.0	50.7
—	均值	−27.6	9.5	—	—	—
—	±标准差	0.7	5.9	—	—	—
—	样品数	2	2	—	—	—
117	T4078 葫芦	−26.0	7.2	473.4	4.5	121.5
118	T4078 葫芦	−27.0	11.1	53.0	0.4	144.6
119	T4078 葫芦	−25.5	10.9	46.7	0.5	120.5
120	T4078 葫芦	−26.7	21.2	47.9	0.6	93.2

序号	类别	Corrected ^{13}C(‰)	Corrected ^{15}N(‰)	C(%)	N(%)	Atomic C/N
121	T4078 葫芦	−24.8	21.3	45.9	0.6	95.5
—	均值	−26.0	14.3	—	—	—
—	±标准差	0.9	6.5	—	—	—
—	样品数	5	5	—	—	—
122	T4078 柿	−25.9	0.9	57.5	2.1	31.5
123	T4078 柿	−24.8	4.8	53.5	2.4	26.6
124	T4078 柿	−25.0	4.1	59.7	2.2	31.2
125	T4078 柿	−28.1	3.1	60.7	2.5	28.9
126	T4078 柿	−30.3	7.7	42.9	0.9	58.6
—	均值	−26.8	4.1	—	—	—
—	±标准差	2.3	2.5	—	—	—
—	样品数	5	5	—	—	—

6.3　测试结果

　　植物遗存在埋藏和出土后的保存过程当中,由于受到环境内各项因素的影响,其同位素组成可能发生改变。根据碳氮稳定同位素分析结果,部分样品(48 号、59 号和 83 号菱角;116 号、128 号和 137 号水稻;110 号梅;65 号、68 号、94 号和 96 号南酸枣)的氮含量或碳氮摩尔比超出正常范围,属于无效数据,故予以剔除。实际测得有效数据的样品如表 6-3 所示,共 126 个。

表 6-3　田螺山遗址植物遗存碳氮稳定同位素分析有效样品[12]

8层			7层			6层			5层 & 4层		
单位	类别	N	单位	类别	N	单位	类别	N	单位	类别	N
	梅核	5	T407⑦	橡子	5	T107⑥	菱角	3	T207⑤	菱角	5
	葫芦籽	5	T405⑦	菱角	1		梅核	5	T007⑤	水稻	4
	菱角	3		菱角	3	T106⑥	南酸枣	2	T406④	水稻	4
T407⑧	芡实	5		橡子	5		芡实	5			
	南酸枣	4	T307⑦	南酸枣	2		橡子	5			
	橡子	5		梅核	5		梅核	2			
	柿籽	5		芡实	5	T106⑥	水稻	4			
T403⑧	菱角	1	T305⑦	菱角	3	T005⑥	橡子	4			
T107⑧	水稻	3	T205⑦	菱角	3	H69⑥	菱角	5			
	橡子	5	T106⑦	水稻	5						

6.4　数据分析

6.4.1　水稻

如图 6-2 及图 6-3 所示,田螺山遗址水稻样品的 $\delta^{13}C$ 比值范围为 $-24.50‰\sim-29.10‰$,平均值为 $-26.36‰\pm1.26‰$(n=20)。$\delta^{15}N$ 比值的变化范围为 $1.5‰\sim9.86‰$,平均值为 $4.82‰\pm2.17‰$(n=20)。田螺山遗址 8 层至 4 层水稻样品大体上可依据碳比值划为两类。一类碳比值在 $-26.0‰$ 左右,包含 80% 的样品,其中 5 层和 4 层的全体样品均属于此类;另一类则是在 $-28.5‰$ 左右,该类样品位于 8 层至 6 层。这说明在遗址早中期(8 层至 6 层),水稻可能生长于较为广泛的环境,而晚期生长环境则比较集中。样品的氮比值较为分散($1.5‰\sim9.9‰$),且各层内部的变化都比较大,说明田螺山遗址水稻氮比值存在比较大的个体差异,水稻总体上还是生长于比较广的范围。

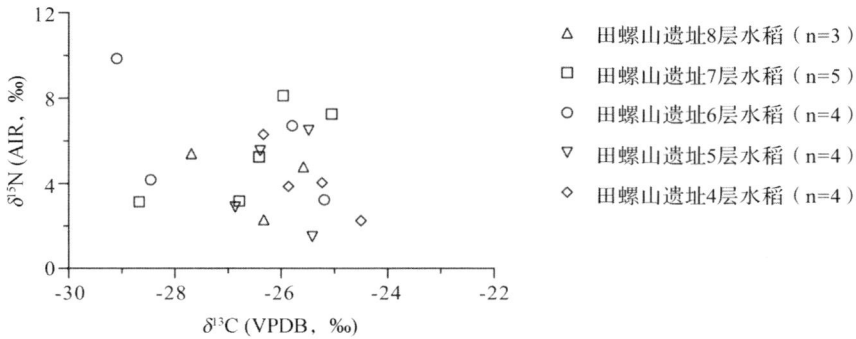

图 6-2　田螺山遗址 8 层至 4 层水稻 C、N 比值散点图

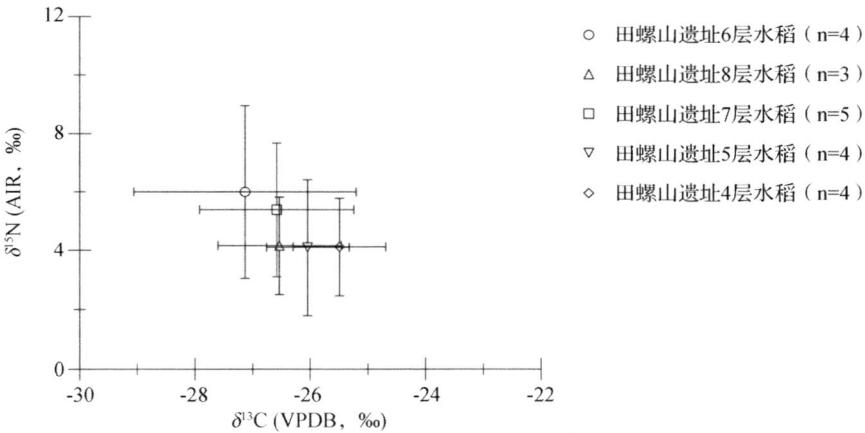

图 6-3　田螺山遗址 8 层至 4 层水稻 C、N 比值误差棒图

6.4.2　菱角

　　菱角样品的 δ^{13}C 比值范围为 $-24.7‰ \sim -27.5‰$，平均值为 $-26.4‰ \pm 0.7$(n＝27)。δ^{15}N 比值的变化范围为 $-3.64‰ \sim 13.0‰$，平均值为 $4.8‰ \pm 3.5‰$(n＝27)。菱角碳比值相较水稻则显得集中一些，地层间的差异比较清晰。如图 6-4 及图 6-5 所示，8 层样品碳比值均值为 $-25.1 \pm 0.4‰$。7 层至 5 层菱角相较 8 层，碳比值均下降，分别为 $-26.5 \pm 0.6‰$、$-26.7 \pm 0.4‰$、$-26.5 \pm 0.6‰$，三者差异不大，可合并为一个类群。利用单因素方差分析法

(one-way ANOVA)所得的结果也确证了 8 层与 7 层($p=0.000909327$)、6 层（$p=0.0000448801$）、5 层（$p=0.004380177$）间都存在显著性差异。

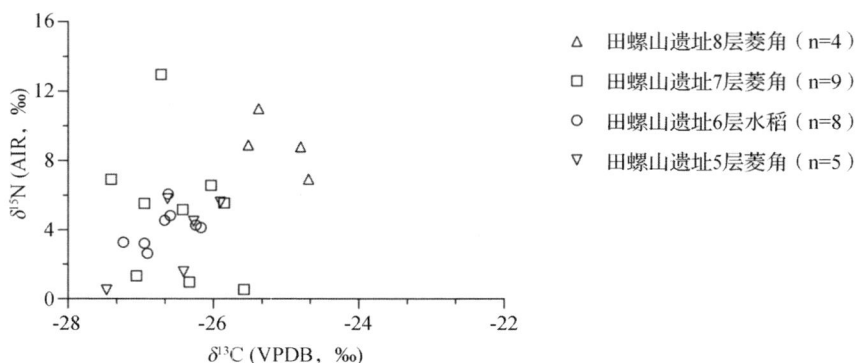

图 6-4　田螺山遗址 8 层至 5 层菱角 C、N 值散点图

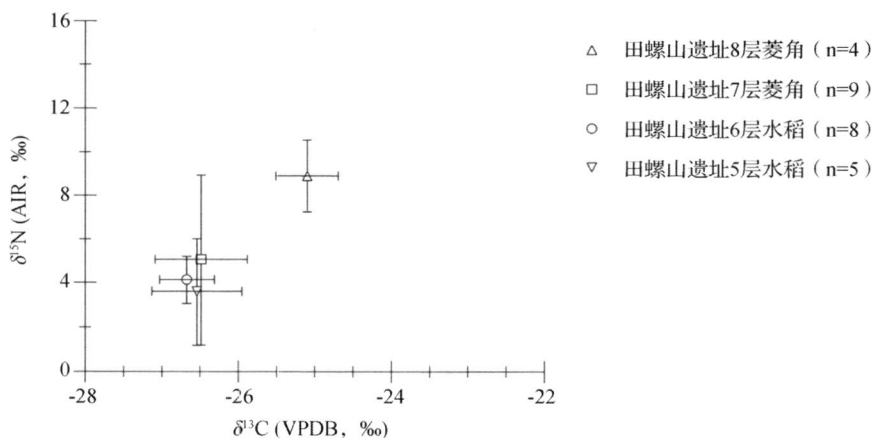

图 6-5　田螺山遗址 8 层至 5 层菱角 C、N 值误差棒图

　　氮比值方面，8 层样品相较上层的样品总体是偏高的，均值为 $8.9\pm1.7‰$。7 层菱角样品氮比值存在 2 个极值，第 79 号的 T405⑦样品（13.0‰）和第 148 号的 T205⑦样品（$-3.6‰$），可能揭示了它们是来自特殊的生长环境或者特殊年份（即特定气候条件下）的菱角。7 层其余样品与 6 层、5 层样品的分布模式比较近似，均值分别为 $4.1\pm2.7‰$、$4.1\pm1.1‰$ 和 $3.6\pm2.4‰$。

综合碳氮值结果可知，田螺山遗址8层菱角与7层至5层菱角有显著不同的管理方式和生长环境。8层菱角碳值较高且比较集中，氮值则比后者高出4.9‰，最高值达到11.0‰。

这一水平的氮比值在西方研究大麦、小麦等谷物时往往作为人工施肥的证据[13][14]。出于谨慎，田螺山遗址8层是否存在对菱角人工施肥的可能性，还有待进一步研究。8层菱角的管理活动虽在7层可能还有所保留，在更晚的地层中却不太容易发现，不过结合6层储存坑中菱角出土情况，可以推断先民管理菱角的基本手段在当时仍得到延续，可能只是在一些活动上不如最初那么精细化。

6.4.3 橡子

如图6-6及图6-7所示，橡子样品的$\delta^{13}C$比值范围为$-25.7‰\sim-29.4‰$，平均值为$-27.3‰\pm1.0(n=29)$。$\delta^{15}N$比值的变化范围为$1.3‰\sim11.1‰$，平均值为$4.81‰\pm1.83‰(n=29)$。橡子的碳氮比值在8层至6层的分布模式比较一致，两者均保持着较大的分布范围。8层碳比值均值为$-27.5‰\pm1.0‰$，氮比值为5.2‰；7层碳比值均值为$-26.5‰\pm1.0‰$，氮比值均值为$4.2‰\pm0.8‰$；6层碳比值均值为$-27.4‰\pm1.0‰$，氮值为$5.1\pm2.9‰$。各层的数值比较近似，说明在河姆渡文化早中期先民利用橡子的方式没有发生明显变化，仍然是从遗址附近丘陵上分布的广阔森林中进行采集。

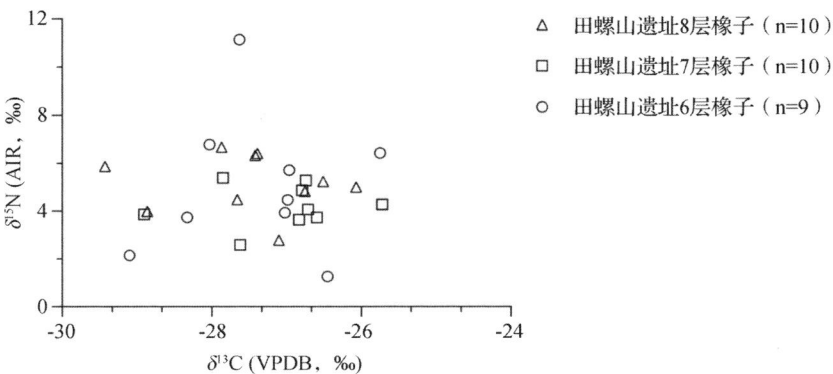

图 6-6　田螺山遗址8层至6层橡子C、N比值散点图

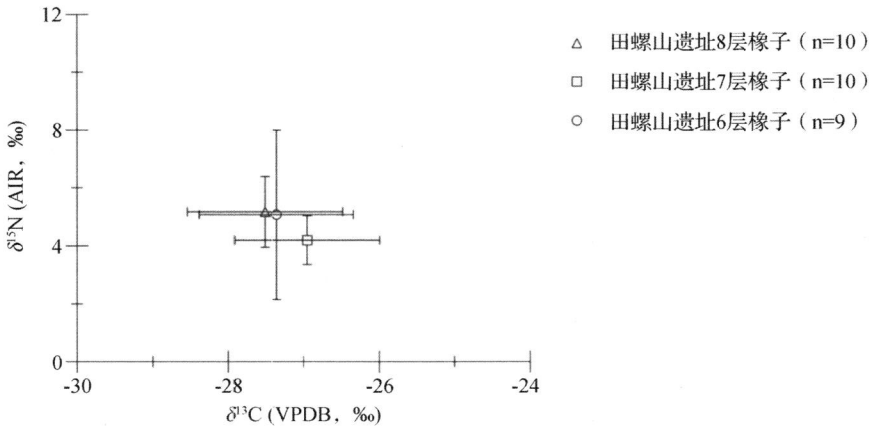

图 6-7　田螺山遗址 8 层至 6 层橡子 C、N 比值误差棒图

6.4.4　芡实

如图 6-8 及图 6-9 所示,芡实样品的 δ^{13}C 比值范围为 $-23.4‰\sim-26.7‰$,平均值为 $-25.4‰\pm0.7‰$(n=15)。δ^{15}N 比值的变化范围为 $4.5‰\sim8.6‰$,平均值为 $6.4‰\pm1.2‰$(n=15)。8 层至 6 层芡实的碳氮比值比较集中。碳比值差异不大,8 至 6 层分别为 $-24.8‰\pm0.8‰$、$-25.8‰\pm0.5‰$、$-25.6‰\pm0.4‰$。6 层氮比值($7.3‰\pm1.0‰$)较 8 层($6.1\pm1.0‰$)和 7 层($6.0‰\pm1.3‰$)稍高一些。虽然芡实与菱角同样生长于水生环境(深度比菱角稍浅,

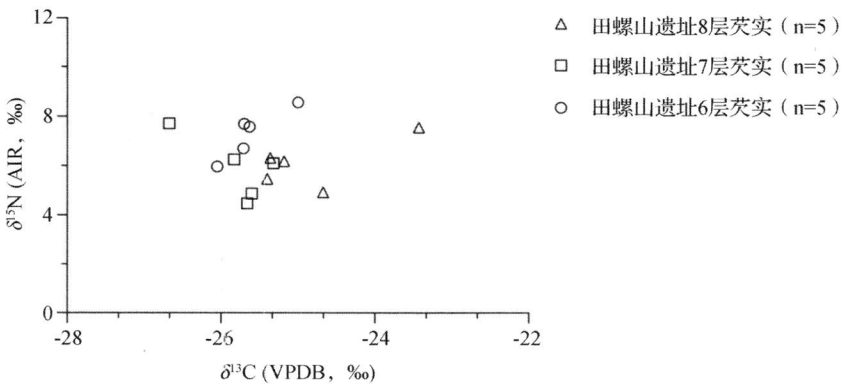

图 6-8　田螺山遗址 8 层至 6 层芡实 C、N 比值散点图

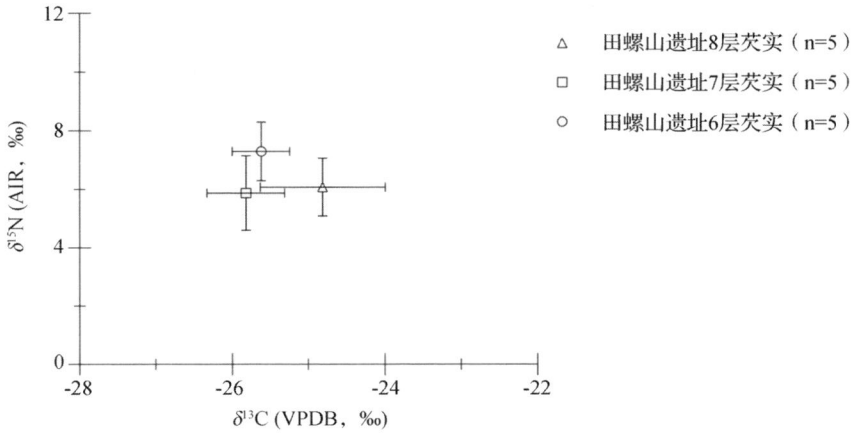

图 6-9　田螺山遗址 8 层至 6 层芡实 C、N 比值误差棒图

与野生稻接近）[7]，同位素比值分布模式却与菱角截然不同，这说明水生环境并不一定意味着散乱的碳氮比值，也从侧面表明菱角可能经历了有一定强度的人工干预。

6.4.5　其他

如图 6-10 所示，其他的一些样品，如梅的 δ^{13}C 比值范围为 $-26.4‰\sim$ $-30.1‰$，平均值为 $-27.6‰\pm0.9(n=17)$；δ^{15}N 比值的变化范围为 $4.7‰\sim$ $17.5‰$，平均值为 $8.2‰\pm2.9(n=17)$。南酸枣的 δ^{13}C 比值范围为 $-24.6‰\sim$ $-28.1‰$，平均值为 $-26.5‰\pm1.1‰(n=8)$；δ^{15}N 比值的变化范围为 $4.7‰\sim$ $15.8‰$，平均值为 $8.5‰\pm4.1‰(n=8)$。葫芦的 δ^{13}C 比值范围为 $-24.8‰\sim$ $-27.0‰$，平均值为 $-26.0‰\pm0.9(n=5)$；δ^{15}N 比值的变化范围为 $7.2‰\sim$ $21.3‰$，平均值为 $14.3‰\pm6.5‰(n=5)$。柿的 δ^{13}C 比值范围为 $-24.8‰\sim$ $-30.3‰$，平均值为 $-26.8‰\pm2.3(n=5)$；δ^{15}N 比值的变化范围为 $0.9‰\sim$ $7.7‰$，平均值为 $4.1‰\pm2.5‰(n=5)$。南酸枣、柿籽、梅核和葫芦的碳氮比

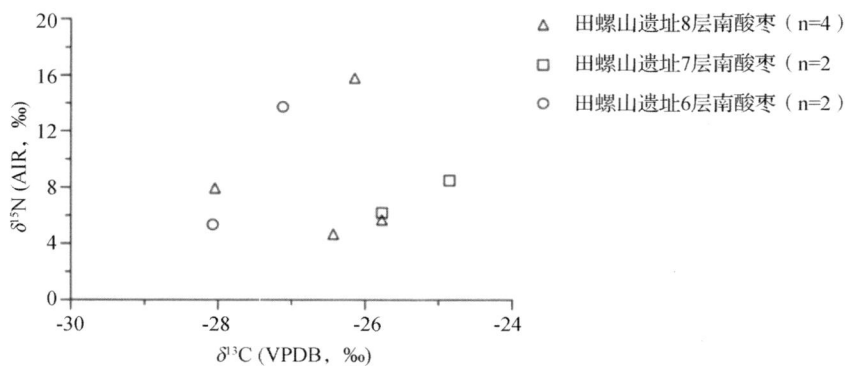

田螺山遗址8层南酸枣（n=4）
田螺山遗址7层南酸枣（n=2）
田螺山遗址6层南酸枣（n=2）

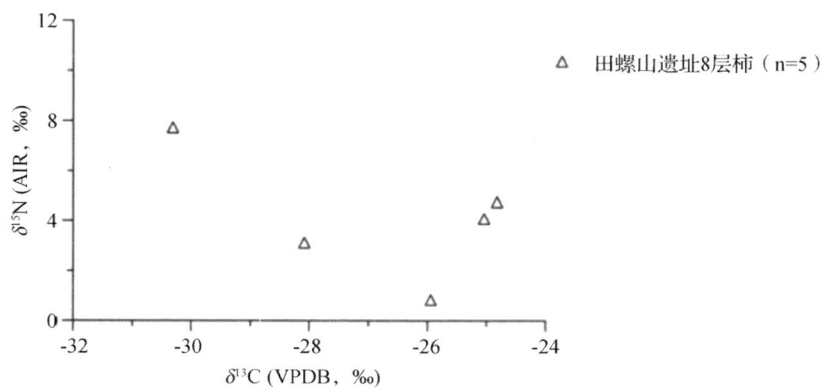

田螺山遗址8层柿（n=5）

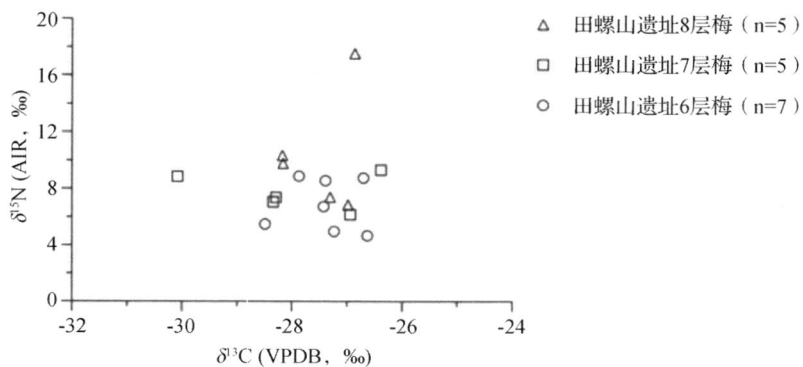

田螺山遗址8层梅（n=5）
田螺山遗址7层梅（n=5）
田螺山遗址6层梅（n=7）

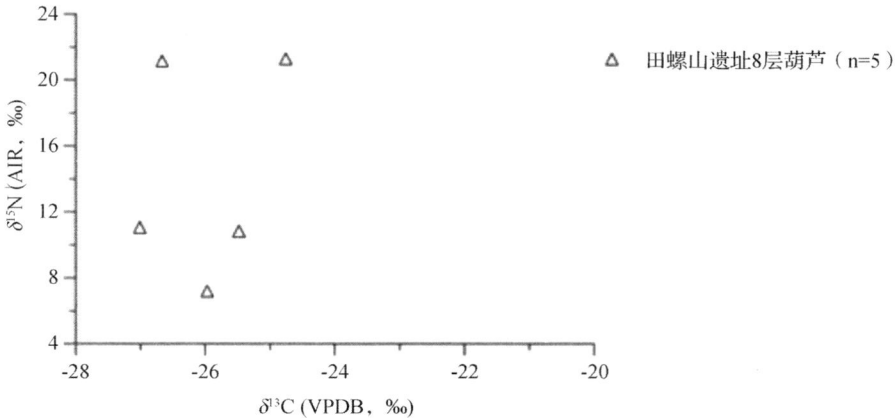

图 6-10　田螺山遗址植物遗存 C、N 稳定同位素比值散点图（从左至右、从上至下：
南酸枣、柿、梅、葫芦）

值在同一地层中都有着较广的分布范围（见图 6-10），这说明个体差异明显。
南酸枣和葫芦的氮比值较高，例如 8 层其二者氮比值均值分别为 8.5‰±
5.0‰、14.3‰±6.5‰。同时存在一些氮比值很高的个体，如 T106⑥的一粒
南酸枣氮比值达 13.7‰，T407⑧的两枚葫芦籽氮比值甚至达到 21.2‰和
21.3‰。

　　通过对田螺山遗址植物遗存进行碳氮稳定同位素分析，能够得到十分有
价值的信息，进一步表明了在考古学研究中对植物遗存进行稳定同位素分析
的必要性和重要性。

　　第一，田螺山遗址植物遗存的碳氮比值个体差异大。近年来众多的模拟
实验和植物考古遗存的实测数据表明，同一植物不同部分的比值可能存在差
异，如植物茎秆、叶片和其他结构相比谷粒氮比值都要低，谷粒氮比值可能比
谷壳氮比值高约 2.5‰[15]。本研究结果也表明，许多植物种类除了在不同地
层间有着较大变动外，在同一地层乃至同一遗迹单位内都存在较大的变动范
围，如水稻。因此，在条件允许的情况下直接测定植物的稳定同位素比值，并
扩大测试的样本量，是非常必要的。大样本量更能够支撑以氮比值作为主要
依据展开的对植物在食谱中地位的分析。

　　第二，田螺山遗址植物遗存的氮比值高于常用估计值，食谱分析时需要
重新考虑；菱角、水稻、橡子等对先民食谱有较大贡献。以往的研究由于保存

6　植物遗存的稳定同位素分析　　145

条件的限制,大多数情况下植物遗存的氮比值无法作直接测定,在分析动物和人的食谱时,往往使用估计值作为食谱营养级递增的基底值,估计值说法略有差异,但大多集中在 0.0‰～4.0‰[16]。但是,Gupta et al.[17] 测试的一粒古苋科(Amaranthaceous)种子,氮比值达到 9.4‰。本研究结果也显示高氮比值在田螺山遗址的植物遗存中可能并非个案。如图 6-11 所示,田螺山遗址 8 层绝大多数植物遗存,氮比值都在 4.0‰ 以上,这与我们惯常认为的植物氮比值范围是有很大出入的。不仅如此,氮比值在 8.0‰ 以上,即属于一般肉食动物氮比值范围的植物也不在少数,遑论一些 20.0‰ 以上极高的氮比值的存在。此外如图 6-12 所示可以很清楚地看到,田螺山遗址菱角、水稻和橡子的氮比值在 5.0‰ 左右,人的氮比值则约在 9.0‰,根据每上升一个营养级氮值富集 3‰～5‰ 的原理可知,菱角、水稻、橡子等植物均属田螺山遗址先民的主要食物资源。这些证据表明,常规使用的植物氮比值的估计值是不可靠的,对遗址本身的植物遗存进行稳定同位素直接分析是不可或缺的。而田螺山遗址出土的动物遗存非常丰富,因此我们不能单凭植物氮比值高就否认肉食在田螺山先民饮食中的地位,植物在先民食谱中扮演了怎样的角色,是一个值得重新思考的问题。

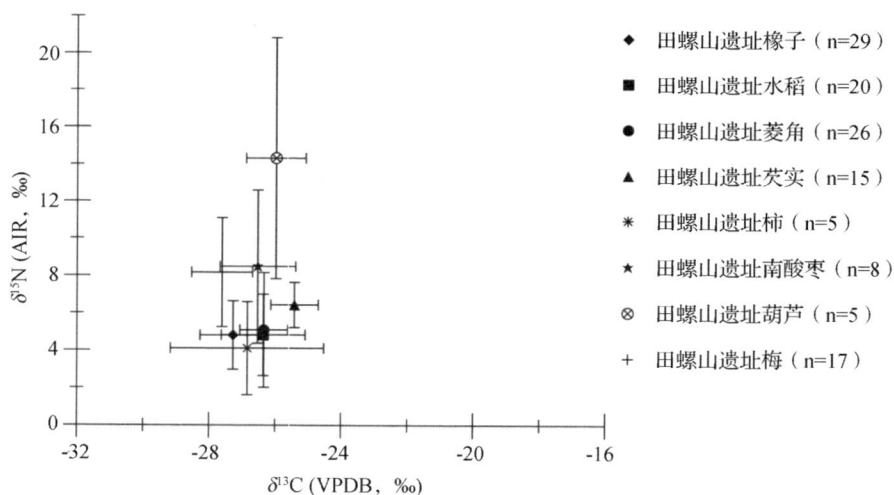

图 6-11　田螺山遗址植物遗存 C、N 比值误差棒图

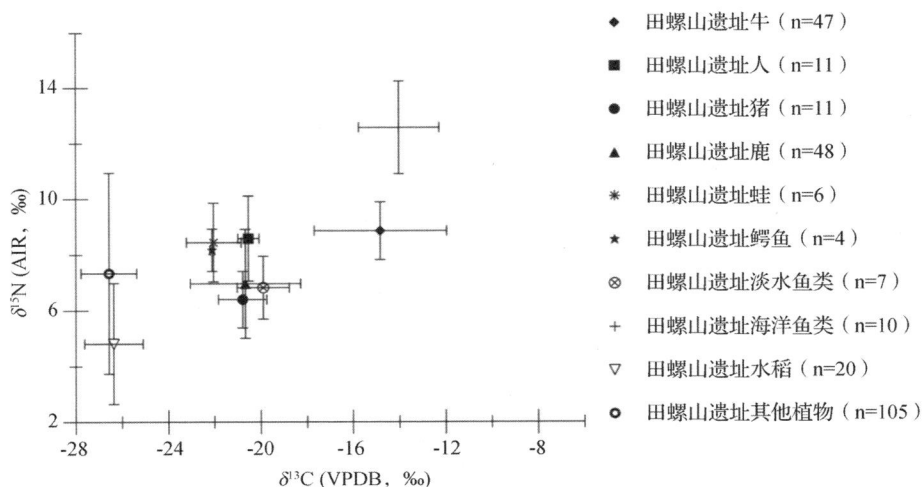

图 6-12   田螺山遗址主要植物遗存与人的 C、N 稳定同位素数据误差棒图

　　第三,田螺山遗址植物遗存具有不同的生长模式。从数据分布的离散程度和各层之间的变化可以看到,有的植物数据比较集中,各层分布模式类似,可能生长于相对稳定的环境中,如芡实。有的植物各层都呈现出数据比较分散的情况,表明其可能一直生长于较为广阔的环境,受人类影响不大,如橡子。有的植物在多个地层内都呈现出较为明显的两个类群,可能说明相应时期先民都对该植物并行着两种管理模式,可能是栽种于不同的微环境所致,如水稻。有的植物在地层间存在碳氮比值的明显差异,可能说明环境发生了显著改变,而这种改变深刻影响了对植物的管理,如菱角。这也在一定程度上表明先民已经具备了多种资源利用方式。

　　第四,植物遗存稳定同位素分析能揭示出一些形态学上尚未反映或较难反映的信息。譬如菱角 8 层与 7 层之间是生长环境(可能包括管理方式)发生重要转变的时期,而这一时期菱角的大小和形态的变化却没有在统计学上达到显著性差异的程度,至少从目前测得的植物样本中无法反映。又如遗址的水稻在作形态分析时往往被统一处理,稳定同位素分析结果则表明它们可能栽种于不同的微环境,这样的信息仅凭炭化稻米的大小和形态是很难精确识别的。类似的还有 Fiorentino 等对叙利亚西北部 Ebla 遗址一处储藏室中发现的大麦遗存的研究[19]。该遗址的铭文显示当地存在复杂的税收系统,包括从附属遗址(satellite sites)呈贡的谷物。碳氮同位素分析表明原先显示为同种谷粒的集合,事实上是收获自不同遗址的大麦。再比如三枚菱角在8层表现出8.0‰以上的氮比值,6层的一枚南酸枣和8层的两粒葫芦籽氮比值分别超过了13.0‰和21.0‰,这些样品在外观上均不与同单位样品有显著差异,其高氮比值意义值得进一步研究。

此外,综合碳氮稳定同位素分析的结果来看,8层菱角有明显不同于8层以上菱角的碳氮比值,推断其可能经历了特殊的管理手段或生长于特定的微环境;7层至5层菱角的管理技术和生长环境则保持稳定。由此推断,尽管菱角过去被认为在新石器时代是采集获得的野生食物资源,到距今约7000年左右菱角已经处于密集的栽培和驯化之中,菱角可能是田螺山遗址农耕活动中重要的非谷物类作物之一,在田螺山先民的食谱中长期具有不可替代的地位。

这一发现支持了新石器时代先民对自然资源有较好的掌握和理解的观点,这些掌握和理解包括诸如对多种多样植物的生长习性的认识和需求。因而也可以推测出,农耕干预被施于一系列植物资源,而非仅仅作用于谷物,这形成了基于本地环境和气候条件的适应能力良好的生计策略。这一想法能帮助我们理解中国长江下游新石器时代的非谷物类植物是如何受人类活动影响并被选择的。

[1]张宏彦. 关于中国新石器时代考古分期问题[J]. 西部考古,2009(1):71-78.

[2]Zhao Z. New archaeobotanic data for the study of the origins of agriculture in China[J]. Current Anthropology,2011(S4):S295-S306.

[3]浙江省文物考古研究所. 田螺山遗址第一阶段(2004—2008年)考古工作概述.田螺山自然遗存综合研究[M]. 北京:文物出版社,2011.

[4]Li L, Lee G A, Jiang L, et al. Evidence for the early beginning(c. 9000 cal. BP)of rice domestication in China:a response[J]. The Holocene,2007(8):1059-1068.

[5]Zhao Z. New archaeobotanic data for the study of the origins of agriculture in China[J]. Current Anthropology,2011(S4):S295-S306.

[6]Fuller D Q,秦岭,赵志军,等. 田螺山遗址的植物考古分析.田螺山自然遗存综合研究[M]. 北京:文物出版社,2011.

[7]Zhang Y. Animal procurement in the Late Neolithic of the Yangtze River Basin：Integrating the fish remains into a case-study from Tianluoshan[D]. Lodon：Universing College Lordon，2015.

[8]Fuller D Q，Qin L. Declining oaks，increasing artistry，and cultivating rice：The environmental and social context of the emergence of farming in the Lower Yangtze Region[J]. Environmental Archaeology，2013(2)：139-159.

[9]Zheng Y，Crawford G W，Jiang L，et al. Rice domestication revealed by reduced shattering of archaeological rice from the Lower Yangtze valley[J]. Scientific Reports，2016(28136)：28136.

[10]孙国平,黄渭金,郑云飞,等.浙江余姚田螺山新石器时代遗址 2004 年发掘简报[J].文物,2007(11):1,4-24,73.

[11]浙江省文物考古研究所.田螺山遗址第一阶段(2004—2008 年)考古工作概述.田螺山自然遗存综合研究[M].北京:文物出版社,2011.

[12]Vaiglova P，Snoeck C，Nitsch E，et al. Impact of contamination and pre-treatment on stable carbon and nitrogen isotopic composition of charred plant remains[J]. Rapid Communications in Mass Spectrometry，2014(23)：2497-2510.

[13]Fraser R A，Bogaard A，Charles M，et al. Assessing natural variation and the effects of charring，burial and pre‐treatment on the stable carbon and nitrogen isotope values of archaeobotanical cereals and pulses[J]. Journal of Archaeological Science，2013(12)：4754-4766.

[14]Luca，Fiorenza，Stefano，et al. To meat or not to meat? New perspectives on Neanderthal ecology[J]. American Journal of Physical Anthropology，2014(S59)：43-71.

[15]Fraser R A，Bogaard A，Charles M，et al. Assessing natural variation and the effects of charring，burial and pre‐treatment on the stable carbon and nitrogen isotope values of archaeobotanical cereals and pulses[J]. Journal of Archaeological Science，2013(12)：4754-4766.

[16]张雪莲.应用古人骨的元素、同位素分析研究其食物结构[J].人类学学

报,2003(1):75-84.

[17]Gupta N S，Leng Q，Yang H，et al. Molecular preservation and bulk isotopic signals of ancient rice from the Neolithic Tianluoshan site, lower Yangtze River valley, China-Science Direct[J]. Organic Geochemistry, 2013(4):85-93.

[18]Fiorentino G，Caracuta V，Casiello G，et al. Studying ancient crop provenance: implications from $\delta(^{13})C$ and $\delta(^{15})N$ values of charred barley in a Middle Bronze Age silo at Ebla(NW Syria)[J]. Rapid Communications in Mass Spectrometry，2015(3):327-335.

7 动物遗存的稳定同位素分析

对遗址内出土动物遗存的稳定同位素分析,是确立该遗址中"稳定同位素基线"的重要组成部分。在整个"植物、动物、人"的食物链中,动物构成了关键一环。根据稳定同位素生物考古基本理论,动物一方面会受植物光合作用途径不同而产生的 $\delta^{13}C$ 值差异影响,并将这种差异传递至人;另一方面也会受营养级的影响而产生 $\delta^{15}N$ 值的差异(每个营养级上升 3‰~5‰)。已有的研究还指出,动物随着受人类驯化行为影响的加深,会在食物结构和栖息环境等方面不断与人类接近,而野生动物更多地反映了当时当地的自然环境。因此,对遗址内多种动物的稳定同位素进行分析,并与植物遗存的分析相结合,可以较为完整地建构当时当地的"稳定同位素基线",为准确判断先民食物来源、生业模式提供参照系。同时,对动物的稳定同位素分析是判别动物的野生/家养属性的重要依据之一;对野生动物的稳定同位素分析,有助于了解遗址周边的自然环境情况;对家养动物的分析,可以为判断动物的驯化程度提供新的线索。

7.1 陆生野生动物

7.1.1 鹿

7.1.1.1 跨湖桥遗址

鹿为跨湖桥遗址普遍存在的野生植食性动物,跨湖桥遗址总共取得 44 例鹿样品,经分析,44 例数据均有效,可用作稳定同位素分析(详细分析见本书

第五章相关部分）。见图 7-1,跨湖桥遗址鹿科动物 $\delta^{13}C$、$\delta^{15}N$ 比值范围为 $-21.3‰\sim-11.4‰$,$3.3‰\sim10.2‰$,均值分别为 $-17.8‰\pm2.5‰$,$6.3\pm1.7‰$(n＝44)。C 稳定同位素最大差值为 9.9‰,分布范围十分广泛,暗示了植物食物来源具有较大的差异。跨湖桥出土鹿科动物骨骼鉴定已经发现,跨湖桥遗址存在多种类型的鹿科动物,包括麋鹿、梅花鹿等,其中尤以梅花鹿为主[1]。梅花鹿(cervus nippon),为中型鹿,因遍布白色梅花斑点而得名,常常生活于针阔混交林的山地、森林边缘或山地草原地区,不在茂密森林或灌丛中,采食多种青草、树叶和果实等,还常到盐碱地舔舐盐碱[2][3];麋鹿则生活于平原温暖沼泽地带,采食禾本科、苔类及水生植物等,尤喜以嫩草和水生植物为食[4]。可见,跨湖桥遗址鹿科动物种类丰富且具有食物选择差异,暗示了从陆生环境到淡水湖泊沼泽环境范围内的野生植食性动物的食物结构变化。其中鹿主要以 C_3 植物性摄入为主,表明跨湖桥陆地植被主要以 C_3 类植物为主;而高 $\delta^{13}C$ 比值的出现可能与摄入植物与湖泊沼泽相关,现有研究已经表明,水生植物具有利用 HCO^{3-} 和 CO_3^{2-} 的能力,使不同生活型水生植物可吸收利用不同形式的碳源,因而水体 $\delta^{13}C$ 比值变化范围很广($-8.7‰\sim-42.8‰$)[5][6]。尽管因鹿的种属鉴定较困难,我们未对研究的鹿科动物骨骼进行准确的种属鉴定,但从鹿 ^{13}C 比值的整体分布来看,大多以 C_3 植物为食,部分呈现两者混合的情况与该遗址发掘者发现鹿骨骼以梅花鹿为主,同时存在麋鹿(数量相对少)的情况相符合,推测跨湖桥鹿的 $\delta^{13}C$ 比值分布广泛与遗

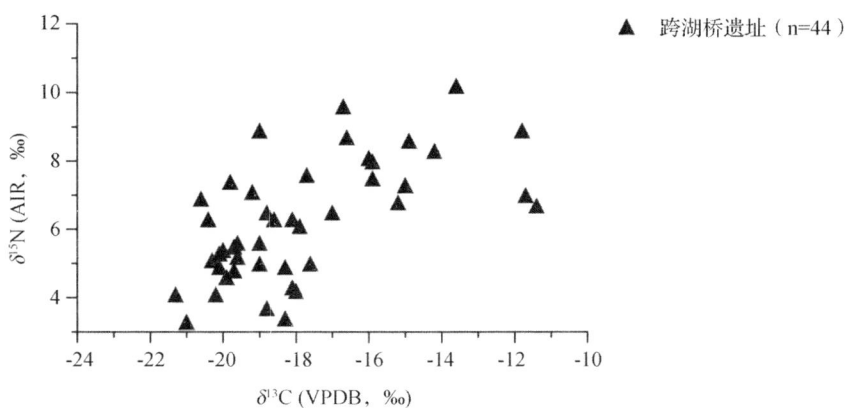

图 7-1　跨湖桥遗址 C、N 稳定同位素散点图

址内鹿的种类多样、栖息环境不同及食物偏好存在密切联系是有可能的。δ^{15}N 比值同样呈现了显著的差异(最大差值:6.9‰)。鹿科动物作为典型的陆地食草动物,其高 N 比值显然来源于高植物蛋白,因此需要进一步厘清高 δ^{15}N 植物的可能来源。周杉杉对田螺山遗址动物 C、N 稳定同位素的研究将鹿、水牛的高 δ^{15}N 比值与海洋环境相联系[7],因为海洋因含有大量硝酸根离子[8]。但跨湖桥与田螺山遗址相比,与海洋仍存在一定距离,且研究者们对跨湖桥地层沉积物调查、硅藻化石分析以及地球化学分析发现遗址及其周围在全新世海侵影响追溯至约 7000BP 的跨湖桥遗址晚期[9],这与高 δ^{15}N 比值鹿科动物在分布各地层之间情况不尽相同,但不可否认跨湖桥遗址后期可能因受到海水影响,但它应该不是跨湖桥遗址鹿科动物高 δ^{15}N 比值出现的唯一或主要原因。现有水生生态的研究发现:水生植物 δ^{15}N 比值与 δ^{13}C 比值一样存在较大差异,且 δ^{15}N 比值一般较高[10][11]。因此从数据分布来看存在两类高 δ^{15}N 比值鹿科动物:一类为高 δ^{13}C 比值、高 δ^{15}N 比值,可能生活在跨湖桥平原沼泽区域,食谱中摄入一些 δ^{13}C 比值、δ^{15}N 比值较高的水生植物,从而具有高 δ^{13}C 比值、高 δ^{15}N 比值,如麋鹿;另一类为低 δ^{13}C 比值、高 δ^{15}N 比值,可能是生活在林缘草地的鹿,如梅花鹿常舔舐盐碱地而可能摄入较多 NH_4^+ 而形成高 δ^{15}N 比值,也可能是以陆生 C_3 植物为主的鹿摄入了一定 δ^{15}N 比值较高的水生植物而形成。

7.1.1.2 田螺山遗址

田螺山遗址总共取得 40 例鹿样品,经分析,除 TLS No.27 受到污染外其他 39 例数据均有效,可用作稳定同位素分析(详细分析见本书第五章相关部分)。见图 7-2,田螺山遗址鹿科动物的 δ^{13}C、δ^{15}N 比值范围为 -23.6‰～-15.8‰,4.4‰～10.8‰,均值分别为 -20.5±2.3‰,7.0±2.0‰,n=46,两者分布均十分广泛,暗示其食物来源存在较大的差异。鹿科动物是田螺山遗址哺乳动物群中数量比例最大的动物,其种类较多,大致包含麋鹿(elaphurus davidianus)、水鹿(cervus unicolor)等体型较大的鹿类,梅花鹿(cervus nippon)等中等体型的鹿类,以及黄麂(nuntiacus reevesi)、獐(hydropotes inermis)等小型鹿类,其中尤以梅花鹿和数种小型鹿为主[12]。不同鹿类的生活习性有较大不同,采食的植物种类也丰富多样:麋鹿生活于平

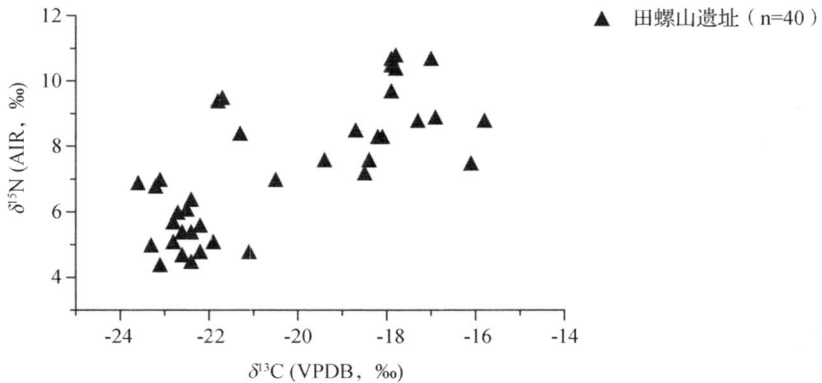

图 7-2　田螺山遗址鹿科动物骨胶原 C、N 稳定同位素数据散点图

原沼泽地带,采食禾本科、苔类及其他多种嫩草和水生植物等;水鹿生活于林区,食谱范围极广,采食数百种草本和木本植物的嫩茎叶、花、果实;梅花鹿在南方多生活于芒、茅、狗尾草为主的山丘,不进入林区,采食多种青草、树叶、果实等;黄麂栖息在低山丘陵多灌丛的地区,采食多种灌木、草本植物的枝叶、嫩叶、幼芽,也吃花和果实;獐栖息在江湖两岸的湿地、苔草地、芒丛、芦苇地以及邻近低山、丘陵的坡地,采食蒿属、蓼属等植物的嫩枝[13]。由于鹿的种属鉴定较困难,本书涉及的鹿科动物未鉴定到具体的种属,因此较大的 δ^{13}C 比值分布范围或与上述不同种类的鹿栖息环境、饮食习惯的不同有关。

　　研究表明,利用 C 稳定同位素也可以有效区分陆生 C_3 类资源和海洋资源,纯以海洋性资源为食的动物 δ^{13}C 比值接近 $-13.0‰$,纯以 C_3 类植物为食的动物 δ^{13}C 比值约为 $-21.5‰$,而兼食 C_3 类植物和海洋植物的动物,其 δ^{13}C 比值约为 $-20.0‰$~$-13.0‰$[14]。见图 7-3,按照 δ^{13}C 比值对鹿科动物进行系统聚类,可以将其分为两类,第一类鹿 δ^{13}C、δ^{15}N 均值分别为 $-22.4‰±$0.8‰,5.9‰±1.4‰,n=27,暗示其食物来源主要以 C_3 类植物为主,生活于山林、平原、淡水环境中。第二类鹿 δ^{13}C、δ^{15}N 均值分别为 $-17.9‰±1.1‰$,8.6‰±1.6‰,n=19,较高的 δ^{13}C 比值暗示其食物中包含较多 δ^{13}C 比值较高的植物,而田螺山地区的自然植被主要以 C_3 类为主,暗示这类 δ^{13}C 比值较高的植物可能来自受海水影响较大的湿地沼泽环境。第二类鹿的 δ^{15}N 比值也较

重新调整距离聚类合并

| | | 0 | 5 | 10 | 15 | 20 | 25 |

```
TLS51        35
TLS No.30    46
TLS33        16
TLS No.29    26
TLS No.31    37
83.           2
82.           1
TLS39        22
TLS41        23
TLS54        39
TLS56        41
TLS46        30
84.          13
TLS42        24
TLS45        29
TLS37        20
TLS23         4
TLS52        36
TLS No.33    45
TLS No.28    25
TLS59        42
TLS50        34
TLS61        44
TLS No.26    12
TLS55        40
TLS26         6
86.          27
TLS38        21
TLS49        33
TLS30        10
TLS31        11
TLS28         8
TLS29         9
TLS27         7
TLS24         5
TLS35        18
TLS44        28
TLS48        32
TLS60        43
TLS22         3
TLS No.32    38
TLS34        17
TLS36        19
85.          14
TLS32        15
TLS47        31
```

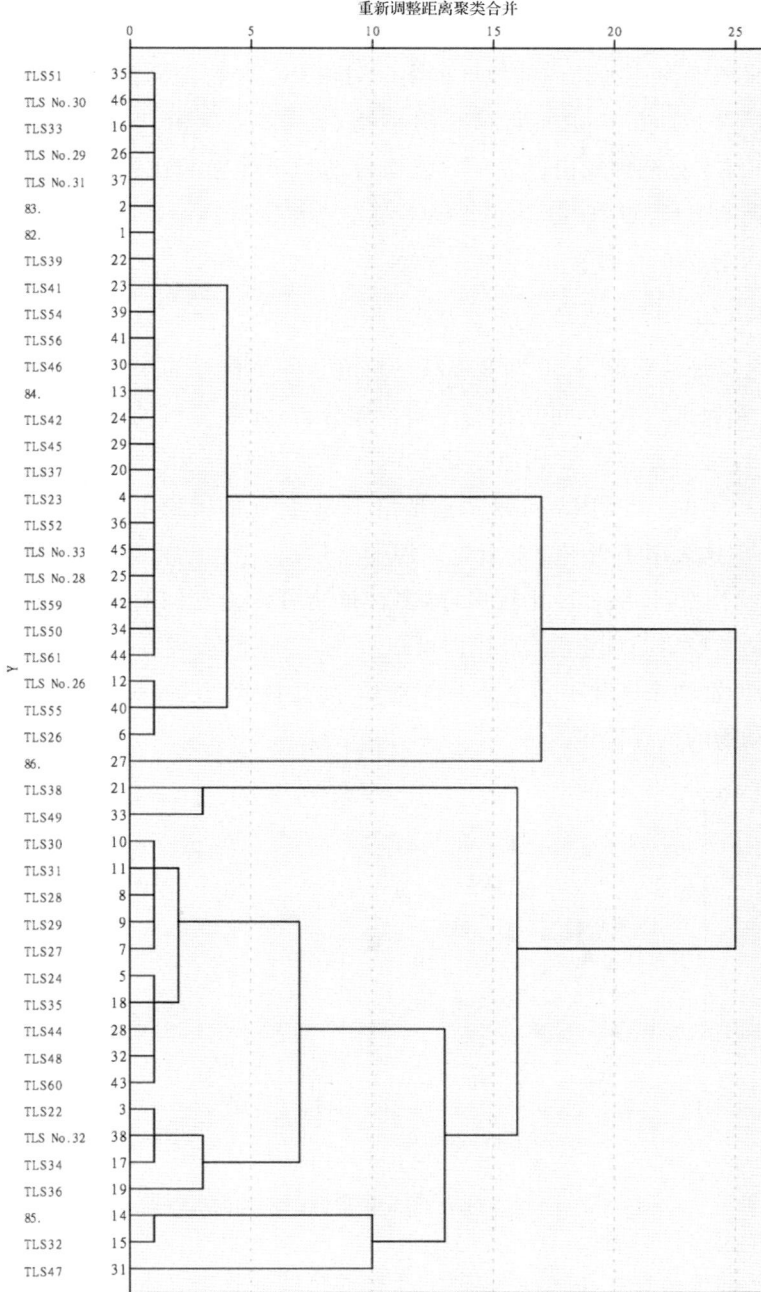

图 7-3　田螺山遗址鹿科动物骨胶原 δ^{13}C 值聚类分析树状图

高,相比第一类高约 2.7‰,鹿作为当地典型的植食性野生动物,其较高的 δ^{15}N 比值可能暗示环境中包含较多 δ^{15}N 比值较高的植被。Britton 等人对英国塞文河流域沿海地区和内陆地区的牛、羊进行 C、N 稳定同位素分析后发现,沿海地区牛、羊由于摄入沿海盐沼植物,其 δ^{15}N 比值比内陆牛、羊高约 3‰[15]。综上推测田螺山遗址第二类鹿科动物可能生活在靠近海岸,受海水影响较大的湿地沼泽环境,其食物中包含较多受海洋环境影响而具有较高 δ^{13}C 和 δ^{15}N 比值的植被。

7.1.1.3 圩墩遗址

圩墩遗址总共取得 39 例鹿样品,经分析,除 9 例样品未提取出骨胶原外其他 30 例数据均有效,可用作稳定同位素分析(详细分析见本书第五章相关部分)。圩墩遗址鹿 δ^{13}C 比值变化范围为 $-21.8‰ \sim -11‰$,均值为 $-18.5 \pm 2.7‰$(n=30)。见图 7-4,圩墩遗址出土 30 例鹿的碳稳定同位素比值数据分布较广,这表明了当时鹿的食物来源非常广泛,摄入的食物从 C_3 类食物到 C_4 类食物均有,说明食性比较多样,多种植物可作为它们的选择。通过这些野生动物的稳定同位素数据,我们可以发现,当地的环境存在较为复杂的情况,动物的食物来源并不是全部来自纯 C_3 类食物,存在着一些高碳比值植物导致了动物的饮食偏正。

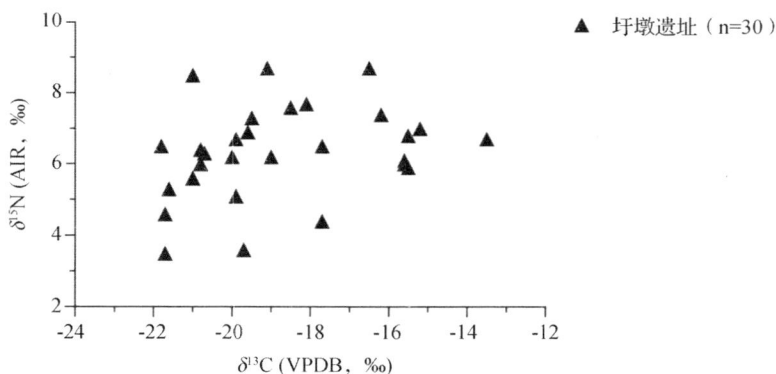

图 7-4　圩墩遗址鹿 C、N 稳定同位素数据散点图

鹿是陆地植食类动物,通常野生鹿科动物的饮食被认为是当地植被的环境基值。鹿科动物根据骨骼区分出体型大小,可以分为三类,大型鹿(δ^{13}C 比

值均值：$-15.6‰±2.7‰$；$δ^{15}N$ 比值均值：$6.9‰±1.3‰$）、中型鹿（$δ^{15}C$ 比值均值：$-20.0‰±0.9‰$；$δ^{15}N$ 比值均值：$7.2‰±1.1‰$）、小型鹿（$δ^{13}C$ 比值均值：$-20.3‰±1.5‰$；$δ^{15}N$ 比值均值：$5.3‰±1.2‰$），三种体型的鹿食物结构各有各的范围。小型鹿的食物来源集中为 C_3 资源，氮稳定同位素比值处于 $3.0‰\sim7.0‰$ 范围[16]。中型鹿和小型鹿的食物结构不同，差异主要体现在氮比值上，中型鹿的氮值偏高可能与种属有关，动物考古学鉴定中型鹿主要是水鹿和梅花鹿，小型鹿是獐和麂[17]。它们的食性略有不同，可能是导致两者差异的原因。除此之外，也反映当地的陆生植被存在着高氮比值的植物。大型鹿与中小型鹿的主要区别在碳稳定同位素比值上，大型鹿主要是麋鹿与水鹿，从数据来看，它们消费了很大一部分的 C_4 食物，导致其稳定同位素数据偏正。这种消费 C_4 食物的情况同样发生在牛的身上，牛和鹿同为陆地植食反刍类动物，在食性上较为相似，因此影响它们的食物结构的主要原因是当地的植被。目前针对该种现象主要有两种推测，一是受海洋环境影响，当地植被的碳比值和氮比值有了一定的变化。古环境学家对该地区进行调查，认为太湖流域在 7000 年左右发生过海侵事件[18][19]，圩墩遗址的位置距离海岸线十分接近。海侵过后太湖流域西北部长期处于一个低海面期，当时的海平面上升可能导致当地动物食用了一些海洋资源，导致碳氮稳定同位素变化，不过在遗址发掘过程中未发现海洋资源的迹象。第二种推测是动物食用高碳比值植物导致碳稳定同位素比值上升，这其中包含了陆地植被和水生植物，根据植物考古学家鉴定，圩墩遗址出土草本植物有禾本科、莎草科、蒿科、藜科等[20][21]。自然界中部分莎草科是 C_4 植物，鹿一般不食用莎草科植物，主要食用苋科植物，藜科植物也在其食性当中[22]，藜科植物在盐碱土壤中可能采用 C_4 哈斯循环进行光合作用导致其碳比值上升。不过本研究中并未对植物遗存进行稳定同位素测试，无法得出明确结论，而且目前发现仅有大型鹿的食物结构呈现偏正情况，并非所有鹿科动物均有该现象，因此当地植被存在大量 C_4 植物的可能性较小。水生植物由于环境湿热，水中的 CO_2 含量较低，水生植物开始利用 HCO_3^- 进行固碳活动，导致食用它的生物碳比值上升。研究显示太湖流域现生的部分水生植物碳稳定同位素比值介于 C_3 和 C_4 之间[23]，而且这些种类在圩墩遗址第五次发掘植物孢粉分析中均有发现[24]，这表明马家浜文化时期可能存在这些高碳比值的水生植物，结合大型鹿类的食性,推测当时的大型鹿可能食用了高碳比值的水生植物,导致碳稳定同位素比值上升。

7.1.2 虎

已测得稳定同位素数据中仅跨湖桥遗址取得 1 例虎样品可用作稳定同位素分析(详细分析见本书第五章相关部分),跨湖桥遗址虎的 δ^{13}C 比值为 $-16.5‰$,δ^{15}N 比值为 $10.8‰$(见图 7-5)。虎以 δ^{13}C 比值偏高的鹿为主要食物来源,很少摄入 δ^{13}C 比值偏低的鹿和水牛。按照其栖息地分布,老虎作为典型的山地林栖动物,应更易且更多地摄取生活在森林边缘或山地草原的以 C_3 植物性摄入为主的鹿群,呈现较为明显的 C_3 动物蛋白摄入为主的食物结构,如陈相龙等对湖北青龙泉遗址发现的虎的测试结果(δ^{13}C:$-18.5‰$,δ^{15}N:$8.2‰$)[25]。结合老虎怕热的生活习性、该个体出土地层信息、全新世气候波动及跨湖桥遗址地球化学分析结构[26],该个体生活在气候温暖的跨湖桥晚期,因而偏好沼泽湖边活动甚至觅食,食物结构与山林栖息的老虎略有差异,暗示该个体与淡水湖泊资源的联系。而虎的食物结构中很少摄入 δ^{13}C、δ^{15}N 比值偏高的水牛,原因还未见明显证据,但不排除两者的栖息地存在较大差异的可能性,暗示了跨湖桥遗址水域及沼泽地范围广泛[27]。

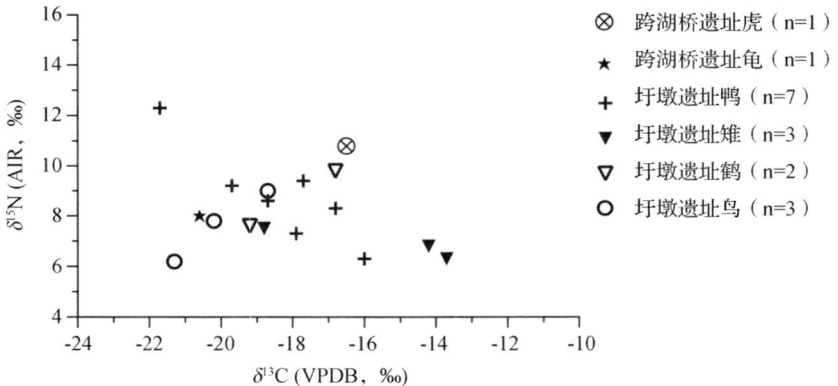

图 7-5 他陆生野生动物 C、N 稳定同位素数据散点图

7.1.3 龟

已测得稳定同位素数据中仅跨湖桥遗址取得 1 例龟样品可用作稳定同位

素分析（详细分析见本书第五章相关部分），跨湖桥遗址出土龟的 δ^{13}C 比值为 $-20.6‰$（n=1），为典型的 C_3 食物结构（见图 7-5）；δ^{15}N 比值为 $8.0‰$（n=1），普遍高于当地鹿科动物 δ^{15}N 比值，暗示其摄食范围不限于植食动物鹿。中国龟鳖动物分布研究发现现存浙江龟鳖种类多达 12 种，排除海龟及鳖种类，浙江地区龟多为杂食性、半水栖类，如乌龟、黄喉拟水龟[28]。本例研究 C、N 同位素结果与纯肉食动物的虎与食草动物鹿相比，显然呈现较典型的杂食性动物 δ^{13}C、δ^{15}N 比值，与鹿科动物 C 同位素结果结合分析，可能暗示了跨湖桥水生植物广泛 δ^{13}C 比值分布。

7.1.4 鸟类

已测得稳定同位素数据中仅圩墩遗址取得 7 例鸟样品可用作稳定同位素分析（详细分析见本书第五章相关部分），圩墩遗址 7 例鸟类样品包含多个种属，包括鸭科、雉科、鹤等大中型鸟类，它们的 δ^{13}C 比值分布在 $-21.9‰$ 到 $-13‰$，δ^{15}N 比值分布在 $6.2‰$ 到 $12.3‰$ 之间（见图 7-5），可见鸟类有着多样的食物来源，但由于古代鸟类骨骼的稳定同位素数据较少，无法进行合适的对比，而且鸟类多样的食物来源可能十分复杂，如迁徙、自身新陈代谢不同等因素，在本研究中不做详细的讨论。

7.2　海洋环境动物

本研究在田螺山遗址中取得包括鲸 2 例，鲨鱼 1 例，金枪鱼 27 例在内的 30 例海洋环境动物样品，其中 1 例鲨鱼、17 例金枪鱼未提取出骨胶原；此外 2 例金枪鱼经分析受到污染，无法进行稳定同位素分析（详细分析见本书第五章相关部分）。已测得稳定同位素数据中仅 9 例海洋环境动物样品可作分析（见图 7-6），其中 2 例鲸的 δ^{13}C、δ^{15}N 比值分别为（$-14.5‰$，$10.4‰$），（$-14.4‰$，$10.2‰$），较为集中。7 例金枪鱼的 δ^{13}C 比值范围为 $-15.1‰\sim-11.3‰$，均值为 $-13.1‰\pm1.3‰$，δ^{15}N 比值范围为 $11.7‰\sim14.8‰$，均值为 $13.7‰\pm1.1‰$，δ^{13}C 比值和 δ^{15}N 比值分布相对较广，与其食性较杂，以乌贼、螃蟹、鳗鱼、虾等多种类型的海洋动物为食有关。海洋中因含有大量硝酸根离子，以此为 N 源的海洋植物具有较高的 δ^{15}N 比值,约为 7.0‰,以金枪鱼、鲸为代表的大型海洋动物以软体类、甲壳类、鱼类等多种小型海洋动物为食,营养级较高,从而具有较高的 δ^{15}N 比值。海洋植物利用溶解在海水中的 C 源进行光合作用,纯以海洋性资源为食的动物 δ^{13}C 比值接近 -13.0‰,而由金枪鱼和鲸可以推测,田螺山地区以海洋资源为食的动物,其 δ^{13}C 比值范围约为 -15.0‰~-11.0‰,为分析其他动物的食物结构奠定基础。

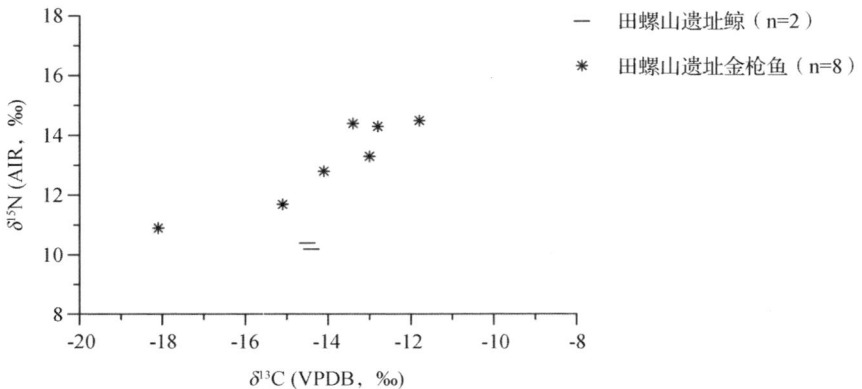

图 7-6　海洋环境动物骨胶原 C、N 稳定同位素数据散点图

7.3　淡水湿地环境动物

7.3.1　田螺山遗址

田螺山遗址总共取得包括鳄鱼、淡水鱼、青蛙、在内的 36 例样品。田螺山遗址所测淡水鱼样品均为鲤科鱼类特有的咽齿骨,主要有鲤(cyprinus)和鲫(carassius)两种[29],其中 6 例样品未提取出骨胶原,2 例样品受到污染,其他 7 例数据均有效,可用作稳定同位素分析(详细分析见本书第五章相关部分)。鲤和鲫多栖息于底质松软、水草丛生的水体,食螺、蚌、蚬和水生昆虫的幼虫等底栖动物,也食相当数量的藻类和水草等植物,7 例淡水鱼样品的 δ^{13}C 比值范围为 -20.7‰~-19.0‰,均值为 -19.5‰±0.6‰,δ^{15}N 比值范围为 5.6‰~7.3‰,均值为 6.5‰±0.7‰(见图 7-7),比较清晰地反映了田螺山中

水体较深的淡水环境。

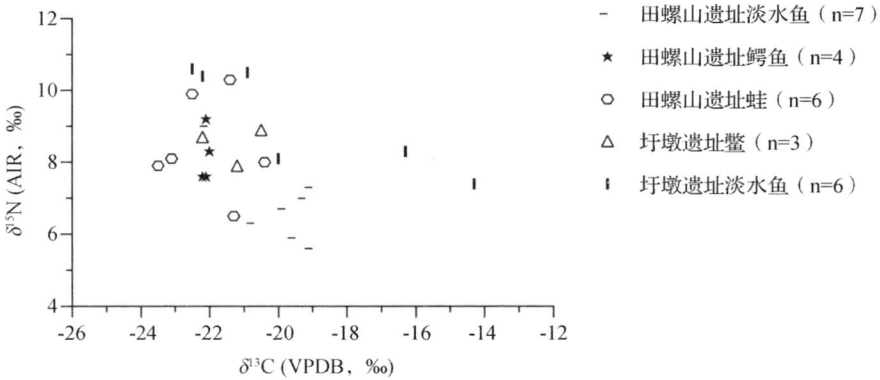

图 7-7　淡水环境动物骨胶原 C、N 稳定同位素数据散点图

田螺山遗址蛙类样品 8 例样品未提取出骨胶原，1 例样品受到污染，其他 5 例数据均有效，可用作稳定同位素分析（详细分析见本书第五章相关部分）。5 例青蛙的 δ^{13}C 比值范围为 $-23.5‰\sim-20.4‰$，均值为 $-21.8‰\pm1.2‰$。青蛙属于两栖类动物，喜湿热，多栖息在稻田、池塘、河湖沿岸的湿地环境中，且害怕海水，在海里或者盐分过高的水中容易死亡，故其 δ^{13}C 比值比较典型地反映了田螺山地区淡水环境中的浅水湿地环境。其 δ^{15}N 比值范围为 6.5‰$\sim$10.3‰，均值为 8.5‰$\pm$1.6‰，分布范围较广（见图 7-7），其中 2 例相对较高，为 9.9‰和 10.3‰，青蛙主要以昆虫为食，种类多样，其中包括蝗虫等稻田害虫。已有的检测表明田螺山遗址的水稻 δ^{15}N 均值为 4.8‰$\pm$2.2‰，推测稻田害虫的 δ^{15}N 比值应相应更高，而青蛙较高的 δ^{15}N 比值则可能由于食用较多稻田害虫导致。

鳄鱼是肉食性爬行动物，田螺山遗址鳄鱼样品 3 例样品未提取出骨胶原，其他 4 例数据均有效，可用作稳定同位素分析（详细分析见本书第五章相关部分）。4 例鳄鱼的 δ^{13}C 比值范围为 $-22.2‰\sim-22.0‰$，均值为 $-22.1‰\pm0.1‰$，比较集中（见图 7-7），暗示其为栖息于淡水河湖环境的鳄鱼，其 δ^{13}C 比值相比鲤科鱼类低约 2.6‰，或与其作为爬行动物，在岸上的活动有关。其 δ^{15}N 比值范围为 7.6‰$\sim$9.2‰，均值为 8.2‰$\pm$0.8‰，分布范围相对较大，推测其食物来源包含栖息于河湖两岸淡水湿地的鹿类，如麋鹿、獐等动物。

7.3.2　圩墩遗址

圩墩遗址水生动物样品主要包含鳖、乌鳢鱼以及黄颡鱼,它们的 δ^{13}C 比值范围为 $-22.2‰$ 到 $-16.3‰$(见图 7-7)。3 例鳖的数据表明鳖主要食用 C_3 类食物,2 例乌鳢鱼的 δ^{13}C 比值与鳖相似,δ^{15}N 比值偏高,说明其主要食用 C_3 类食物外,还有较高的营养级,以小鱼、小虾、浮游生物为食有关。2 例黄颡鱼的 δ^{13}C 比值差别较大,一例与鳖相似,另一例表现出食用高碳比值食物,可能与当地的淡水环境复杂有关。通过这些野生动物的稳定同位素数据,我们可以发现,当地的环境存在较为复杂的情况,动物的食物来源并不是全部来自纯 C_3 类食物,存在着一些高碳比值植物导致了动物的饮食偏正。

羟磷灰石中的碳来自生物体整个饮食中的碳,而骨胶原中的碳主要是来自蛋白质中的碳,因此通过两者之间的对比可以判断生物饮食中植物和动物资源的比例[30]。骨胶原当中鳖的 δ^{13}C 平均值为 $-21.3‰$,说明其主要食用 C_3 类食物,而在羟磷灰石结果中,其 δ^{13}C 比值为 $-8.9‰$,与纯 C_3 食物来源的 $-14.5‰$ 相差较多。鳖是杂食动物,主要食用小鱼小虾,同时也会食用植物性食物,这可能说明当地的水生植物资源中含有高碳比值的植物。

7.4　猪

7.4.1　田螺山遗址

田螺山遗址总共取得 13 例猪样品,经分析,除 2 例受到污染外其他 11 例数据均有效,可用作稳定同位素分析(详细分析见本书第五章相关部分)。田螺山遗址猪群的 δ^{13}C 比值范围为 $-22.6‰ \sim -19.0‰$,平均值为 $-20.8‰ \pm 1.04‰$(n=13),猪的食物来源以 C_3 类食物为主;δ^{15}N 比值范围为 $4.8‰ \sim 7.9‰$,平均值为 $6.4‰ \pm 1.0‰$(n=13),仍属于植食动物的 δ^{15}N 比值范围内(见图 7-8)。从值的分布范围情况看,变化范围较大,表明遗址中猪的食物结构存在较大差异。这可能由于出土猪骨中同时存在野猪与家猪。因此需要对猪骨进行野猪与家猪的辨别。

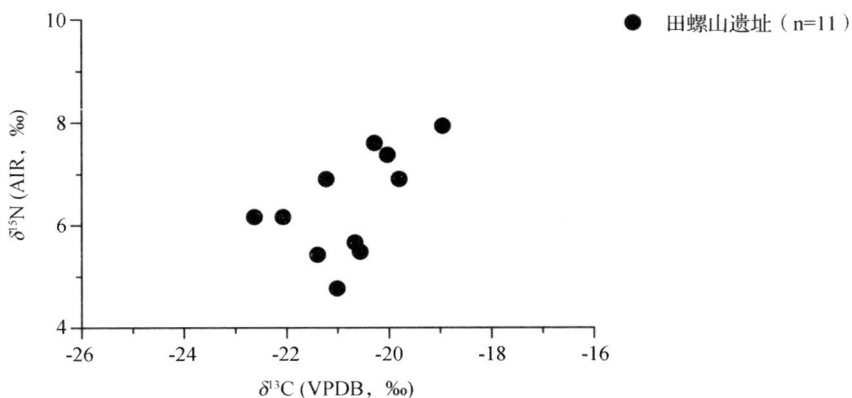

图 7-8　田螺山遗址猪骨胶原 C、N 稳定同位素数据散点图

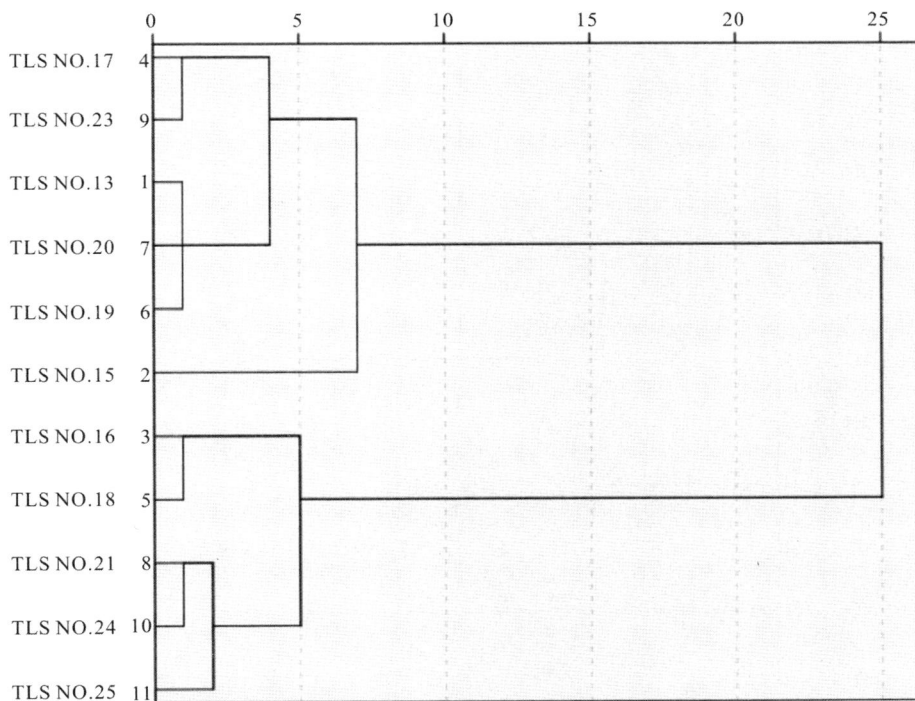

图 7-9　田螺山遗址猪骨样品 δ^{15}N 比值聚类分析树状图

　　首先针对所有猪的 δ^{15}N 比值做聚类分析，结果见图 7-9。由图中可看出，

11 例样品可以聚为两大类，其中 TLS No. 13、No. 15、No. 17、No. 19、No. 20、No. 23 为一类（A 类），由数据可知，此类样品具有较低的 $\delta^{15}N$ 比值；TLS No. 16、No. 18、No. 21、No. 24、No. 25 为另一类（B 类），该类样品的 $\delta^{15}N$ 比值相对较高。从分类结果中比较两类样品的 $\delta^{13}C$ 比值，B 类的平均值（$-20.1‰$）稍高于 A 类（$-21.4‰$）。

首先验证仅利用 $\delta^{15}N$ 比值将猪进行聚类分析的准确性。虽然田螺山遗址的 C_3 环境导致家养动物与野生动物在 C 同位素上的差异较小，但依旧尝试利用相同聚类方式分别对猪的 $\delta^{13}C$ 比值与 $\delta^{13}C$ 和 $\delta^{15}N$ 比值相结合作了聚类分析，结果见图 7-10、图 7-11。从图 7-10 中可看出，仅通过 $\delta^{13}C$ 比值无法将猪清晰地分为两类，且其分类结果与通过 $\delta^{15}N$ 比值分类差异较大。而图 7-11 中将 $\delta^{13}C$ 和 $\delta^{15}N$ 比值相结合来进行聚类的结果虽然与仅利用 $\delta^{15}N$ 比值聚类的聚类距离有所差异，但从最终分类结果来看，两者的结果相同。这

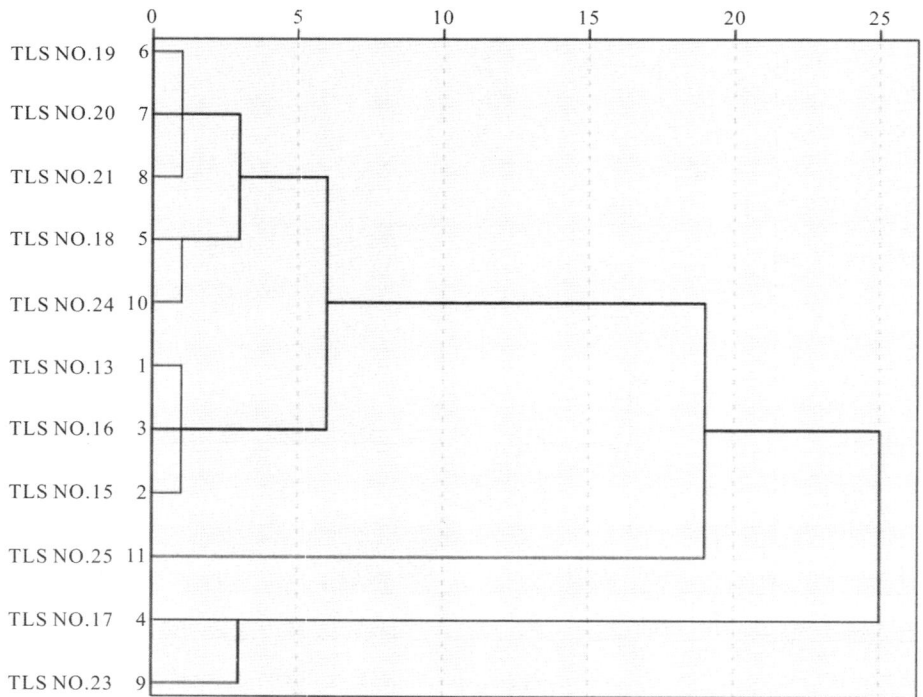

图 7-10　田螺山遗址猪骨样品 $\delta^{13}C$ 比值聚类分析树状图

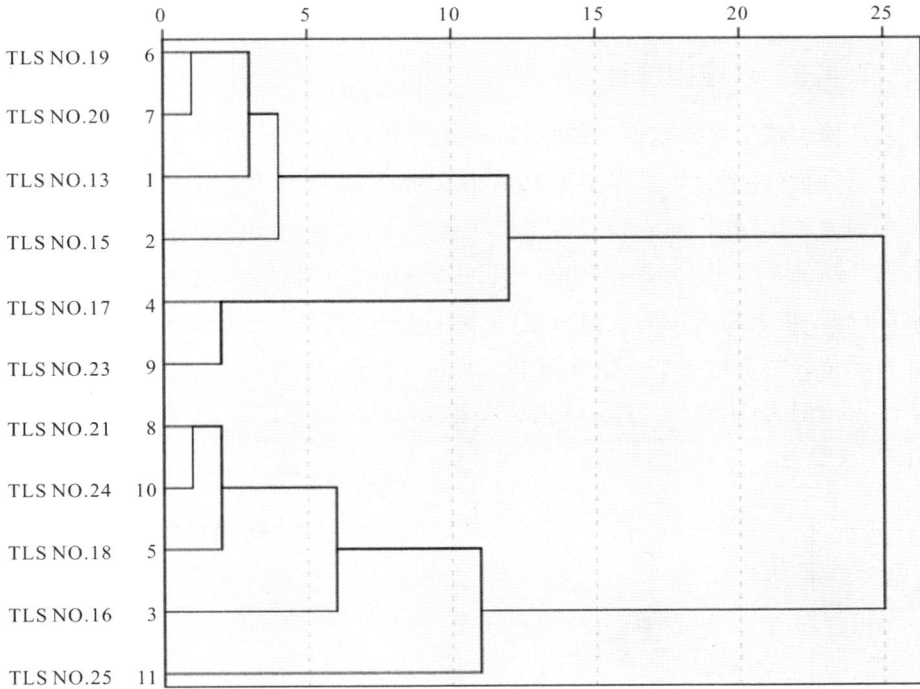

图 7-11 田螺山遗址猪骨样品 $\delta^{13}C$ 值、$\delta^{15}N$ 比值聚类分析树状图

一检验证明,仅利用猪的 $\delta^{15}N$ 值对其进行聚类分析的有效性,并且证实田螺山遗址出土猪骨确实存在一定差异,可以分为两类进行讨论。

研究证实,在猪的驯养过程中,由于人类的饲喂活动,其食物至少一部分依赖于先民的供给,从而导致其食物结构与野猪产生明显的区别。根据对遗址出土动物遗存的初步分析表明,遗址中猪的数量在各地层中一直较少,且总体死亡年龄都偏大,相当一部分在 2 岁以上[31],说明遗址居民驯养家猪的水平还比较低,对野猪的狩猎以获取肉食仍为主要途径。并且通过对猪骨齿列和下颌骨及牙齿形态观察,难以确定田螺山遗址出土猪的属性,进一步说明当时家猪可能尚处于驯化的初期,从形态学上还难以将其与野猪相区分。综合上述分析,结合前言中先民将野生动物驯养为家养动物的过程,我们可以认为,至少 B 类猪已进入被先民捕获后的饲喂阶段,即已经进入可以被界定为"家养"的范围。因此,可以认为田螺山遗址已有家猪的存在,但仍处于驯化初期。

7.4.2 江家山遗址

江家山遗址总共取得 9 例猪样品,经分析,9 例数据均有效,可用作稳定同位素分析(详细分析见本书第五章相关部分)。江家山遗址猪群的 $\delta^{13}C$ 比值范围为 $-21.4‰\sim-15.1‰$,平均值为 $-20.1‰\pm2.0‰(n=9)$。除其中一例样品的 $\delta^{13}C$ 比值较为特殊外,其他样品的 $\delta^{13}C$ 比值都较为集中,反映出猪群以 C_3 类食物为主的食物结构(见图 7-12)。样品 JJS NO.3 的 $\delta^{13}C$ 比值远高于猪群的平均水平。根据简单二元混合模型,计算出 C_3 类在其食物结构中所占比例为 61.85%,表明该例样品除摄入较多的 C_3 类食物外,还摄入部分 C_4 类食物。

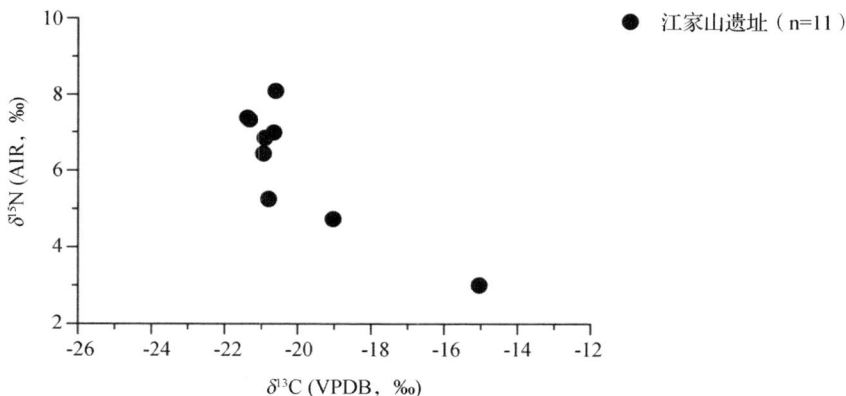

图 7-12 江家山遗址猪骨胶原 C、N 稳定同位素数据散点图

相对于较为集中的 $\delta^{13}C$ 比值,猪群的 $\delta^{15}N$ 比值的范围($3.0‰\sim8.1‰$)更广,平均值为 $6.2‰\pm1.6‰(n=9)$。N 在不同营养级之间存在同位素富集现象,随着营养级的上升,每上升一级,大约富集 $3‰\sim5‰$[32]。那么,以此推测,若常以遗址中的猪类作为主要食物来源,则先民的 $\delta^{15}N$ 比值平均值应为 $9.2‰\sim11.2‰$ 之间。而江家山遗址先民 JJS NO.10($10.2‰$)的 $\delta^{15}N$ 比值与猪群存在一个营养级的差异。因此,根据稳定同位素原理,可推测,江家山遗址中出土的猪群是该遗址先民主要的食物来源。这也表明该例先民很有可能并非上文所推测的特殊案例,而是能反映该遗址先民平均水平的个体。那

么,作为先民主要食物来源的猪,是先民捕获的野生猪类还是先民饲养的家猪成为另一个需要解决的问题。

δ^{15}N 比值上较大的变化范围,这表明猪群在肉类资源的摄入上存在较大差别。有些个体表现出了当地典型植食动物的特征,而另一些则有近似于当地先民的肉食摄入量。这应与当时先民猪类资源获取的手段有很大关系,遗址同时存在着野猪与经过一定程度驯化后的家猪。因此,笔者希望能通过对 9 例样品的分类,在辨别遗址中的家猪与野猪的基础上,进一步探索当时家猪驯化程度。

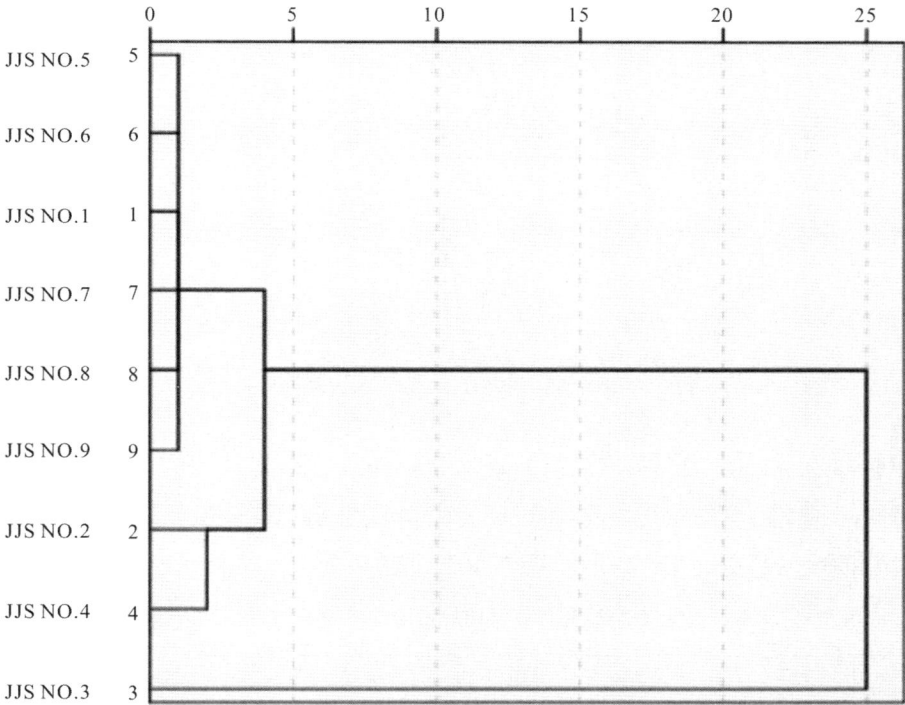

图 7-13　江家山遗址猪骨样品 δ^{13}C、δ^{15}N 比值聚类分析树状图

根据对 9 例猪骨样品的 δ^{15}N 值进行聚类分析的结果(见图 7-13、图 7-14 及图 7-15),我们将 9 例样品分为三类,其中 JJS No. 1、No. 5、No. 6、No. 7、No. 8、No. 9 为一类(A 类),由数据可知,此类样品具有较高的 δ^{15}N 比值;JJS No. 2、No. 4 为另一类(B 类),该类样品的 δ^{15}N 比值相对较低;而 JJS NO. 3

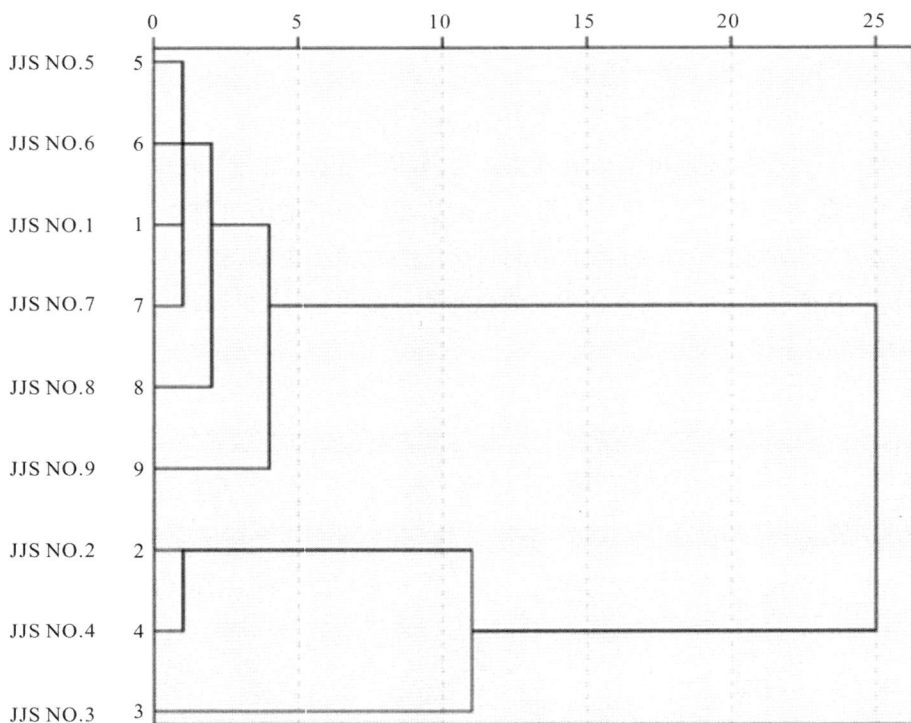

图 7-14　江家山遗址猪骨样品 δ^{15}N 比值聚类分析树状图

单独归为一类（C 类），具有最高的 δ^{13}C 比值和最低的 δ^{15}N 比值。为了进一步分析三类猪的食物结构差异，将三类猪的 δ^{15}N 比值与代表当地典型野生植食动物的鹿以及遗址出土先民的 δ^{15}N 比值作均值分析。结果如表 7-1 所示。

表 7-1　江家山遗址三类猪、先民以及田螺山遗址鹿的 δ^{13}C 和 δ^{15}N 均值与误差值

	A 类猪	B 类猪	C 类猪	鹿①	人
样品数量	6	2	1	7	2
δ^{15}N 均值(‰)	7.18	5.00	3.01	5.7	7.62
δ^{15}N 误差值(‰)	0.57	0.36	—	0.29	3.59

---

　　① 由于江家山遗址缺乏当地野生动物植食动物的 δ^{13}C、δ^{15}N 值，因此本书将同属于长江下游地区，且时代间隔较小的田螺山遗址中出土的鹿作为参考标准与江家山猪群进行比较。

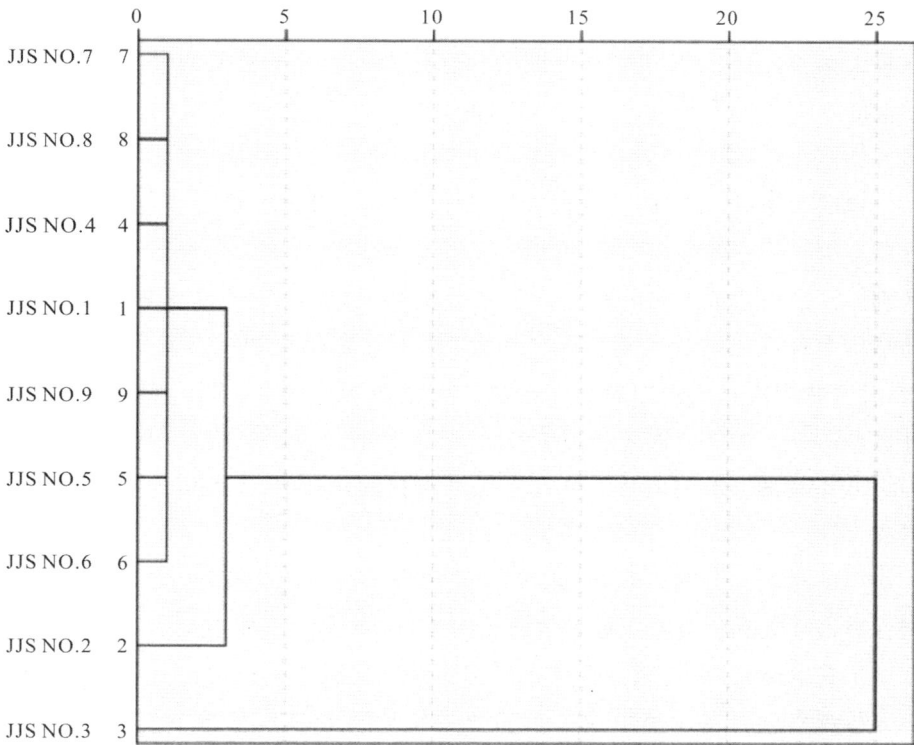

图 7-15 江家山遗址猪骨样品 $\delta^{13}C$ 比值聚类分析树状图

首先，从表 7-1 中可以看出，C 类中 $\delta^{15}N$ 比值极低，且其还拥有远高于其他样品的 $\delta^{13}C$ 比值，因此我们将该样品作为特殊值处理。在此，我们比较 A、B 类猪。

从 $\delta^{15}N$ 均值上可以明显看出，A 类猪与 B 类猪的 $\delta^{15}N$ 均值相差较大，为 2.2‰。其中，A 类猪与鹿的 $\delta^{15}N$ 均值相差较大，同时 A 类猪的 $\delta^{15}N$ 均值已属于杂食动物 $\delta^{15}N$ 比值范围（7‰~9‰）；而 B 类猪与鹿的 $\delta^{15}N$ 均值十分相近，两者处于同一营养级，属于植食动物的 $\delta^{15}N$ 比值范围。再将两类猪的数据与江家山遗址先民的 $\delta^{15}N$ 比值进行比较，发现 A 类猪的值较 B 类更接近先民的值。这一结果表明，A 类猪的食物结构中除包含植物外，还摄入了部分肉食资源，使其有了与人类相似的食物结构；而 B 类猪的食物结构与鹿更为接近，食草为生。

由于江家山人骨与 B 类猪骨骨样数量较少,且仅有的两例人骨样品也存在较大误差,因此无法进行彼此间的独立样本 t-检验。类似的食物结构源于类似的生存环境。所以,仅从上述均值分析结果推测,A 类猪的生存环境应与人类存在交集,而 B 类猪应与鹿共享生存环境。

猪的驯化过程中,人类的饲喂活动不可缺少。因此,接受驯化的个体,其食物至少一部分依赖于先民的供给,从而导致其食物结构与野猪产生明显的区别。江家山遗址先民的稳定同位素分析结果显示,先民属于杂食类,其食物结构中含有一定的肉食比例。因此,食用了先民食物残余甚至排泄物的猪,其食物中肉食比例理应高于野猪。由于在驯化初期,先民可能会采取野外散养的方式对野猪进行最初的控制,尚未影响其食物结构,因此,我们无法确定 B 类猪的来源。但我们可以推断,9 例猪的样品中,A 类猪为接受驯化的猪群。

根据对江家山遗址出土动物遗址的初步分析表明,遗址中猪类与鹿科动物骨骼占哺乳动物可鉴定标本数的比例约为 24.5%,表明遗址居民主要仍以狩猎来获取肉类,梅花鹿一直是人们狩猎的主要对象。但对出土猪骨的进一步分析观察表明在江家山遗址猪的死亡年龄绝大多数都在 2 岁左右,猪牙 M3 长为 36.4mm±0.8mm,并且猪牙上线性釉质发育不全出现的频率也较高,种种迹象都表明此时家猪已经出现并在先民经济生活中占据越来越重要的地位。因此,综合动物考古学研究证据与稳定同位素数据分析,我们认为,在江家山遗址存在家猪,上文中所分析的 A 类猪便是遗址中已接受驯化的种群。同时,对比田螺山遗址出现的仍处于驯化初期的家猪,该类猪群驯化程度应更为成熟。

总结上述分析,我们认为,江家山遗址出土 9 例样品中,A 类与 C 类共 7 例样品为受到先民驯化的家猪,而 B 类 2 例样品较可能为当地野猪。虽然样品数量较少,但 9 例样品中 7 例为家猪的比例也在一定程度上说明马家浜文化时期江家山遗址家猪驯化程度已逐步成熟。

7.4.3 圩墩遗址

圩墩遗址总共取得 13 例鹿样品,经分析,除 5 例样品受到污染外其他 8 例数据均有效,可用作稳定同位素分析(详细分析见本书第五章相关部分)。

圩墩遗址出土的猪 δ^{13}C 比值均值为 $-19.7‰\pm1.8‰$，δ^{15}N 比值均值为 $7.3‰\pm1.6‰$（见图 7-16），表明其主要摄入 C_3 类食物，氮值差异较大。动物考古学家对其进行了死亡年龄统计，发现该遗址出土的猪死亡年龄小于两年，这种屠宰的方式符合人们获取肉类资源最大化的模式，因此判定该地区的猪可能初步驯化[33]。在稳定同位素方法中，我们对猪的氮稳定同位素比值进行了聚类分析（见图 7-17）。从结果来看，猪可以分为两类。3 个个体（WD35，WD36，WD37）的一类 δ^{15}N 比值明显比另一组高，而且他们的食物结构和人类较为相似，和人类关系密切，因此推断这三个个体为驯化家猪。另一组 6 个个体（WD28，WD29，WD32，WD33，WD34，WD38）δ^{13}C 比值范围较广，和野生动物比较相似。从稳定同位素上看，圩墩遗址的猪部分被驯化，一部分仍为野生，表明该地区的家猪驯化处于初级阶段，同时说明当时人们的食物资源可能十分丰富，已经有足够的食物开始喂养家畜。

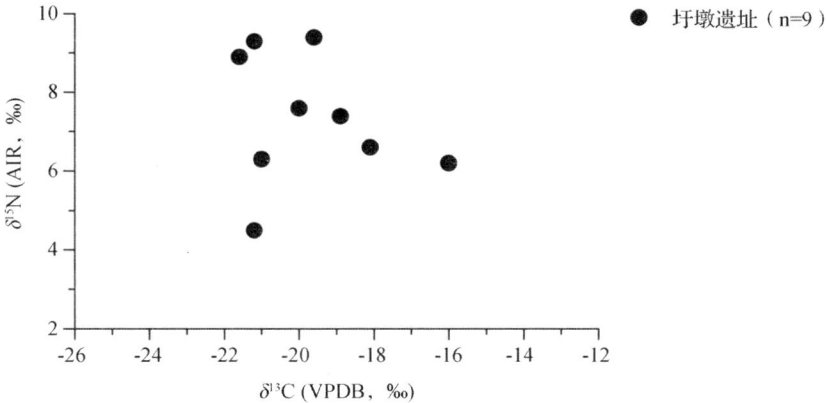

图 7-16　圩墩遗址猪骨胶原 C、N 稳定同位素数据散点图

　　同时对圩墩遗址 9 例猪样品羟磷灰石进行分析。自然界中 C_3 植物的平均 $\delta13C$ 比值在 $-26.5‰$ 左右[34]（见图 7-18），生物体对其富集作用大约为 $12.0‰$[35]，因此，以纯 C_3 植物为食物来源的生物，羟磷灰石中的 δ^{13}C 比值应该在 $-14.5‰$ 左右。猪的 δ^{13}C 比值接近 $-14.5‰$，表明其主要以 C_3 植物为食物资源。猪羟磷灰石中碳与骨胶原中碳的差值和野生食草动物较为相似，在标准差上较小，这可能说明猪的食物结构较为稳定，食物结构和食草动物

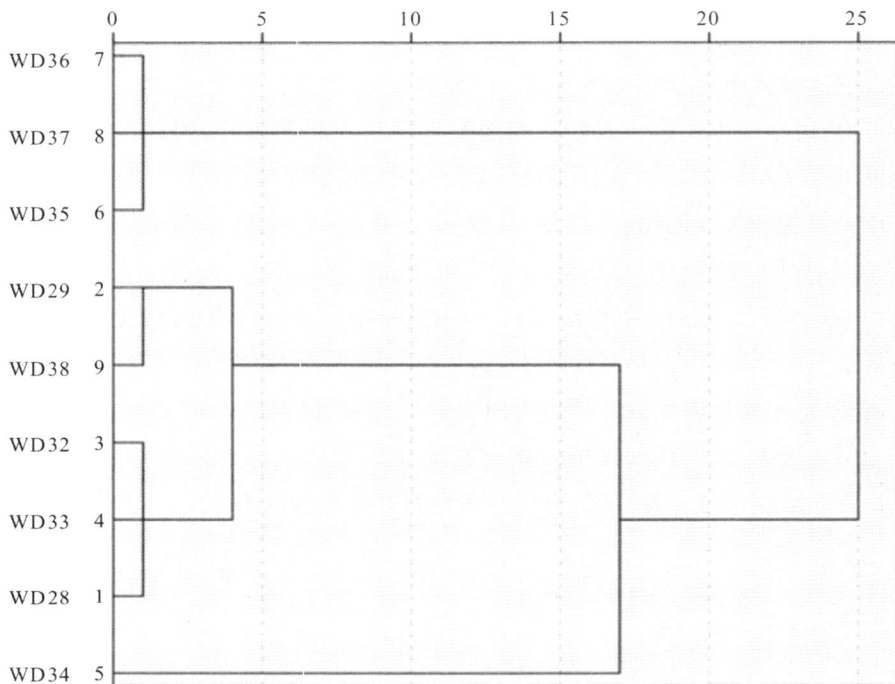

图 7-17　圩墩遗址猪骨样品 δ^{15}N 比值聚类分析树状图

较为接近,这与骨胶原的结果部分猪被驯化的结论较为一致。当然也存在当时的饲养方式是散养,导致猪的数据分布较广的可能性。

　　当地猪的 δ^{18}O 比值为 $-8.4‰±0.9‰$,与地表水的氧比值大约 $-8‰$ 接近(见图 7-18)。骨胶原的分析中可以发现部分猪的食物结构与人接近,推测圩墩遗址存在家猪驯养的可能。推测为家猪可能的个体(WD35,WD37)氧比值分别为 $-8.6‰$ 和 $-7.7‰$,无法明确从野生动物的群体当中区分出来,而且由于猪为杂食动物,除了饮用水来源的直接影响,还有食物中水的影响和人为干预的影响的可能。

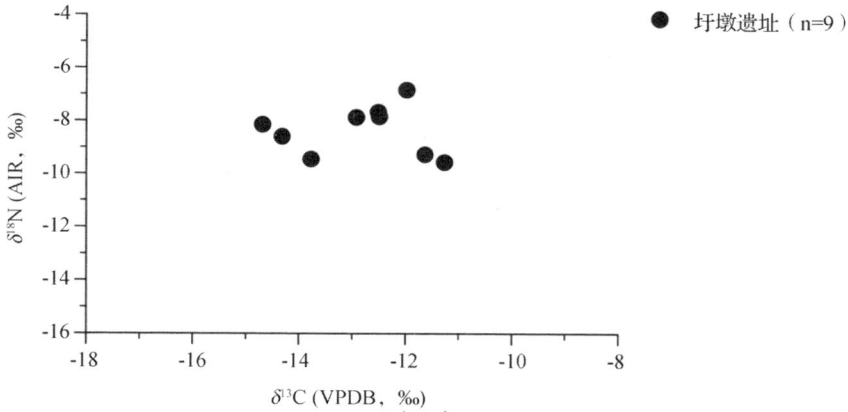

图 7-18　圩墩遗址猪羟磷灰石 C、O 稳定同位素数据散点图

7.5　狗

见表 7-2,迄今为止,中国家犬的起源可以追溯到新石器时代早期(年代约为距今 12000～10000 年)的中国北方河北徐水南庄头遗址[36]。而包括长江三角洲的上山遗址在内的诸多中国南方早期遗址中虽然出土有动物遗存,却没有发现任何犬科动物。新石器时代中期后,狗(包括家犬)的遗存开始广泛的分布在各文化遗址中。长三角地区的上山文化中并未发现家犬遗存,但在随后的跨湖桥遗址(8200～7000BP)[37]的早中晚期均发现了家犬遗存,且从早期到晚期,家犬的最小个体数和占全部哺乳动物的比重持续增加。由此可见,位于长江三角洲地区的遗址家犬发现时间明显晚于北方地区,且驯化程度较低[38]。新石器时代晚期家犬出土情况与中期类似,但南北方差异消失,并在东部地区出现家犬随葬现象[39]。

表 7-2　长江中下游地区新石器时代遗址出土的狗遗存情况统计

地区	遗址	年代	种属	可鉴定标本数（NISP）	最小个体数（MIN）	资料来源
江苏	龙虬庄	6500～5500BP	狗	不详	34	李明昌,1999
	万北	6500BP 左右	狗	5	4	李明昌,1999
	圩墩	6400～4900BP	狗	1	1	黄象洪,1975
	龙南	5400～4800BP	狗	不详	不详	袁靖,2015
	西溪	7000～6000BP	狗	104	不详	宋艳波等,2016
上海	崧泽	5800～5100BP	狗	不详	不详	袁靖,2015
	福泉山	5600～5300BP	狗	不详	不详	袁靖,2015
	马桥	3900～3200BP	狗	1	1	宋建,2002
浙江	河姆渡	7000～5800BP	狗	12	4	浙江省博物馆自然组,1978
	罗家角	7000BP 左右	狗	不详	不详	袁靖,2015
	跨湖桥	早期(8200～7800BP)	狗	13	2	蒋乐平,2004
		中期(7700～7300BP)		60	7	
		晚期(7200～7000BP)		89	11	
	钱山漾	4400～3900BP	狗	2	2	浙江省文物考古研究所,2014
	田螺山	地层 5(6500BP 左右)	狗	4	1	张颖等,2011
		地层 4(6000BP 左右)		4	2	

中国长江中下游地区（主要包括浙江、江苏、上海等地）的龙虬庄遗址[40]、万北遗址[41]、圩墩遗址[42]、西溪遗址[43]、龙南遗址[44]、崧泽遗址[45]、马桥遗址[46]、河姆渡遗址[47]、跨湖桥遗址[48]、钱山漾遗址[49]、田螺山遗址[50]等新石器时代遗址出土了较多的家犬遗存,为探讨长江中下游地区家犬驯化提供了较为充足的研究材料。其中,跨湖桥遗址、圩墩遗址和田螺山遗址的狗进行了稳定同位素的分析(见图 7-19、图 7-20),为我们探究长江中下游地区家犬的饲养模式提供了新的视角。

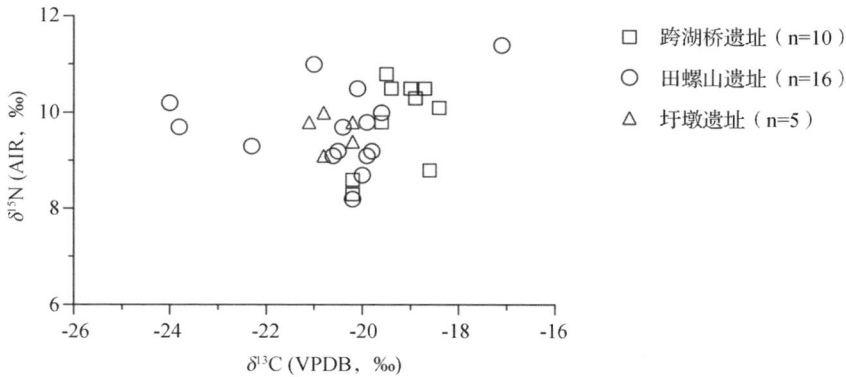

图 7-19　长江中下游地区新石器时代遗址狗骨胶原 C、N 稳定同位素散点图

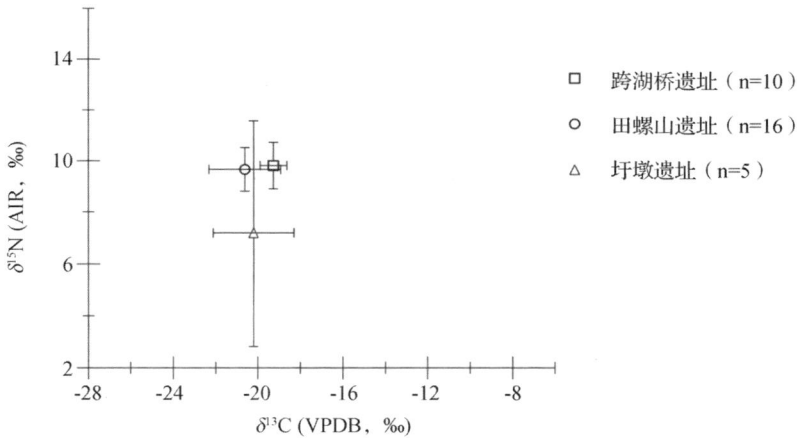

图 7-20　长江中下游地区新石器时代遗址狗骨胶原 C、N 稳定同位素误差棒

7.5.1　跨湖桥遗址

见图 7-21,跨湖桥遗址狗的 δ^{13}C 比值范围为 $-20.2‰\sim-18.4‰$,均值为 $-19.3‰\pm0.6‰$($n=10$),这说明狗主要摄入 C_3 类食物。因为跨湖桥遗址出土了较多的稻谷遗存,说明当时稻作农业已有所发展,所以当时狗的食物中很可能包括了水稻等农产品和野生的 C_3 类食物。跨湖桥遗址狗的 δ^{15}N 比值范围为 $8.3‰\sim10.8‰$,均值为 $9.8‰\pm0.9‰$($n=10$),体现了杂食性和

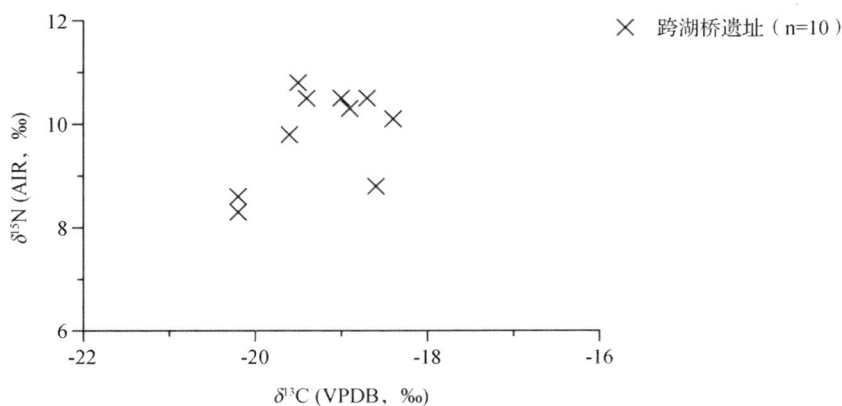

图 7-21　跨湖桥遗址狗骨胶原 C、N 稳定同位素数据散点图

肉食性特征,说明其摄入较多的肉食资源或 δ^{15}N 比值较高的食物。与当地鹿科动物和猪的 δ^{15}N 比相比,狗的 δ^{15}N 比值约富集 3‰~4‰,表明其肉食来源可能包括鹿科动物和野猪。其中有 3 例狗的 δ^{15}N 比值相对低一些(范围为 8.3‰~8.8‰),说明其摄入的肉食资源相对较少,这可能是饲养家庭的差异或者季节变化等因素造成的。从总体来说,跨湖桥遗址狗整体 δ^{13}C、δ^{15}N 比值分布较集中,不同地层间不存在明显变化,食物结构较为统一。与跨湖桥人的稳定同位素比值(−19.7‰,10.8‰)进行对比显示,狗的食物来源与人十分相近,而根据其与人类的亲密关系和生物考古理论,可以推测跨湖桥遗址先民和狗之间存在十分密切的关系,狗主要以人的食物残渣为食。

7.5.2　圩墩遗址

见图 7-22,圩墩遗址狗的 δ^{13}C 比值范围为 −21.1‰~−20.1‰,均值为 −20.6‰±0.4‰(n=5),呈现出以 C_3 类食物为主的食谱类型。δ^{15}N 比值范围为 9.1‰~10.‰,均值为 9.6‰±0.4‰(n=5),呈现出较高的肉食性。从整体来看,圩墩遗址狗整体 δ^{13}C、δ^{15}N 比值分布十分集中,说明食谱结构具有高度的统一性。与当地先民的稳定同位素数据(为 −20.2‰±0.2‰,10.4‰±0.5‰,n=2)对比可得,狗的食物来源与人相似,和人的关系亲近。动物考古学家通过形态学鉴定狗的遗骸[51]得出结论圩墩遗址的狗为家狗。人类一般饲喂狗的方式主要是用人的食物残余和一些生活垃圾,因此这可能是导致

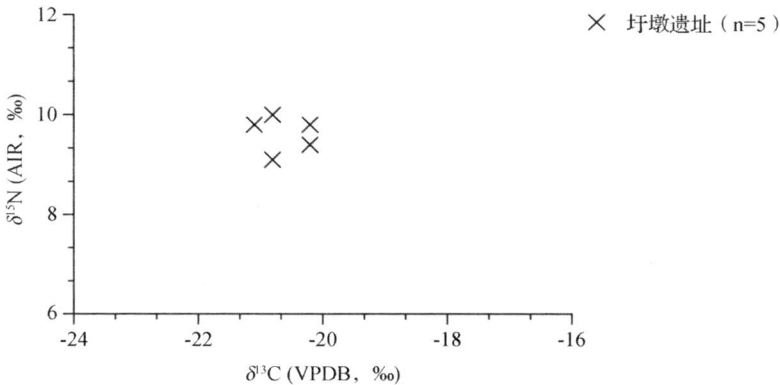

图 7-22 圩墩遗址狗骨胶原 C、N 稳定同位素数据散点图

人和狗的食物结构相似的主要原因,同时因为人和狗之间没有营养级的差异,说明该地区没有将狗作为食物的习惯。

7.5.3 田螺山遗址

见图 7-23,田螺山遗址狗的 δ^{13}C 比值范围为 $-24.0‰ \sim -17.1‰$,均值为 $-20.6‰ \pm 1.7‰$(n=15),分布较为广泛,表明狗虽然主要摄入 C₃ 类食物,但是其食物来源差异较大。δ^{15}N 比值范围为 $8.2‰ \sim 11.4‰$,均值为 $9.7‰ \pm 0.8‰$(n=15),表现出肉食性特征,说明其摄入较多的肉食资源;另外与当地的鹿、猪相比,狗的 δ^{15}N 值约富集 $3‰ \sim 4‰$,表明其肉食来源可能包括了鹿和部分猪。从狗的 δ^{13}C 比值分布情况来看,大致可以分为三组。A组 1 例狗,其 δ^{13}C 比值为 $-17.1‰$,表明其虽然主要食用 C₃ 类食物,不过可能摄入了一些 δ^{13}C 比值偏高的食物,这可能与其食用碳比值较高的水生植物等有关。同时该个体的 δ^{15}N 比值也是最高的,说明其摄入了较多的肉食资源,而海洋生物的 N 值通常较高。所以综合 δ^{13}C 值和 δ^{15}N 值来看,推测该个体可能摄入了一些水生食物,甚至很可能是海生食物,暗示着其主要活动范围有可能是湖泊沼泽或者海洋附近。B组包括 12 例狗,其 δ^{13}C 比值范围为 $-22.3‰ \sim -19.6‰$,均值为 $-20.4‰ \pm 0.7‰$,这组狗的 δ^{13}C 比值和 δ^{15}N 比值均与当地先民的数值($-20.5‰ \pm 0.3‰$,$8.5‰ \pm 0.79‰$,n=9)较为接近,说明食物结构也较为接近,暗示着这些狗的食物可能来源于人类的剩余食物。C 组包括 2 例狗,表现出较低的 δ^{13} 比值,范围为 $-24.0‰\sim-23.8‰$,均值为 $-23.9‰\pm0.1‰$,表明其摄入较多 $\delta^{13}C$ 比值偏低的食物,暗示这些狗的活动范围可能是在植被 $\delta^{13}C$ 比值偏低的山地树林区域;而其 $\delta^{15}N$ 比值均值为 $10.0‰\pm0.4‰$,体现了肉食性特征,说明这些狗可能摄入了较高比例的肉食。不同地层间,田螺山遗址先民和狗的数据变化不大,而且狗的食物结构一直与先民较为相似,反映了狗与人类的关系较为密切。不过与人类相比,狗的食物来源较为广泛,这可能与狗饲养方式的多样有关。

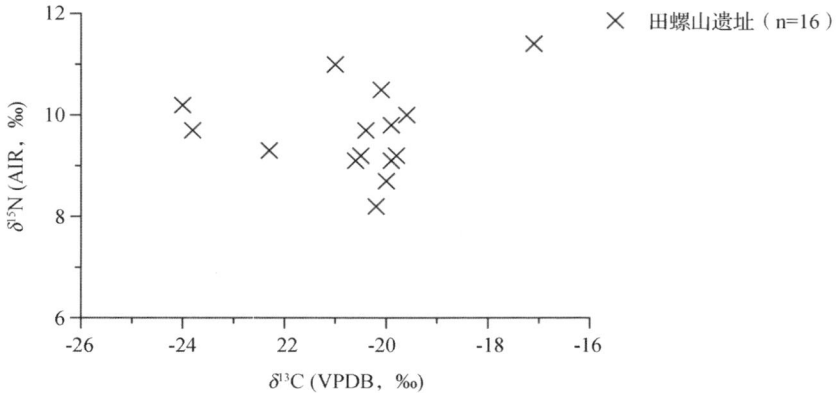

图 7-23　田螺山遗址狗骨胶原 C、N 稳定同位素数据散点图

　　田螺山遗址狗稳定同位素的内部差异可能与狗在社会生活中扮演的不同角色有关。虽然田螺山遗址先民在河姆渡文化时期同时进行渔猎采集和水稻种植两种生产活动,但是在遗址早期,渔猎采集是主要的生业方式;而到了中晚期,随着水稻驯化程度加深,当地先民则开始更多地依赖早期农业[52]。在此背景下,田螺山遗址早期狗的狩猎功能应该较受重视,而且食物来源也较为广泛,包括野生资源和农业资源。另外随着稻作农业的发展,田螺山遗址先民主要过着以农耕为主的定居生活,所以田螺山遗址狗可能还承担了看家护院的职责。因此,根据三组狗的食物结构,我们可以进一步推测:第一组的狗可能是跟随先民去水域或海域附近进行渔猎活动的,在这过程中摄入了水生食物或海生食物,所以表现出 $\delta^{13}C$ 比值和高 $\delta^{15}N$ 比值。第二组的狗与先民的食物结构最为相近,说明关系更为密切一些,所以它们可能是主要活

动在人类居住地附近、用于看家护院的,因此接触更多的是先民的残羹剩饭,从而表现出与人类较为接近的食物结构。第三组的狗拥有低 $\delta^{13}C$ 比值和高 $\delta^{15}N$ 比值,那么有可能是用来帮助先民在山林地区狩猎的,同第一组一样,在狩猎过程中摄入食物,所以表现出其活动环境的数值分布。综上所述,根据狗的用途不同,田螺山遗址先民的狗饲养方式可能主要可分为两种:给主要承担看护家园职责的狗主要喂养人类的剩余食物;给主要承担外出帮忙狩猎职责的狗喂养野外获取的食物资源。

综合而言,三个遗址中的狗均为家犬,与人的数据十分相近,但对比不同遗址的稳定同位素数据可以发现在长江中下游地区家犬驯化程度的不断加深。跨湖桥遗址家犬数据与人较为相近,但由于海侵和稻作农业发展不成熟等原因呈现出相对较高的 $\delta^{13}C$ 比值。家犬内部仍有 3 例个体 $\delta^{15}N$ 比值较低,说明家犬个体之间存在食谱的差异。而到了圩墩遗址,随着稻作农业的发展,家犬数据整体呈现出纯 C_3 类食谱特征,且与人的高度一致性、内部差异极小,呈现出高度的一致性,说明了圩墩遗址对家犬食谱的进一步控制和对家犬的驯化程度不断加深。在田螺山遗址,家犬内部食谱的多样性显示出家犬出现了功能性的多样化,先民开始对家犬特殊功能进行有意识的开发和利用。家犬饲养方式也基于其在人类社会中所扮演的角色发生变化。当家犬主要承担看家护院的职责时,先民可能主要喂养人类的剩余食物;当家犬主要用于捕鱼、狩猎等外出活动中,先民可能主要让其在狩猎过程自由觅食或者喂养一些捕获的猎物。

7.6　水牛

自家养水牛出现以来,不仅为人类提供了大量的肉食资源、改善了人类的营养状况;将水牛作为役力用于生产生活,更是将人类从繁重的农业活动中解放出来,极大地推动了生产力的发展。正是由于水牛在人类生活中的重要地位和社会意义,在一些民族和地区,水牛被作为崇拜的对象和身份的象征,在祭祀活动中扮演着重要的角色。

在现代动物分类学中,水牛属于亚牛科,又可以进一步分为非洲水牛属和亚洲水牛属[53]。一般认为,非洲水牛属仅一种,即性情暴躁、驯化难度大的非洲野水牛[54]。亚洲水牛属包括阿尼水牛、民都洛水牛、低地水牛和山地水牛,其中,阿尼水牛体型较大,且分布范围广阔,现存世界范围内的家养水牛都起源于阿尼水牛[55]。在水牛起源和驯化问题的研究中,厘清中国长江下游地区水牛的驯化历史对理解世界范围内水牛的起源和传播至关重要。

长三角地区主要包括江苏省、浙江省和上海市,目前已经揭示出且较为完整的考古学文化序列为:上山文化—跨湖桥文化—河姆渡文化/马家浜文化—崧泽文化—良渚文化—马桥文化[56][57][58][59][60][61][62],水牛遗骸均见于这一系列遗址中。大量的水牛遗存不仅暗示了牛耕的迅速发展,对于社会发展、文明起源与演进等问题也颇具参考价值。

7.6.1　跨湖桥遗址水牛骨胶原稳定同位素数据

跨湖桥遗址距今 8200～7000 年,受到全新世海侵的影响大,出土的世界上最早的独木舟进一步凸显了跨湖桥遗址先民与海洋湖泊密切的关系[63]。在跨湖桥遗址出土的动物骨骼中,水牛占哺乳动物总数的 27.86％[64][65]。选取跨湖桥遗址的水牛样品 26 例进行骨胶原提取和稳定同位素测试实验。见图 7-24,通过对 $\delta^{13}C$ 比值进行聚类分析,可以将所有的样品大致分为两组。第一组 4 例水牛,其 $\delta^{13}C$ 比值范围为 −18.2‰～−15.4‰,均值为 −16.5‰±1.2‰(n＝4),主要以 C_4 植物为食,可能摄入少量 $\delta^{13}C$ 比值偏高的植物。第二组 20 例水牛,其 $\delta^{13}C$ 比值范围为 −14.7‰～−10.7‰,均值为 −12.7‰±1.4‰(n＝20), $\delta^{13}C$ 比值相对较高,暗示其可能摄入更多 $\delta^{13}C$ 比值较高的植物。相对于跨湖桥其他野生动物,水牛 $\delta^{13}C$ 比值整体分布明显呈现较高值,表明其植物性摄入与生活在淡水湖泊沼泽的鹿更为接近,暗示水牛食物结构中存在相当比例的高 $\delta^{13}C$ 比值的水生植物摄入。

见图 7-24,从 $\delta^{15}N$ 比值分布情况看,第一组水牛 $\delta^{15}N$ 比值范围为 9.2‰～11.5‰,均值为 10.7‰±1.0‰(n＝4);第二组 $\delta^{15}N$ 比值范围为 6.9‰～11.8‰,均值为 9.8‰±1.2‰(n＝20)。就均值而言,两组水牛的 $\delta^{15}N$ 比值不存在明显差异,皆呈现较高 N 稳定同位素值,这可能与湿地植物具有更高的 $\delta^{15}N$ 比值有关。但就分布范围而言,第二组水牛显然分布范围更广,结合地层信息以及跨湖桥遗址这一时期自然环境的变化,推测可能与海侵有关。

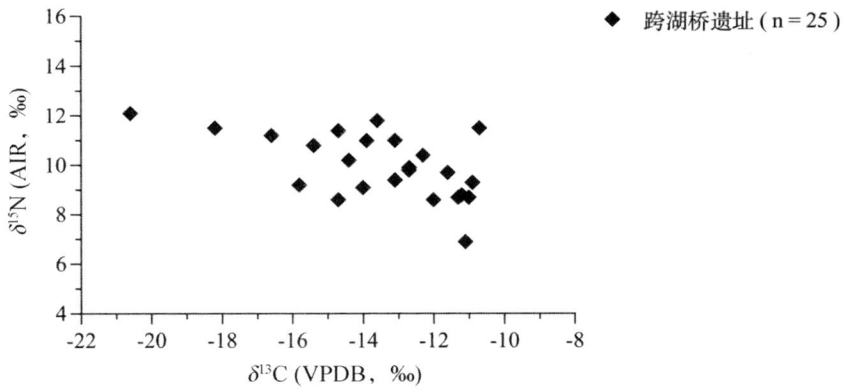

图 7-24　跨湖桥遗址牛 δ^{13}C、δ^{15}N 比值散点图

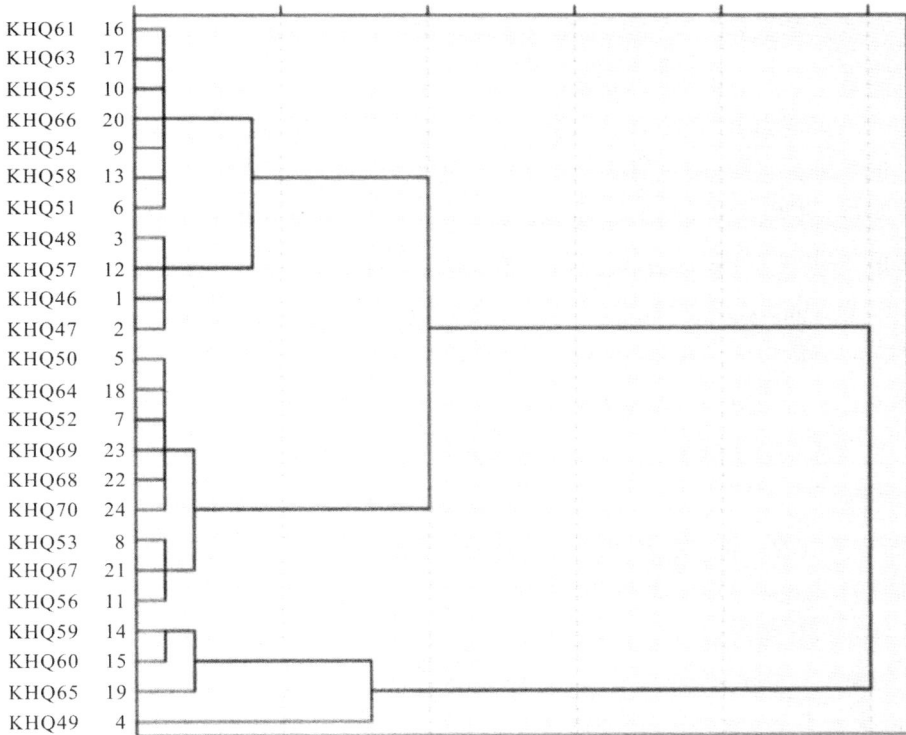

图 7-25　水牛 δ^{13}C 比值聚类分析

如水牛 δ^{13}C 比值聚类分析图所示(见图 7-25),跨湖桥不同地层出土的水

牛食物结构变化多样,并不具有特定的趋势或规律。随着时间的变化,跨湖桥水牛的食物结构并无显著的变化,而是始终以湿地沼泽周边的陆生草木、禾木以及水生植物为食。

7.6.2 田螺山遗址水牛稳定同位素分析

7.6.2.1 骨胶原稳定同位素测试数据

河姆渡文化田螺山遗址出土了迄今为止保存状况最好、数量较多的水牛遗存。根据张颖等人对田螺山遗址出土哺乳动物的调查统计,田螺山遗址 8 个底层共发现了 300 余件水牛骨骼遗存[66]。选取田螺山遗址不同地层的水牛样品 54 例进行骨胶原提取和稳定同位素测试实验,结果显示:46 例未被污染的水牛 $\delta^{13}C$ 比值分布范围为 $-22.5‰ \sim -11.4‰$,均值为 $-14.8‰ \pm 2.9‰$,$\delta^{15}N$ 比值分布范围为 $5.9‰ \sim 10.3‰$,均值为 $8.8‰ \pm 1.0‰$,暗示其食物来源存在较大差异。

从 $\delta^{13}C$ 比值分布范围来看(见图 7-26),可以将其中 43 例个体划分为两个组。第一组包含水牛 32 例,其 $\delta^{13}C$ 比值分布范围为 $-15.1‰ \sim -11.4‰$ 之间,均值为 $-13.2‰ \pm 0.9‰$,与该遗址出土的鲸、金枪鱼等海洋生物的 $\delta^{13}C$ 比值极为接近,暗示其受到海洋环境的影响极大。$\delta^{15}N$ 比值分布范围为 $6.9‰ \sim 10.3‰$,均值为 $9.1‰ \pm 0.8‰$(见图 7-26),较高的 $\delta^{15}N$ 比值与英国塞文河流域沿海地区以盐沼植物为食的牛、羊相似[67],推测第一组水牛的食物主要是滩涂植被、浅滩海藻。

第二组包含水牛 11 例,其 $\delta^{13}C$ 比值分布范围为 $-18.8‰ \sim -16.1‰$ 之间,均值为 $-17.5‰ \pm 1.0‰$,$\delta^{15}N$ 比值分布范围为 $6.0‰ \sim 9.2‰$,均值为 $8.5‰ \pm 1.0‰$,通过与同一遗址出土的其他动物稳定同位素数据进行对比,推测第二组水牛生活在受海水影响较大的湿地沼泽,食物中兼有海草、滩涂植被和一些淡水环境的植被。

剩余三例水牛的 $\delta^{13}C$、$\delta^{15}N$ 比值分布于其他个体的差异较为明显。其中,序号为 3($-22.2‰$,$5.9‰$)和 14($-22.5‰$,$6.1‰$)的个体分别出土于田螺山遗址的第 8 层和第 7 层。较低的 $\delta^{13}C$、$\delta^{15}N$ 比值与该遗址的鹿科动物较为相似,暗示其栖息环境与大部分水牛极为不同,可能是淡水河谷的边缘或者低矮山脚地带以及顺山坡向上的阔叶林区。序号为 45($-22.5‰$,$8.9‰$)

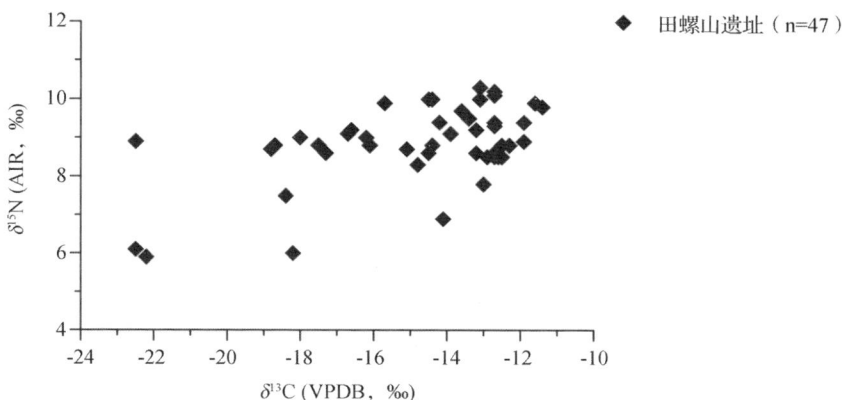

图 7-26　田螺山遗址水牛骨胶原 C、N 稳定同位素数据散点图

的水牛样品 δ^{13}C、δ^{15}N 比值总体上接近田螺山遗址的先民,暗示其可能食用了水稻、菱角等先民饲喂的 C_3 食物,从而具有与先民接近的 δ^{13}C、δ^{15}N 比值。

结合地层信息,对不同时期水牛的食物结构变化趋势分析显示,从田螺山遗址第六层开始,水牛的 δ^{15}N 比值基本不变,δ^{13}C 比值呈下降趋势,逐渐与先民靠近,暗示了一种人为影响下的食物结构变化趋势,推测可能食用了先民的水稻、菱角等食物。此外,与先民基本保持一致的 δ^{15}N 比值暗示水牛基本不是先民的食物资源,田螺山先民对水牛的利用首先是作为一种信仰、礼仪活动中的牺牲品。

7.6.2.2　牙釉质 C 同位素分析

田螺山晚期水牛的食物结构与早期存在较明显的差异,暗示了田螺山水牛从早期到晚期存在向 C_3 转变的历时性趋势。并且通过与同一遗址出土鹿的数据不同的变化趋势,暗示了水牛的食物结构转变可能不是自然选择的,而可能受到人类行为的影响。因此选取田螺山遗址出土的水牛牙齿 5 例,对其进行 C、O 同位素比值的测定,见图 7-27,水牛牙釉质 δ^{18}O 比值在 $-9.0‰\sim$ $-6.5‰$,均值为 $-7.6‰\pm0.6‰$(n=46)。与同一遗址出土的其他野生动物(鹿、猪)相比,它们的 δ^{18}O 比值不存在显著性差异,暗示田螺山动物生存的栖息地应在整个田螺山生态系统内,不存在外来或在田螺山环境外的个体。

根据田螺山早晚期水牛同一生长时期牙齿牙釉质序列测试结果发现:早

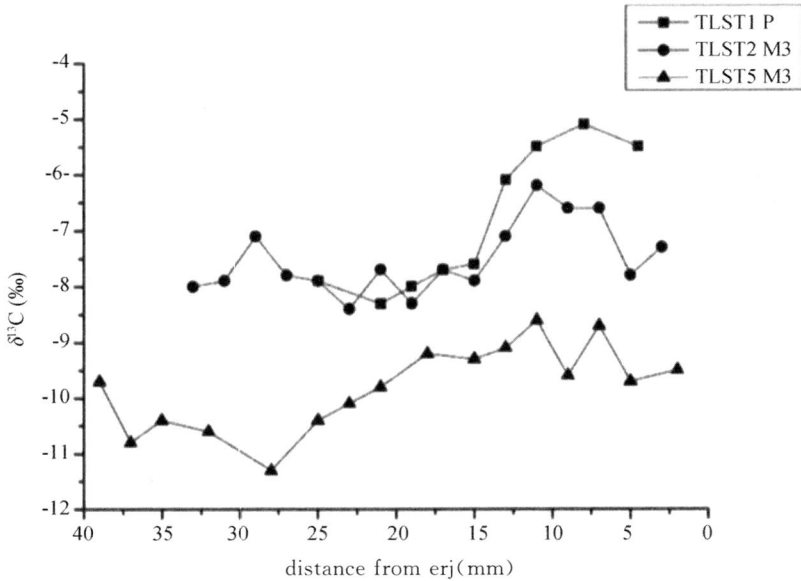

图 7-27　水牛牙釉质 C 同位素连续取样测试结果

期水牛（TLST2）δ^{13}C、δ^{18}O 比值变化一致，即当 δ^{18}O 比值达到最高值时，δ^{13}C 比值也达到最高值。而晚期水牛（TLST5）δ^{13}C 峰值则早于 δ^{18}O 峰值出现。这两种变化模式与传统受季风降水主导的 δ^{13}C、δ^{18}O 比值变化趋势都不相同，暗示了田螺山水牛 C、O 稳定同位素比值可能同时受其他因素影响。

　　海洋可能其中重要影响因素之一：早期水牛摄入水源及植物性食物均受到海洋的影响，海水比例越高，δ^{18}O 比值越高。随着海水比例增加，盐度增加，生存在这一环境中的植物 δ^{13}C 比值可能也会偏高。因而在早期水牛 C、O 稳定同位素变化中呈现了较为一致的变化，这是受自然环境制约的结果。田螺山晚期水牛 δ^{13}C 与 δ^{18}O 比值变化出现的不同步性，暗示水牛食物结构与原本随自然 δ^{18}O 比值同时变化的 δ^{13}C 比值，可能受到低值 δ^{13}C 比值的植物影响而呈现偏负的状态。牛的一般出生季节为 5 月，M3 牙釉质一般生长于第二年的 2 月，δ^{18}O比值变化可以初步判断当时应处于秋冬季节。秋冬食物的相对贫乏，而相对的先民因水稻、橡子、菱角等 C_3 类食物储存，拥有相对丰富的食物及食物秸秆等残余。因此，有理由推测造成该水牛 δ^{13}C 比值的变化的原因有可能是人类喂养了 C_3 类的食物。

7.6.3 长江下游地区水牛驯化的可能性

7.6.3.1 跨湖桥遗址、田螺山水牛 C、N 食谱差异

跨湖桥、田螺山遗址水牛的 $\delta^{13}C$ 比值分布分布范围都十分广泛,暗示两个遗址水牛都存在食物结构差异,然而,其原因可能有所不同。跨湖桥水牛广泛的 $\delta^{13}C$ 比值分布可能与该遗址中本身存在较大差异 $\delta^{13}C$ 比值的多样水生植物有关,而田螺山遗址环境与海洋联系紧密。对同一遗址水牛地层间食物结变化分析发现,跨湖桥遗址水牛自早期至晚期地层,$\delta^{13}C$ 比值范围都非常广且分散,而田螺山水牛的 C 同位素存在着持续向 C_3 方向偏移的现象。此外,通过田螺山水牛 C、O 稳定同位素的分析发现,从早期到晚期地层中水牛个体 $\delta^{13}C$ 比值也出现了偏向 C_3 的现象。晚期个体 TLST5 水牛 C、O 同位素比值在一段时间内的不同步性可能是受人类行为的影响。

从 $\delta^{15}N$ 比值分布情况看,跨湖桥遗址平均 $\delta^{15}N$ 比值更高且分布更广。跨湖桥水牛 $\delta^{13}C$、$\delta^{15}N$ 比值呈现分散趋势较大可能是由于不同水牛摄入水生植物多样而形成的。而田螺山遗址 $\delta^{13}C$、$\delta^{15}N$ 比值相对集中,暗示了特定食物的选择行为(自然或人为),这种选择行为可能与人类有关,如在其食物中加入 C_3 类水稻、菱角等人类食物。

7.6.3.2 水牛在跨湖桥、田螺山在先民食谱中的地位的转变

根据已知跨湖桥家养动物狗的食物结构分析,推测跨湖桥先民食物主要是 C_3 类食物资源,包括植物性食物水稻、菱角、橡子等及以 C_3 植物为食的鹿等动物。遗址中存在海洋资源遗存并不是跨湖桥先民的主要食物来源。C、N 稳定同位素的结果显示水牛并不是跨湖桥先民的主要食物来源,但遗址中发掘者发现了出土水牛骨骼肢骨常存在顶端被打碎的痕迹[68][69],认为可能是吸取骨髓的需要,侧面反映了跨湖桥先民对水牛食物资源的利用,并且这一食物资源利用在先民内可能存在特定的利用形式。而对田螺山遗址,水牛并不是先民的主要食物来源,同时结合田螺山出土完整圣水牛头骨及碟形器等可能具有特殊文化意义的遗物的出土,以及人类学资料等,推测在田螺山先民生活中水牛可能带有更多的功能性涵义。

综上所述,水牛在跨湖桥先民与田螺山先民生活中的地位可能是有所差异的。时代较早的跨湖桥时期,水牛的食物结构并未出现人类行为影响的迹

象,处于自然野生的状态,且没有证据表明水牛在先民意识生活中可能存在的影响。田螺山时期,在水牛整体骨胶原C、N稳定同位素分析的结果和水牛牙釉质C、O个体内连续变化分析结果中,皆有迹象暗示水牛可能受人类影响,且结合考古学文化现象及人类学资料,发现了水牛的文化功能性涵义。

7.6.3.3 圩墩遗址水牛

见图7-28,水牛的$\delta^{18}O$平均值为$-8.35‰±0.92‰$,大型哺乳类动物的氧稳定同位素能够很好地反映当地地表水的氧比值,而且大型鹿骨骼经动物鉴定为水鹿和麋鹿,牛为水牛属,它们的食性环境都是在水边,大型哺乳类动物的氧稳定同位素主要反映了当地地表水的氧比值,因此可以推测当地地表水氧比值在$-8.0‰$左右。小型鹿的$\delta^{18}O$平均比值为$-7.6‰±0.8‰$,由于小型鹿的种类主要是獐或麂等,它们主要是非专饮水者,其体内水的来源主要是食物中的植物水,地表植被会富集地表水,因此氧值略高。中型鹿的$\delta^{18}O$值为$-8.8‰±1.7‰$,范围较大,可能是由于活动范围更大或者是动物种属不同、食性不一致所导致的。

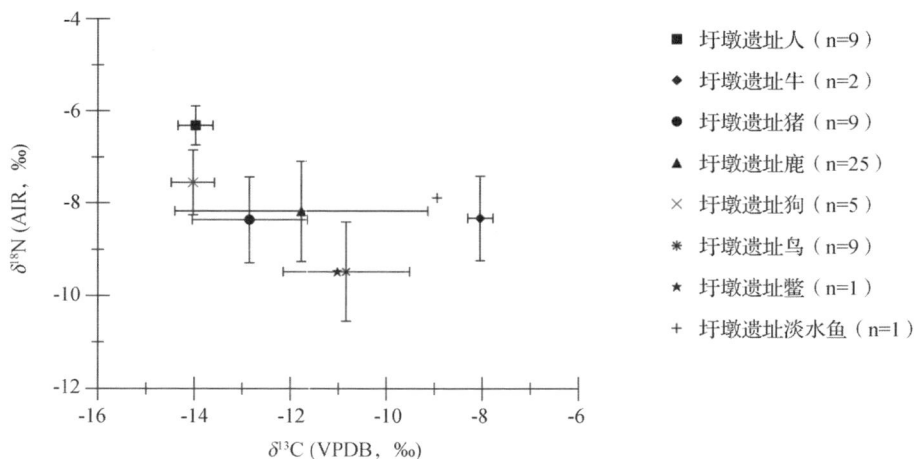

图中图例:
- 圩墩遗址人(n=9)
- 圩墩遗址牛(n=2)
- 圩墩遗址猪(n=9)
- 圩墩遗址鹿(n=25)
- 圩墩遗址狗(n=5)
- 圩墩遗址鸟(n=9)
- 圩墩遗址鳖(n=1)
- 圩墩遗址淡水鱼(n=1)

纵轴:$\delta^{18}N$ (AIR,‰)
横轴:$\delta^{13}C$ (VPDB,‰)

图7-28 圩墩遗址人和动物羟磷灰石CO氧稳定同位素数据误差棒图

[1]浙江省文物考古研究所,萧山博物馆.浦阳江流域考古报告之一跨湖桥[M].北京:文物出版社,2004.

[2]周启平.浅谈中国鹿科动物食性的研究——由日本梅花鹿食性研究引发的一些思考[J].野生动物,1994(5):22-25.

[3]郭延蜀.四川梅花鹿食性的研究[J].西华师范大学学报(自然科学版),2001(2):112-119.

[4]梁崇岐,李渤生.我国半散放麋鹿生境植被及采食植物种类的研究[J].林业科学,1991(4):425-434.

[5]Hemminga M A,Mateo M A. Stable carbon isotopes in seagrasses:Variability in ratios and use in ecological studies[J]. Marine Ecology Progress Series,1996(1):285-298.

[6]Park R,Epstein S. Carbon isotope fractionation during photosynthesis[J]. geochimica et cosmochimica acta,1960(1):110-126.

[7]周杉杉.浙江省余姚田螺山遗址水牛驯化可能性的初步研究——基于C、N稳定同位素食谱分析[D].杭州:浙江大学硕士学位论文,2017.

[8]Van D,Roosevelt A C,Vogel J C. Isotopic evidence for prehistoric subsistence change at Parmana,Venezuela[J]. Nature,1981(5823):536-538.

[9]蒋乐平.跨湖桥文化研究[M].北京:科学出版社.2014.

[10]Variation in Foliar 15N Abundance and the Availability of Soil Nitrogen on Walker Branch Watershed,Ecology[EB/OL][1993-10-01]. https://doi. org/10. 2307/1940855.

[11]Cloern J E,Canuel E A,Harris D. Stable Carbon and nitrogen isotope composition of aquatic and terrestrial Plants of the San Francisco Bay estuarine system[J]. Limnology and Oceanography,2002(3):713-729.

[12]张颖,袁靖,苏蕴平,等.田螺山遗址2004年出土哺乳动物遗存的初步分析[M]//田螺山遗址自然遗存综合研究.北京:文物出版社,2011:172-205.

[13]盛和林等.中国鹿类动物[M].上海:华东师范大学出版社,1992.

[14]Hobson K A. Use of stable-carbon isotope analysis to estimate marine and terrestrial protein content in gull diets[J]. Canadian Journal of Zoology,2011(5):1210-1213.

[15]Britton K;G Müldner,Bell M. Stable isotope evidence for salt-marsh grazing in the Bronze Age Severn Estuary,UK:implications for

palaeodietary analysis at coastal sites[J]. Journal of Archaeological Science，2008(8):2111-2118.

[16]Hedges R E M，Reynard L M. Nitrogen isotopes and the trophic level of humans in archaeology[J]. Journal of Archaeological Science，2007 (8):1-1251.

[17]宋艳波.常州圩墩遗址出土动物研究报告,待刊.

[18]于世永,朱诚,王富葆,等. 太湖流域全新世气候海面短期振荡事件及其对新石器文化的影响[J]. 地理科学,2000(4):331-336.

[19]Lan L I，Cheng Z，Liugen L，et al. Evidence for marine transgression between 7500-5400BC at the Luotuodun Site in Yixing，Jiangsu Province [J]. 地理学报:英文版,2009(6):671-680.

[20]韩辉友. 圩墩遗址孢粉分析[J]. 考古学报,2001(1):108-108.

[21]萧家仪. 圩墩遗址第五次发掘植物孢粉和硅酸体分析[J]. 东南文化, 1996(1):47-50.

[22]王轶.北京南海子麋鹿苑半散放麋鹿食性研究[D]. 哈尔滨:东北林业大学硕士学位论文,2011.

[23]温周瑞,徐军,谢平.太湖高等水生植物稳定碳、氮同位素特征[J]. 湖泊科学,2016(1):163-169.

[24]萧家仪.圩墩遗址第五次发掘植物孢粉和硅酸体分析[J]. 东南文化, 1996(1):47-50.

[25]陈相龙,罗运兵,胡耀武,等.青龙泉遗址随葬猪牲的 C、N 稳定同位素分析[J].江汉考古,2015(5):107-115.

[26]蒋乐平.跨湖桥文化研究[M].北京:科学出版社,2014.

[27]浙江省文物考古研究所,萧山博物馆.浦阳江流域考古报告之一跨湖桥 [M].北京:文物出版社,2004.

[28]周婷.中国龟鳖动物的分布[J].四川动物,2006(2):272-276.

[29]中岛经夫,中岛美智代,孙国平,等.田螺山遗址 K3 鱼骨坑内的鲤科鱼类咽齿[M]//田螺山遗址自然遗存综合研究.北京:文物出版社,2011:206-236.

[30]Kellner C M，Schoeninger M J. A simple carbon isotope model for reconstructing prehistoric human diet[J]. American Journal of Physical

Anthropology，2007(4)：1112-1127.

[31]Hedges R E M，Reynard L M. Nitrogen isotopes and the trophic level of humans in archaeology[J]. Journal of Archaeological Science，2007(8)：1240-1251.

[32]宋艳波.常州圩墩遗址出土动物研究报告,待刊.

[33]O"Leary M H. Carbon isotope fractionation in plants[J]. Royal Society of New Zealand Wellington New Zealand，1981(4)：553-567.

[34]Deniro M J，Epstein S. Influence of diet on the distribution of carbon isotopes in animals[J]. Geochimica et Cosmochimica Acta，1978(5)：495-506.

[35]李君,乔倩,任雪岩.1997 年河北徐水南庄头遗址发掘报告[J].考古学报,2010(3)：361-392,429-432.

[36]蒋乐平主编,浙江省文物考古研究所,萧山博物馆编.跨湖桥[M].北京：文物出版社,2004.

[37]武庄,袁靖,赵欣,等.中国新石器时代至先秦时期遗址出土家犬的动物考古学研究[J].南方文物,2016(3)：155-161.

[38]武庄,李志鹏.先秦时期与礼仪活动相关的家犬遗存识别、分类及相关问题探讨[C]//北京联合大学文化遗产保护协会.文化遗产与公众考古(第三辑).北京：北京联合大学应用文理学院,2016：15.

[39]李民昌.自然遗物——动物[M]//龙虬庄遗址考古队.龙虬庄江淮东部新石器时代遗址发掘报告.北京：科学出版社,1999.

[40]李民昌.江苏沭阳万北新石器时代遗址动物骨骼鉴定报告[J].东南文化,1991(Z1)：184.

[41]黄象洪.圩墩遗址出土动物遗骸鉴定[J].考古学报,2001(1)：108.

[42]宋艳波,田名利.江苏宜兴西溪新石器时代遗址脊椎动物研究报告[J].海岱考古,2016：335-357.

[43]吴建民.龙南新石器时代遗址出土动物遗骸的初步鉴定[J].东南文化,1991(Z1)：179-182.

[44]黄象洪,曹克清.崧泽遗址中的人类和动物遗骸[M]//黄宣佩,张明华主编.崧泽 新石器时代遗址发掘报告.北京：文物出版社,1987：111.

[45]宋建主编.马桥 1993—1997 年发掘报告[M].上海:上海书画出版社,2002.

[46]浙江省博物馆自然组.河姆渡遗址动植物遗存的鉴定研究[J].考古学报,1978(1):95.

[47]蒋乐平主编,浙江省文物考古研究所,萧山博物馆编.跨湖桥[M].北京:文物出版社,2004.

[48]浙江省文物考古研究所.钱山漾:第三四次发掘报告[M].北京:文物出版社,2014.

[49]张颖,袁靖,黄蕴平,等.田螺山遗址 2004 年出土哺乳动物遗存的初步分析[M]//田螺山遗址自然遗存综合研究.北京:文物出版社,2011.

[50]黄文几.圩墩新石器时代遗址出土动物遗骨的鉴定[J].考古,1978(4):241-243.

[51]郑晓蕖,孙国平,赵志军.田螺山遗址出土菱角及相关问题[J].江汉考古,2017(5):88,103-107.

[52]章纯熙.中国水牛科学[M].南宁:广西科学技术出版社,2000.

[53]Cockrill W R. Water buffalo[M]//Evolution of Domesticated Animals. Longman,London,1984:52-63.

[54]Lau C H, Drinkwater R D, Yusoff K, et al. Genetic diversity of Asian water buffalo(Bubalus bubalis): mitochondrial DNA D-loop and cytochrome b sequence variation[J]. Animal Genetics,2015(4):253-264.

[55]蒋乐平.浙江浦江县上山遗址发掘简报[J].考古,2007(9):7-18.

[56]浙江省文物考古研究所,萧山博物馆.跨湖桥[M].北京:文物出版社,2004.

[57]浙江省文物考古研究所.河姆渡:新石器时代遗址考古发掘报告[M].北京:文物出版社,2003.

[58]姚促源,梅福根.浙江嘉兴马家滨新石器时代遗址的发掘[J].考古,1961(7):345-351.

[59]张明华,宋建,游修龄.1987 年上海青浦县崧泽遗址的发掘[J].考古,1992(3):204-219.

[60]浙江省文物考古研究所.良渚遗址群[M].北京:文物出版社,2005.

[61]宋建. 马桥1993—1997年发掘报告[M]. 上海:上海书画出版社,2002.

[62]蒋乐平. 跨湖桥文化研究[M]. 北京:科学出版社.2014.

[63]浙江省文物考古研究所,萧山博物馆. 浦阳江流域考古报告之一跨湖桥. 北京:文物出版社,2004:1-2.

[64]蒋乐平. 跨湖桥文化研究[M]. 北京:科学出版社,2014.

[65]Britton K,Mtildner G,Bell M. Stable isotope evidence for salt-marsh grazing in the Bronze Age Severn Estuary, UK:implications for palaeodietary analysis at coastal sites[J]. Journal of Archaeological Science,2008(8):2111-2118.

[66]浙江省文物考古研究所,萧山博物馆. 浦阳江流域考古报告之一跨湖桥[M]. 北京:文物出版社,2004.

[67]蒋乐平. 跨湖桥文化研究[M]. 北京:科学出版社,2014.

8 人骨的稳定同位素分析

长江三角洲地区新石器时代考古遗址中出土的古代人类骨骼普遍保存情况较差,因此已发表的人骨稳定同位素数据非常少,关于先民食物结构的相关讨论,也较为简单。本章拟以田螺山遗址、江家山遗址、圩墩遗址、马家浜遗址、庄桥坟遗址等长三角地区考古遗址出土的部分人骨样品为例,利用骨胶原和羟磷灰石两种方法,测定其中的碳、氮、氧等稳定同位素,在结合前人研究成果的基础上,以前两章植物和动物稳定同位素测试、分析所建构的"稳定同位素基线"为参照系,综合探讨本地区先民的食物结构。

8.1 骨胶原碳、氮稳定同位素分析

为了揭示本地区新石器时代居民的饮食变化趋势及生业模式异同,本研究遴选了宁绍平原的田螺山遗址,以及环太湖流域圩墩遗址的人骨骨胶原碳、氮稳定同位素数据进行比较分析。

8.1.1 田螺山遗址

研究选取 12 例人骨进行骨胶原 C、N 稳定同位素测试,经污染鉴别,可以发现有效数据为 11 例(详细分析见本书第五章相关部分)。样品 TLS No.5 因体质人类学鉴定尚不能确定该样品种属,因而在以下分析时将其剔除。其余 10 例先民样品的 $\delta^{13}C$ 比值变化范围为 $-21.4‰\sim-20.1‰$,均值为 $-20.5‰\pm0.4‰(n=10)$(见图 8-1)。这一数值十分接近纯以 C_3 类食物为食的骨

胶原 δ^{13}C 比值，表明 C_3 类食物在先民的食物结构中占据主导地位。经测试，田螺山遗址古水稻的 δ^{13}C 比值变化范围为 $-24.5‰\sim-29.1‰$，均值为 $-26.4‰$ $\pm1.3‰$（n=20），以该平均值为基础，根据简单二元混合模型可进一步估算 C_3 类食物（包括 C_3 类作物以及依赖于 C_3 类副产品的动物）在先民食物结构中所占比例[1][2][3][4]。计算得到，C_3 类食物在先民食物结构中所占的比例为 $90\%\sim99\%$，均值为 93%（n=10）。骨胶原中的 C 主要来自食物中的蛋白质，而不是整个食物，因此，骨胶原中的 δ^{13}C 比值，主要反映了食物中蛋白质的 δ^{13}C 比值。由数据可知，先民食谱中的蛋白质部分，应主要来源于 C_3 类食物。

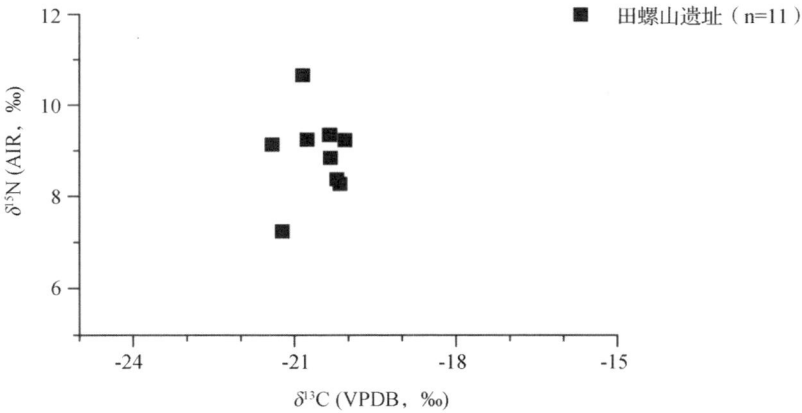

图 8-1　田螺山遗址人骨胶原 C、N 稳定同位素数据散点图

与 C 同位素不同，N 同位素在沿营养级上升时，存在着明显的富集现象，即每上升一个营养级，δ^{15}N 比值就增加 $3‰\sim5‰$（Hedges R E M，et al. 2007），故利用 δ^{15}N 比值，就可判断人或动物所处的营养级。依据 δ^{15}N 比值的不同，所有的生物可以分为 6 类：（1）豆科植物最低，其 δ^{15}N 比值大约为 $0‰$；（2）非豆科植物具有稍高的 δ^{15}N 比值，大约为 $2‰\sim3‰$；（3）食草类动物，δ^{15}N 比值大约为 $3‰\sim7‰$；（4）杂食类动物，δ^{15}N 比值大约为 $7‰\sim9‰$；（5）一级食肉类动物以及各种鱼类，δ^{15}N 比值为 $9‰\sim12‰$；（6）二级食肉类动物更高[5][6][7]。然而由于不同遗址所处的环境不尽相同，因而判断具体遗址中生物的 δ^{15}N 比值所处的范围应以当地实际情况为基准。根据本研究，对田

螺山遗址动物的分析表明,主要动物种类的 N 值情况为:鹿(δ^{15}N 比值范围为 4.4‰~10.8‰,平均值为 7.0‰±2.0‰(n=47)),猪[δ^{15}N 比值范围为 4.8‰~7.9‰,平均值为 6.4‰±1.0‰(n=11)],牛[δ^{15}N 比值范围为 5.9‰~10.3‰,平均值为 8.8‰±1.0‰(n=46)]。海洋中含有大量的 NO_3^- 离子团,动、植物以其为 N 源,它们的 δ^{15}N 比值均高于同一营养级的陆生生物[6],田螺山遗址测得的海洋性动物 δ^{15}N 比值为 10.2‰~14.5‰,平均值为 12.8‰±1.7‰(n=9),淡水动物 δ^{15}N 比值为 5.6‰~7.3‰,平均值为 6.5‰ ±0.7‰(n=6),为进一步分析先民食物来源提供了很好的参照系。

数据显示,先民 δ^{15}N 比值变化范围为 4.75‰~10.66‰,变化范围较大,反映出先民的动物类食物来源存在相当大的差异。在 10 个人骨样品中,样品 TLS No.1 和 TLS No.9 的 δ^{15}N 比值显现出异常。样品 TLS No.9 的 δ^{15}N 比值为 4.8‰,远低于其他先民的值,而和植食动物(如鹿)相近。这是由于这些先民摄入肉食极少,很可能是当时的"素食主义者"。TLS No.1 的比值则稍高于其他先民,为 10.7‰,经体质人类学鉴定该样品为幼儿骨骼,其较高的 δ^{15}N 比值可能与其死亡时尚处于哺乳期,摄入了母乳或其他奶制品有关。除去这两例特殊值,剩下的 8 例样品可粗略根据田螺山遗址出土的鹿[7.0‰± 2.0‰(n=47)]、猪[6.4‰±1.0‰(n=11)]和牛[8.8‰±1.0‰(n=46)]的 δ^{15}N 平均值将先民分为两类。其中先民 δ^{15}N 比值高于 9‰的共有 5 例,占所有样品的 62.5%。这些先民肉食摄入较多,很可能也摄取了一定量的鱼类。考古遗址中发掘出较多的鱼骨[8],也能为此推断提供有力佐证。δ^{15}N 比值处于 7‰~9‰的共有 3 例,占所有样品的 37.5%。这些先民则可能更多地以采集或农业为生,肉食摄入相对较少。先民肉食来源产生较大差异的原因,我们认为可能有两点:首先,全新世中期的田螺山、河姆渡一带不仅有余姚江谷地,谷地南北两侧还有大片的山地丘陵,平原中还有一些湖泊,多样的地貌和环境条件组合,加之温暖湿润的气候,使得栖生于不同生境的野生动植物数量繁多,类型丰富多样[9],能够为先民的多种食物来源提供物质基础;其次,先民在食物来源的选择中可能存在较大的个体差异。

研究指出,骨胶原中的 C 主要来自食物中的蛋白质部分,而 N 同位素值主要反映了食物中的动物蛋白,因此,通过对先民 δ^{13}C 比值和 δ^{15}N 比值相关性的分析,可望进一步探索先民的食物来源:如果两者显著相关,则表明先民食物中动物类食物蛋白占大多数，暗示先民生活方式以渔猎为主；反之则说明先民以植物类食物为主，其生活方式可能以采集或农业为主[6]。对去除特殊值 TLS No. 1、No. 5、No. 9 后的其余 8 例样品数据进行相关性分析，结果表明，样品的 $\delta^{13}C$、$\delta^{15}N$ 比值呈现低度相关（$r=-0.327$，$p=0.429>0.05$），说明田螺山遗址先民食物中含有较多的植物类食物。

8.1.2 江家山遗址

江家山遗址总共取得 2 例人骨样品，经分析，两例数据均有效，可用作稳定同位素分析（见图 8-2）（详细分析见本书第五章相关部分）。从 $\delta^{13}C$ 比值看，先民的 $\delta^{13}C$ 比值范围为 $-20.5‰\sim-20.2‰$，平均值为 $-20.3‰\pm0.2‰$（$n=2$）。C_3 植物的 $\delta^{13}C$ 平均值为 $-26.5‰$[10]，从食物至动物骨胶原 $\delta^{13}C$ 比值大约富集 $5‰$[11]。因此，理论上纯以 C_3 植物为食的先民骨胶原的 $\delta^{13}C$ 比值为 $-21.5‰$ 左右，扣除化石燃烧效应富集的 $1.5‰$，$\delta^{13}C$ 比值应为 $-20‰$ 左右[12]，最终该值与先民 $\delta^{13}C$ 的平均值 $-20.31‰\pm0.22‰$（$n=2$）相当接近，表明 C_3 类食物在先民食谱中占据主导地位。根据简单二元混合模型可进一步大致估算 C_3 类食物（包括 C_3 类作物以及依赖于 C_3 类副产品的动物）在先民食物结构中所占比例[13]。计算得到，C_3 类食物在先民食物结构中的比例均为 100%。因骨胶原中的 C 主要来自食物中的蛋白质部分，因此由数据可知，先民食谱中的蛋白质部分，应皆来源于 C_3 类的植物蛋白或以 C_3 类植物为食的动物蛋白抑或两者兼而有之。

先民 $\delta^{15}N$ 比值的变化范围为 $5.1‰\sim10.2‰$，平均值为 $7.6‰\pm3.6‰$（$n=2$）。与 $\delta^{13}C$ 比值上两例数据差距较小相反，先民在 $\delta^{15}N$ 比值存在较大的差距，因此无法利用均值进行分析，只能对两个数据分别进行食物结构的分析。N 在不同营养级之间存在同位素富集现象，随着营养级的上升，每上升一级，大约富集 $3‰\sim5‰$[14]。由于江家山遗址缺乏当地野生植食动物作为营养级上的参照，因此将田螺山遗址中鹿的 $\delta^{15}N$ 比值（$5.7‰\pm0.3‰$）作为参照。

根据 $\delta^{15}N$ 比值上升一级大约富集 $3‰\sim5‰$ 来看，江家山遗址两例先民的 $\delta^{15}N$ 比值属于不同的营养级。根据稳定同位素生物考古基本理论，并与江家山、田螺山遗址动物数据进行比较，JJS NO. 10（$10.2‰$）属于杂食类范围，并且已十分接近肉食类的范围。推测出现这种情况的原因主要有三种：一种是先民生前摄入了较多的肉类而忽视植物类食物的摄入；另一种是此例骨样属于尚处于哺乳期的婴儿，大量摄入母乳或其他奶制品使其 δ^{15}N 比值较高，但由于缺乏样品的体质学测量，因此目前无法判断该例样品的年龄情况；最后一种可能，是该位先民的食物来源中存在水生动物，淡水资源或者海洋资源皆有可能。考虑到江家山遗址濒临太湖的地理位置，先民在日常生活中摄入了较多淡水资源导致较高 δ^{15}N 比值的可能性较大。但在遗址发掘中并未发现大量食用淡水资源的痕迹或者捕鱼用具[15]，因此目前无法判断这一猜测的准确与否。另一例样品 JJS NO.11 与鹿的 δ^{15}N 比值十分接近，属于植食类范围，可以推测，当时出于某种原因，一些先民不能获得肉食资源或者排斥肉类，成为最早期的"素食主义者"。而且，在田螺山遗址中同样也存在一例 δ^{15}N 比值很低的先民，表明先民中出现极低 δ^{15}N 比值的个体似乎并非偶然现象。是否在其他南方地区遗址中也存在这样的个体还需今后对更多遗址进行稳定同位素分析才能探明。如果假设成立，这将是个非常有趣也值得深入讨论的话题。

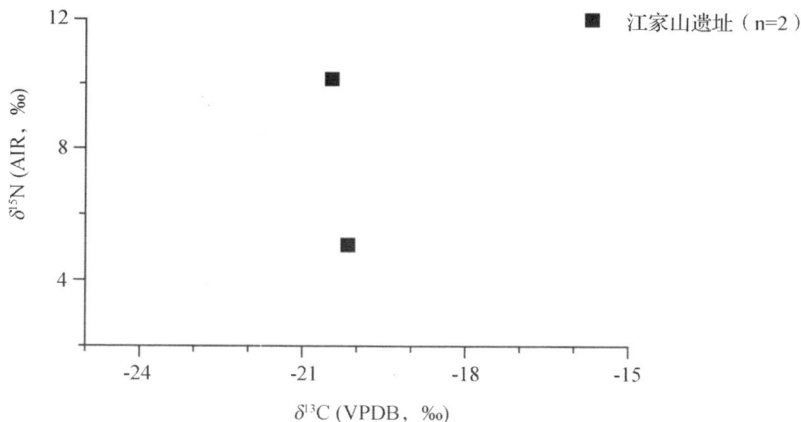

图 8-2　江家山遗址人骨胶原 C、N 稳定同位素数据散点图

8.1.3　圩墩遗址

从圩墩遗址共获得 22 例人类个体，但由于当地土壤环境等因素影响，骨

胶原流失较为严重，最终共获得 2 例个体数据。先民的 $\delta^{13}C$ 比值范围为 $-20.0‰ \sim -20.4‰$，平均值为 $-20.2‰ \pm 0.3‰$（$n=2$）。从数据平均值来看，与田螺山、江家山遗址先民的数据相差不大，同样显示器食物结构主要以 C_3 食物作为其主要食物来源；从数据的分布上来看，其标准误差与江山家遗址相似而略小于田螺山遗址先民，显示出较为集中的特征。

先民 $\delta^{15}N$ 比值的变化范围为 $10.0‰ \sim 10.7‰$，平均值为 $10.4‰ \pm 0.5‰$（$n=2$）。与圩墩遗址已测动物数据进行比较，先民与当地的鹿（大型鹿（$6.9‰ \pm 1.3‰$，$n=12$）、中型鹿（$7.2‰ \pm 1.1‰$，$n=7$）、小型鹿（$5.3‰ \pm 1.2‰$，$n=11$）和猪（$7.3‰ \pm 1.6‰$，$n=9$）在氮均值上均呈现出接近一个营养级的差别，但是考虑到大型鹿的 C 比值分布（$-15.6‰ \pm 2.7‰$，$n=12$）与先民之间相差较大，当不是先民主要的肉食来源。因此，在圩墩遗址，先民与中小型鹿与猪之间体现出较为明确的食用与被食用关系，应以中小型鹿与猪为主要肉食来源。狗 $\delta^{13}C$ 和 $\delta^{15}N$ 比值的范围（$-21.1‰ \sim -20.2‰$，$9.1‰ \sim 10.0‰$，$n=5$）表现出和人饮食十分接近的特点，人和狗之间没有营养级的差异，说明该地区没有将狗作为食物的习惯。同时，从图 8-3 可以明显看出，圩墩遗址人的碳、氮稳定同位素分布范围十分狭小，而中小型鹿与猪的比值分布范围更为广大，两者之间并不完全匹配，这暗示圩墩遗址的人应该还有其他的食物来源[16]。根据稳定同位素分析原理，对骨骼骨胶原的分析显示的是食物中蛋白质的来源，而蛋白质的来源主要有植物蛋白与动物蛋白，其中谷物本身含有约 10%—12% 的蛋白质，肉类的蛋白含量是谷物的两倍左右，因此谷类食物的蛋白贡献在骨胶原碳、氮稳定同位素分析中可能被低估，也就是说，谷类食物的蛋白质贡献其实在同位素数据上并未充分体现。例如，对一个被估计为高营养级的饮食（来自动物蛋白质的总蛋白质的 75%）实际上只相当于 33% 比重的肉和 65% 比重的谷物的蛋白质水平[17]。有鉴于此，圩墩遗址人较为集中的碳氮数据应来自谷类食物，考虑到圩墩遗址出土的水稻遗存以及较为丰富的与稻作农业相关的农业工具等[18]，可以推测水稻在先民的食物结构中也应占有较大的比重。

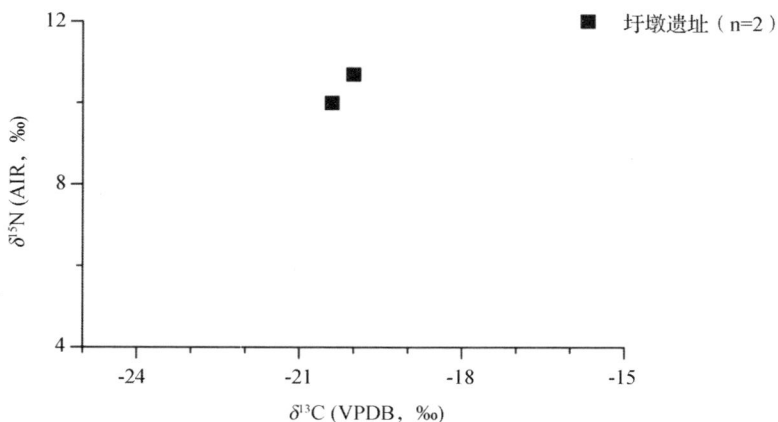

图 8-3　圩墩遗址人骨胶原 C、N 稳定同位素散点图

8.2　羟磷灰石碳、氧稳定同位素分析

本次研究遴选了马家浜遗址、圩墩遗址和庄桥坟遗址人骨的羟磷灰石碳、氧稳定同位素数据进行比较分析。各遗址人骨样品碳、氧稳定同位素研究状况如下。

8.2.1　马家浜遗址

马家浜遗址用于碳、氧稳定同位素分析测试的人骨样品共 56 例。经过污染鉴别之后，发现有 23 例样品不含其他杂质，样品中羟磷灰石保存完好，可用于进一步分析（详细分析见本书第五章相关部分）。由于 MJB26 的 $\delta^{13}C$ 比值为 $-31.7‰$，明显低于正常值，因此，在研究中也被剔除[19]。

见图 8-4，其余 22 例人骨样品的 $\delta^{13}C$ 比值在 $-12.5‰$ ~ $-10.9‰$ 之间，平均值为 $-11.7‰±0.4‰$（n=22），说明以 C_3 类食物为主。先民的 $\delta^{13}C$ 比值较为集中，说明先民的食谱较为接近。

见图 8-4，先民的 $\delta^{18}O$ 比值在 $-8.0‰$ ~ $-5.6‰$ 之间，平均值为 $-6.6‰$ $±0.6‰$（n=22）。利用 O 稳定同位素进行人群流动的研究，最主要的是要确定当地环境的 O 同位素基底值。一般来说，家养动物由于活动范围小，其 δ^{18}

O 比值经常被视为当地的 O 同位素基底值。遗憾的是在马家浜遗址中，我们并没有分析动物样品，因此关于 O 同位素的研究，我们还需要跟其他遗址（如圩墩遗址和庄桥坟遗址）进行比较，从而得出进一步的结论。马家浜遗址先民的 $\delta^{18}O$ 比值与圩墩遗址先民相似，说明两者的饮用水来源相似。马家浜遗址位于太湖南面，地理位置与圩墩遗址相距大约 150 公里。同一时期，两者的气候环境差别不大。这些证据说明了太湖流域地区的饮用水来源可能在氧稳定同位素上基本都相似。在马家浜文化遗址中都发现了大量的水井遗迹，可能暗示了在环太湖流域先民对饮用水的获取方式较为一致。除此之外，通过对比良渚时期的庄桥坟遗址先民 $\delta^{18}O$ 比值，可以发现，马家浜文化时期先民的 $\delta^{18}O$ 比值范围更小，这反映了他们的活动范围更小，结合他们利用水井的方式，暗示了当时先民的人口流动较少。当时的先民可能都是在本地生活，围绕其水源开始在固定地点定居。

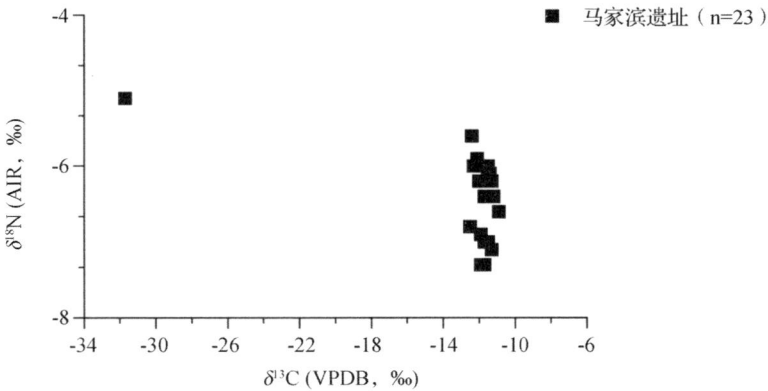

图 8-4　马家浜遗址人骨羟磷灰石 C、O 稳定同位素数据散点图

8.2.2　圩墩遗址

挑选圩墩遗址出土的人骨样品 9 例，进行羟磷灰石碳、氧稳定同位素的分析测试，污染鉴别后有 9 例样品未污染，符合后续研究需要（详细分析见本书第五章相关部分）。人的 $\delta^{13}C$ 比值范围为 $-14.5‰ \sim -13.4‰$，均值为 $-14.0‰ \pm 0.4‰(n=9)$，这说明人的整个食谱中的蛋白质和碳水化合物等主要来自 C_3 食物。数据的分布较为集中，不同个体间的数据差异较小，说明其食物结构较为相似，这与圩墩遗址先民骨胶原测试结果一致。

先民的 $\delta^{18}O$ 比值范围为 $-7.0‰ \sim -5.6‰$，均值为 $-6.3‰ \pm 0.4‰$（n=9），野生动物鹿、牛、鸟类和水生动物的 $\delta^{18}O$ 平均值为 $-8.5‰ \pm 1.2‰$（n=39）。从图 8-5 可以看出人类的氧比值比野生动物氧比值均值高大约 2‰，表明人类饮用水来源与野生动物有明显的区别。导致这种现象的可能性有很多，例如饮用水来源不同，或者是对食物进行加工导致 $\delta^{18}O$ 比值上升等。先民引用水来源多样，淡水河、淡水湖、雨水、井水等均可能成为先民的饮用水来源，其中雨水、河湖水等的氧比值均与当地的地表水氧比值相当，只有井水由于长期积蓄，经过自然蒸发会发生富集作用而导致 $\delta^{18}O$ 平均值上升[20]，因此饮用井水会导致人体内氧稳定同位素呈现较高的数据。同时，马家浜文化先民居住的遗址中发现了许多水井的痕迹，在圩墩遗址发掘报告中明确提到发现了水井[21]，进一步表明当时先民可能已经开始广泛采用井水作为主要饮用水来源。另一种可能是对水和食物的加工会导致其本身发生热力学分馏而产生氧比值上升的现象，进而使得先民的氧同位素比值相对偏高。有学者对加工后的饮品进行测试统计，发现热水和酒等加工后液体的 $\delta^{18}O$ 比值明显上升[22]。当然，影响氧同位素变化的因素很多，这里讨论了两种导致氧同位素比值上升的可能性原因，但并不排除气候变化、人群迁徙等原来所带来的影响。要深入探讨何种因素所致，尚需借助其他相关分析手段，例如碳十四测年确定共时性、牙齿的序列样品测定判定人个体的迁徙情况等来综合判断。

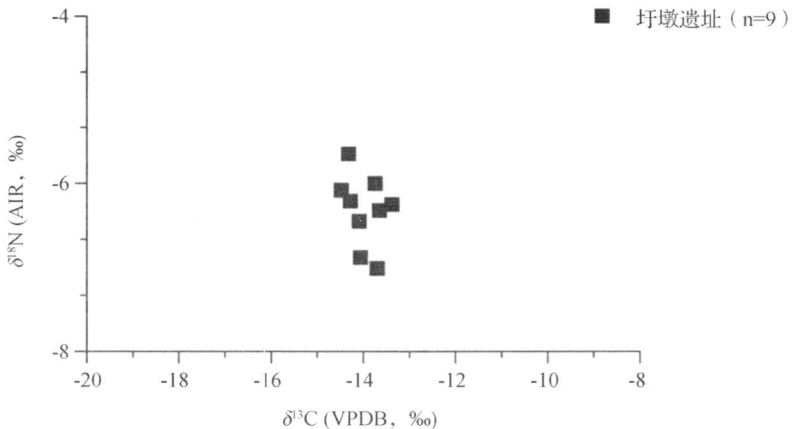

图 8-5　圩墩遗址人骨羟磷灰石 C、O 稳定同位素散点图

从图 8-5 也能看出，人群的氧同位素比值变化范围远小于当地的动物，数据非常集中，暗示先民的引用水来源也较为一致，这与前文通过 C、N 稳定同位素分析先民的食物结构也较为一致的情况相类似，可以推测，此次测定的圩墩先民个体的饮食与水来源均较为一致而稳定，变化不大。

8.2.3 庄桥坟遗址

见图 8-6，挑选庄桥坟遗址出土的人骨样品 37 例，进行羟磷灰石碳、氧稳定同位素的分析测试，污染鉴别后有 22 例样品未污染，符合后续研究需要（详细分析见本书第五章相关部分）。22 例人骨的 $\delta^{13}C$ 比值在 $-14.0‰\sim-11.5‰$，平均值为 $-12.8‰\pm0.7‰$（n＝22），表明主要以 C_3 类食物为主。与当地动物相比，人类的 $\delta^{13}C$ 比值范围要相关广泛，说明人类的食物结构相对复杂。

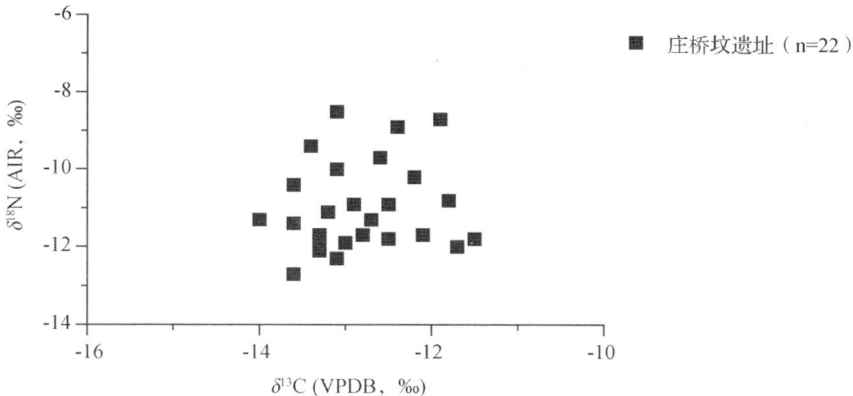

图 8-6　庄桥坟遗址人骨羟磷灰石 C、O 稳定同位素散点图

先民的 $\delta^{18}O$ 比值范围在 $-12.67‰\sim8.51‰$，平均值为 $-10.8‰\pm1.2‰$（n＝22）。狗样品的 $\delta^{18}O$ 比值范围在 $-12.0‰\sim-11.4‰$，平均值为 $-11.7‰\pm0.2‰$（n＝5），猪样品的 $\delta^{18}O$ 比值分别为 $-12.1‰$ 和 $-12.2‰$。狗和猪的活动范围较小，属于当地物种，我们可以将两者的 $\delta^{18}O$ 比值视为当地 O 同位素比值的基底值。与当地动物相比，先民数据的变化幅度很大，说明其活动范围较广，很有可能不局限于当地。与圩墩和马家浜遗址相比，庄桥坟遗址先民的 O 稳定同位素数据分布也显得更为分散。

8.3 长三角地区先民食物结构和生业模式分析

根据前文分析结果,并结合前人发表数据(见表 8-1),可以发现长三角地区先民的食物结构和生业模式在不同的考古学文化阶段,呈现出各自的特点(见图 8-7)。

表 8-1 长三角地区先民骨胶原稳定同位素数据

遗址	时代 (cal BP)	样品号	C 含量 (%)	N 含量 (%)	C/N (摩尔比)	$\delta^{13}C$ (‰)	$\delta^{15}N$ (‰)	参考 文献
河姆渡 遗址	8200~7000	SP323	/	/	/	−18.3	11.2	张雪莲等, 2003[23]
	8200~7000	SP324	/	/	/	−15.1	11.6	
田螺山 遗址	7000~5700	DENRH-1	37.2	13.7	3.2	−20.4	9.8	南川雅男等, 2011[24]
	7000~5700	DENRH-2	40.1	14.7	3.2	−20.3	8.0	
	7000~5700	DENRH-3	37.8	13.8	3.2	−20.9	8.3	
	7000~5700	DENRH-4	38.3	14.3	3.1	−20.9	8.3	
	7000~5700	DENRH-5	36.2	13.6	3.1	−20.4	8.3	
	7000~5700	DENRH-6	33.9	13.0	3.0	−20.6	8.1	
	7000~5700	DENRH-7	10.4	3.3	3.6	−21.9	10.4	
	7000~5700	DENRH-8	34.5	12.6	3.2	−20.2	8.0	
	7000~5700	DENRH-9	31.8	11.8	3.1	−20.4	8.0	
	7000~5700	DENRH-11	36.1	13.4	3.1	−20.3	10.0	
	7000~5700	TLS No. 1	41.8	14.6	3.3	−20.8	10.7	本研究
	7000~5700	TLS No. 2	41.8	15.2	3.2	−21.4	9.1	
	7000~5700	TLS No. 3	43.7	15.6	3.3	−20.3	9.4	
	7000~5700	TLS No. 4	43.8	15.6	3.3	−20.1	9.2	
	7000~5700	TLS No. 5	37.9	13.3	3.3	−21.2	7.2	
	7000~5700	TLS No. 6	40.6	15.0	3.2	−20.4	9.4	
	7000~5700	TLS No. 7	41.4	14.5	3.3	−20.8	9.3	
	7000~5700	TLS No. 8	40.8	14.8	3.2	−20.2	8.3	
	7000~5700	TLS No. 9	43.9	16.1	3.2	−20.2	4.8	
	7000~5700	TLS No. 10	44.3	16.3	3.2	−20.2	8.4	
	7000~5700	TLS No. 11	43.8	15.9	3.2	−20.3	8.9	
	7000~5700	TLS No. 12	/	/	/	/	/	
圩墩 遗址	6200~5900	WD2	41.6	15.3	3.2	−20.4	10.0	本研究
	6200~5900	WD7	44.8	16.6	3.1	−20.0	10.7	

遗址	时代 （cal BP）	样品号	C 含量 （%）	N 含量 （%）	C/N （摩尔比）	$\delta^{13}C$ （‰）	$\delta^{15}N$ （‰）	参考 文献
三星村 遗址	6500～5500	Sxc1	16.5	5.9	3.3	−19.9	10.0	胡耀武等， 2007[25]
	6500～5500	Sxc2	10.3	3.6	3.4	−20.2	10.3	
	6500～5500	Sxc3	16.3	5.8	3.3	−20.3	8.9	
	6500～5500	Sxc4	37.8	14.0	3.1	−19.6	10.0	
	6500～5500	Sxc5	28.8	10.9	3.1	−20.0	10.0	
	6500～5500	Sxc6	41.1	15.3	3.1	−19.8	9.6	
	6500～5500	Sxc7	37.1	13.8	3.1	−19.8	9.8	
	6500～5500	Sxc8	25.9	9.6	3.2	−20.0	10.1	
	6500～5500	Sxc9	43.7	16.2	3.2	−20.1	9.6	
	6500～5500	Sxc10	42.3	15.6	3.2	−20.3	9.3	
	6500～5500	Sxc11	44.5	16.4	3.2	−19.9	9.7	
	6500～5500	Sxc12	39.5	14.6	3.2	−19.7	9.7	
	6500～5500	Sxc13	26.4	9.7	3.2	−20.1	9.6	
	6500～5500	Sxc14	40.3	15.0	3.1	−20.1	9.3	
	6500～5500	Sxc15	18.9	6.7	3.3	−20.1	9.5	
	6500～5500	Sxc16	38.3	14.1	3.2	−20.0	10.0	
	6500～5500	Sxc17	38.3	14.2	3.2	−20.1	9.6	
	6500～5500	Sxc18	35.1	13.0	3.2	−20.4	9.5	
	6500～5500	Sxc19	32.6	12.2	3.1	−20.2	9.8	
江家山 遗址	6900～5800	JJS NO.10	43.6	15.9	3.2	−20.5	10.2	本研究
	6900～5800	JJS NO.11	39.4	14.4	3.2	−20.2	5.1	
崧泽 遗址	6000～5300	SP325	/	/	/	−20.2	12.0	张雪莲等， 2003[26]
	6000～5300	SP326	/	/	/	−19.6	9.7	
塔山 遗址	5900～5600	TS-31	4.2	1.5	3.3	−18.4	8.4	张国文等， 2015[27]
	5900～5600	TS-33	13.9	5.2	3.2	−18.0	9.8	
	5900～5600	TS-47	15.0	5.7	3.1	−18.9	9.4	

在河姆渡文化时期，河姆渡遗址和田螺山遗址居民主要以 C_3 类食物为主，较少摄入高碳比值食物资源，相较于其他人群 $\delta^{13}C$ 比值的变化范围较大，这表明先民植物性食物来源较为广泛。从自然地理环境来看，全新世中期河姆渡、田螺山所处的宁绍平原温暖湿润，生长栖息了大量不同种类的野生动植物[28]。有学者对河姆渡文化植物遗存鉴定后，认为当地先民存在同时栽培水稻和其他植物的现象[29]。相较于河姆渡遗址两例个体[30]，田螺山遗址先民 $\delta^{13}C$（−20.5‰）、$\delta^{15}N$（8.6‰）平均值最低。结合南川雅男等人的研究[31]，

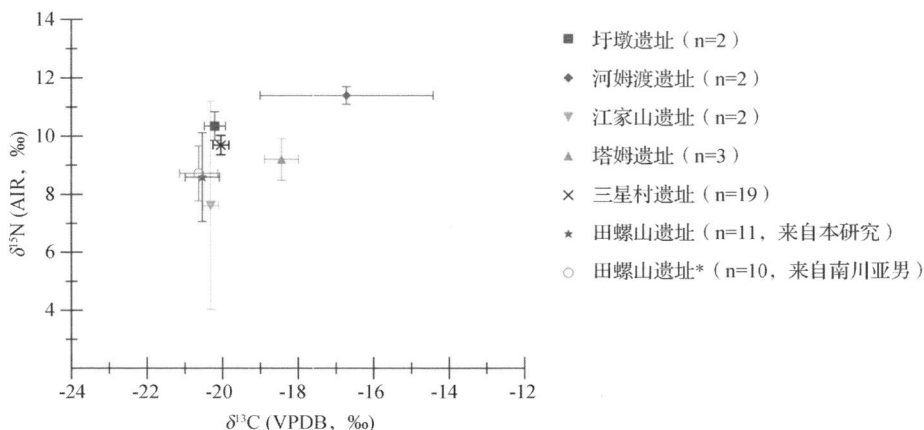

图 8-7 长江三角洲平原多遗址人骨骨胶原 C、N 稳定同位素数据误差棒

可以认为,田螺山遗址居民的同位素数据与贾湖遗址人群最为接近[32],两者
对资源的利用方式也具有相似性,肉食资源极有可能主要来源于依靠 C₃ 类植
物生存的野猪和鹿等陆生草食动物,而对海产资源的利用很少,整体肉食程
度不高。优越的自然环境和较为充足的食物资源组合,虽然为当地先民提供
了基本生存保障,但也从某种程度上限制了发展农业技术的迫切性,使得河
姆渡文化早中期稻作种植尚属于初级阶段,需要其他植物作为日常食物补
给。在家畜饲养方面,也体现出了一定的独特性,尤其是对猪的饲养,呈现出
与北方黄河流域地区不同的特点,可能与当地饲养猪的水平以及饲喂猪的具
体方式有关。在相似的自然文化背景下,河姆渡遗址与田螺山遗址先民稳定
同位素数据的分散性,也进一步表现了河姆渡文化先民食物来源的多样性,
出土的石器工具也多用于砍伐和加工木头,而非农耕之用[33]。从稳定同位素
的角度来看,河姆渡文化已测的田螺山遗址和河姆渡遗址先民当采用以渔猎
采集经济为主,稻作农业和动物(狗、猪)饲养为辅的生业模式。

与河姆渡文化年代较为相当的、环太湖流域的马家浜文化也在蓬勃发
展。三星村遗址与圩墩遗址不但地理位置相近,而且在绝对年代上也前后相
继,都隶属于马家浜文化。由图 8-7 可知[12],这两组先民 δ¹³C、δ¹⁵N 平均值差
异不大,且数据分布都处于一个较小的范围内,说明与河姆渡文化的人群相
比,其食物来源更加稳定。这种食物结构上的趋同性表明人们的生存策略从

主要依靠自然界攫取，开始有意识地转向食物生产。圩墩遗址先民主要摄取的 C_3 类食物资源，可能与当地稻作农业的发展有关，而肉食资源主要为中小型鹿和猪[34]。三星村遗址先民 $\delta^{13}C$、$\delta^{15}N$ 的平均值分别为 $-20.0‰$ 和 $9.7‰$，并且二者不呈显著相关性，因此，食物资源中还是以 C_3 类植物居多。与河姆渡遗址和崧泽文化的青浦遗址相比，三星村遗址在时间上处于二者之间，$\delta^{13}C$ 的平均值最小，但 C_3 类食物在先民食谱中占比例最大，说明对稻作农业的依赖性最强。尽管如此，三星村遗址先民的骨胶原 $\delta^{15}N$ 比值仍大于 $9.0‰$，结合遗址中多种动物骨骼的大量出土以及大面积螺蛳壳堆积层的发现[35]，推测肉食的获取还是主要来自渔猎活动，家畜的饲养仍未普及。而各样品中 $\delta^{15}N$ 值和 C_3 类食物比例呈现的弱负相关性，还暗示了先民稻作农业与渔猎经济的相对独立。人骨中 $\delta^{13}C$、$\delta^{15}N$ 比值的大小及趋势变化，进一步反映了以三星村遗址和圩墩遗址为代表的马家浜文化人群，当是以稻作农业为主并辅以渔猎的生活方式[36]。

继马家浜文化之后，环太湖流域隶属于崧泽文化的崧泽遗址，两例人骨样品的 $\delta^{13}C$、$\delta^{15}N$ 平均值分别为 $-19.9‰$ 和 $10.9‰$，同样以 C_3 类食物为主，肉食程度较高，且食物的摄取途径基本与三星村遗址类似。

至良渚文化时期，塔山遗址共选取人骨 22 例进行碳、氮稳定同位素检测分析，但由于受埋葬环境等因素的影响，最终成功提取骨胶原的人骨样品仅 17 例。检测结果显示，该组先民 $\delta^{13}C$ 比值分布较为集中（$-18.0‰$～$-18.9‰$），平均值为 $-18.4‰±0.5‰$（n＝3），表明先民的食物资源以 C_3 居多，并辅以少量 C_4 类。此外，先民较高的 $\delta^{13}C$ 比值，还可能与其摄取了一定量的水生类（包括淡水和海生）有关。先民的 $\delta^{15}N$ 比值，处于 $8.4‰$～$9.8‰$，其平均值为 $9.2‰±0.7‰$（n＝3）[37]。因主体上长江下游地区的生态环境以 C_3 类植被为主，因此，若结合先民的 $\delta^{13}C$ 比值和 $\delta^{15}N$ 比值，可以看出，先民应主要以陆生资源为食，并兼有部分淡水系统食物，如鱼类等。此外，相比野生动物，该遗址中人与家猪同位素值最为接近，二者 $\delta^{13}C$ 和 $\delta^{15}N$ 比值的差异仅为 $1.3‰$ 和 $1.9‰$，这可能是家猪被喂养了人类的残留食物所导致[38][39][40]。塔山遗址 3 例个体 $\delta^{13}C$ 比值分布较为集中（$-18.9‰$～$-18.0‰$），平均值为 $-18.4‰$，表明该组先民植物类食物资源以 C_3 类为主并兼有少量 C_4 类。遗址中发现了犁和"耘田器"等农业生产工具，而同时期的长江三角洲平原其他遗址也出土了大量碳化稻谷及与稻作农业相关的遗存[41]，因此说，当地先民以 C_3 类为主的食物，可能主要来源于稻作农业经济，但不排除部分通过野外采集而获取。$\delta^{15}N$ 比值的变化范围（8.4‰～9.4‰）同样较小，平均值（9.2‰）大于 9.0‰，说明肉食程度较高但来源单一。相关学者研究认为，该组先民的肉食资源以陆生的鹿、水牛等野生动物为主，其次为家猪和淡水鱼类，而对海生资源的依赖较小。所以说，塔山遗址先民主要从事稻作农业和采集经济，渔猎活动是其获取肉食资源的主要途径，家畜（猪）饲养规模较小[42]。而对庄桥坟遗址先民骨骼中羟磷灰石 C 稳定同位素的分析，也表明当地先民食物来源以 C_3 类食物为主。

通过以上分析可知，新石器时代长江三角洲平原前后相继的不同文化序列人群，饮食结构整体呈现出由分散到集中的趋势，标志着食物来源逐渐由多样性转变为稳定性。具体表现在，以河姆渡遗址和田螺山遗址为代表的河姆渡文化时期，优越的自然环境为当地先民提供了广泛的摄食途径，稻作种植尚属于初级，食物来源还主要依靠狩猎采集。张之恒将长江中下游地区稻作农业的发展分为驯化、诞生及发展三个阶段[43]，虽然河姆渡文化、马家浜文化及崧泽文化都处于稻作农业的发展阶段，但后两者对稻作农业的依赖性明显更大，并且稻作农业与渔猎经济相对独立，人群生业模式流行以稻作农业为主并辅以渔猎采集，家畜饲养仍未普及，对海生资源的利用也较少。这种生业状态直到良渚文化时期才逐渐被取代。由于农耕工具的大量出现，耕作技术的不断改良，水稻种植面积和产量的明显增大，良渚时期稻作农业发展已趋于稳定[44]，野外采集活动减少。稻作农业的稳定发展促使人类有足够的剩余食物去大规模饲养家畜，在良渚文化庄坟桥遗址中就出土了数具完整的猪骨和狗骨，经鉴定均为家养。袁靖认为新石器时代先民获取肉食资源的方式可分为三种类型，分别是依赖型、初级开发型及开发型[45]。根据这一定义，河姆渡文化、马家浜文化及崧泽文化先民获取肉食资源的方式，都属于初级开发型，即家畜饲养已经出现，但尚未普及，狩猎或捕获野生动物仍然占主要地位。而到了良渚时期，先民获取肉食资源的方式则转变为开发型，虽然在一定程度上还捕获周边环境中的野生动物，但发达的家畜饲养已经成为肉食的主要来源。

[1]Schwarcz H P. Some theoretical aspects of isotope paleodiet studies[J]. Academic Press，1991(3)：261-275

[2]Emery K F，Wright L E，Schwarcz H. Isotopic analysis of ancient deer bone：biotic stability in collapse period Maya land‐use[J]. Journal of Archaeological Science，2000(6)：537-550.

[3]胡耀武,王根富,崔亚平,等.江苏金坛三星村遗址先民的食谱研究[J].科学通报,2007(1):85-88.

[4]张雪莲,王金霞,冼自强,等.古人类食物结构研究[J].考古,2003(2):158-171.

[5]Bocherens H，Fizet M，Mariotti A. Diet，physiology and ecology of fossil mammals as inferred from stable carbon and nitrogen isotope biogeochemistry：implications for Pleistocene bears[J]. Elsevier，1994(3-4)：213-225.

[6]胡耀武,Stanley H A,王昌燧.贾湖遗址人骨的稳定同位素分析[J]. 中国科学 D 辑,2007(1):94-101.

[7]胡耀武,王根富,崔亚平,等.江苏金坛三星村遗址先民的食谱研究[J].科学通报,2007(1):85-88.

[8]浙江省文物考古研究所.田螺山遗址第一阶段(2004—2008 年)考古工作概述[C]//北京大学中国考古学研究中心,浙江省文物考古研究所.田螺山遗址自然遗存综合研究.北京:文物出版社,2011:7-39.

[9]李明霖,莫多闻,毛龙江,等. 浙江田螺山遗址古盐度及其环境背景同河姆渡文化演化的关系[J]. 地理学报,2009(3):807-816.

[10]O'Leary M H. Carbon isotope fractionation in plants[J]. Royal Society of New Zealand Wellington New Zealand,1981(4):553-567.

[11]Ambrose S H，Norr L. Experimental Evidence for the Relationship of the Carbon Isotope Ratios of Whole Diet and Dietary Protein to Those of Bone Collagen and Carbonate［M］//Prehistoric human bone. Springer，Berlin，Heidelberg，1993:1-37.

[12]Van Der Merwe N J，Medina E. Photosynethesis and 13C/12C ratios in Amazonian rain forests[J]. Geochimica et Cosmochimica Acta，1989(5)：

1091-1094.

[13]张雪莲,王金霞,冼自强,等.古人类食物结构研究[J].考古,2003(2):158-171.

[14]Hedges R E M，Reynard L M. Nitrogen isotopes and the trophic level of humans in archaeology[J]. Journal of Archaeological Science，2007(8):1240-1251.

[15]楼航,梁奕建.长兴江家山遗址发掘的主要收获.浙江省文物考古研究所学刊(第八辑):586-597

[16]Deniro M J，Epstein S. Influence of diet on the distribution of carbon isotopes in animals[J]. Geochimica et Cosmochimica Acta，1978(5):495-506.

[17]Hedges R，Saville A，O'Connell T. Characterizing the diet of individuals at the Neolithic chambered tomb of Hazleton North，Gloucestershire，England，using stable isotopic analysis[J]. Archaeometry，2010(1):114-128.

[18]陈娟英.试析常州圩墩新石器时代遗址的原始农业因素[J].农业考古,2000(1):101-103,128.

[19]项晨.环太湖流域新石器时代中晚期人(动物)骨骼的稳定同位素研究——以马家浜遗址和庄桥坟遗址为例[D].杭州:浙江大学硕士学位论文,2017.

[20]Darling W G，Bath A H，Talbot J C. The O and H stable isotopic composition of freshwaters in the British Isles. 2. Surface waters and groundwater[J]. Hydrol and Earth System Sciences,2003(2):183-195.

[21]江苏省圩墩遗址考古发掘队.常州圩墩遗址第五次发掘报告[J].东南文化,1995(4):69-94.

[22]Brettell R，Montgomery J，Evans J A. Brewing and stewing：The effect of culturally mediated behaviour on the oxygen isotope composition of ingested fluids and the implications for human provenance studies[J]. Anal. At. Spectrom,2012(27):778-785.

[23]张雪莲,王金霞,冼自强,等.古人类食物结构研究[J].考古,2003(2):158-171.

[24]南川雅男,松井章,中村慎一,等.由田螺山遗址出土的人类与动物骨骼胶质炭氮同位素组成推测河姆渡文化的食物资源与家畜利用[M]//北京大学中国考古学研究中心,浙江省文物考古研究所.田螺山遗址自然遗存

综合研究.北京:文物出版社,2011:262-270.

[25]胡耀武,王根富,崔亚平,等. 江苏金坛三星村遗址先民的食谱研究[J].
科学通报,2007(1):85-88.

[26]张雪莲,王金霞,冼自强,等.古人类食物结构研究[J].考古,2003(2):158-171.

[27]张国文,蒋乐平,胡耀武,等. 浙江塔山遗址人和动物骨的C、N稳定同位
素分析[J]. 华夏考古,2015(2):138-146.

[28]莫多闻,孙国平,史辰羲,等.浙江田螺山遗址及河姆渡文化环境背景探讨
[M]//田螺山遗址自然遗存综合研究.北京:文物出版社,2011:249-262.

[29]秦岭,傅稻镰,Fuller,等.早期农业聚落的野生食物资源域研究——以长
江下游和中原地区为例[J].第四纪研究,2010(2):245-261.

[30]张雪莲,王金霞,冼自强,等.古人类食物结构研究[J].考古,2003(2):62-75.

[31]南川雅男,松井章,中村慎一,等.由田螺山遗址出土的人类与动物骨骼
胶质炭氮同位素组成推测河姆渡文化的食物资源与家畜利用[M]//北京
大学中国考古学研究中心,浙江省文物考古研究所.田螺山遗址自然遗存
综合研究.北京:文物出版社,2011:262-270.

[32]Hu Y, Ambrose S H, Wang C, Jour. Stable isotopic analysis of human
bones from Jiahu site, Henan, China: Implications for the transition to
agriculture[J]. Archaeological Sci, 2006(33):1319-1330.

[33]陈淳.马家浜文化与稻作起源研究[J].嘉兴学院学报,2010(5):16-21.

[34]楼杰.马家浜文化晚期生业模式稳定同位素分析——以江苏常州圩墩遗
址(6200-5900 BP)为例[D].杭州:浙江大学硕士学位论文,2020.

[35]江苏省三星村联合考古队.江苏金坛三星村新石器时代遗址[J].文物,
2004(2):4-27.

[36]胡耀武,王根富,崔亚平,等.江苏金坛三星村遗址先民的食谱研究[J].科
学通报,2007(1):85-88.

[37]张国文,蒋乐平,胡耀武,等.浙江塔山遗址人和动物骨的C、N稳定同位
素分析[J].华夏考古,2015(2):138-146.

[38]管理,胡耀武,汤卓炜,等.通化万发拨子遗址猪骨的C、N稳定同位素分
析[J]. 科学通报,2007(52):1678-1680.

[39]Hogue H S. Corn dogs and hushpuppies: diet and domestication at two

protohistoric farmsteads in Oktibbeha County，Mississippi[J]. Southeast Archaeol，2003(22)：185-195.

[40] Pechenkina E A，Ambrose S H，Ma X L，et al. Reconstructing northern Chinese Neolithic subsistence practices by isotopic analysis[J]. Journal of Archaeol Science，2005(32)：1176-1189.

[41] 冈崎敬.关于中国古代稻作文化的考古学调查研究[J].农业考古,1988 (2):293-298.

[42] 张国文,蒋乐平,胡耀武,等.浙江塔山遗址人和动物骨的 C、N 稳定同位 素分析[J].华夏考古,2015(2):138-146.

[43] 张之恒.长江中下游稻作农业的起源[J].农业考古,1995(1):206-211.

[44] 高文虹.浅谈马家浜文化的动植物遗存[M]//江南文化之源——纪念马 家浜遗址发现五十周年图文集.北京:中国摄影出版社,2010:186-191.

[45] 袁靖.论中国新石器时代居民获取肉食资源的方式[J].考古学报,1999 (1):1-22.

9 稳定同位素视角下水稻利用水平的新探索

——以田螺遗址人和动物同位素数据为例

通过对长三角地区考古遗址中出土的动植物遗存进行多种稳定同位素分析,建立了当时当地的稳定同位素基线,为判断各考古遗址先民的食物结构提供了更为详细的参照系,从而能够较为准确地揭示多种食物资源在先民食谱中的地位。那么,是否能有一种方法,将不同食物资源的具体贡献直观地呈现出来呢? 最新的研究指出,通过准确测定遗址内多种动植物和人的稳定同位素比值,建构了较为完整的稳定同位素基线,在此基础上,利用贝叶斯食谱模型(Bayesian model for diet reconstruction),可以将多种食物资源在先民食谱中所占的比重估算出来。因此,本章选取动植物和人的稳定同位素数据均有的田螺山遗址,以基于贝叶斯框架形成的 Food Reconstruction Using Isotopic Transferred Signals(FRUITS)模型为例,分析田螺山遗址中水稻在先民食物结构中所占的比例,尝试探索当时先民对水稻的利用水平。

9.1 研究方法

田螺山遗址(7000~5500 BP)是河姆渡文化最重要的遗址之一,位于浙江省余姚市,西南距河姆渡遗址约 7 公里,其存在的时间跨度在 1500 年以上。遗址周边是山地环丘湿地型地貌环境,遗址中不仅出土了大量鱼类、贝类和龟鳖类等水生动物遗存,还出土了木桨等水上交通用具,这似乎暗示了田螺山遗址与水生环境的密切关系。[1] 已有的考古发现与研究表明田螺山遗址先民的植物性食物包括水稻、菱角、橡子、芡实等[2][3][4];动物性食物包括猪、野猪、鹿等,此外还发现了水牛、狗等动物;其生产方式包括渔猎采集与农业生产[5]。

田螺山遗址出土的丰富遗存是田螺山居民取食能力与广泛食谱的表现。田螺山居民的不同食物在食谱中的比重大小,水稻在其中起到的作用是被关注的问题。为此研究者采用了包括动物鉴定、统计分析、稳定同位素分析等多种方法进行分析,得到了初步结论。纵观以往的研究,探讨遗址内水稻利用情况的定性研究较多,而对遗址内水稻利用在先民生产生活中所处地位的定量研究较少,很难确认其在先民食物结构中所占的比例。

通过稳定同位素数据建构食谱模型,可以估计水稻在食谱中的比重。这种方法能够深入挖掘稳定同位素数据之间的关系,从而得出水稻在食谱中的具体比重,对水稻的利用情况进行深入探讨。食谱模型分析方法包括线性混合模型(linear mixing models)以及贝叶斯食谱模型(Bayesian model for diet reconstruction)。线性混合模型如 IsoSource[6]、Parnell 模型[7]等。线性混合模型的概念为:食物与消费者在稳定同位素数据上有一定关系,食物与消费者的稳定同位素数据越接近意味着这种食物的贡献越大。许多研究者将不同的案例运用校正改善线性混合模型的准确度。线性混合模型局限性在于第一,兼容性差,线性模型仅适用于已经明确组分的食谱类型,如需添加未知的食谱组分,模型无法调整;第二,比重界定不清晰,稳定同位素数据相近的食谱组分,相互间的关系无法清晰界定。[8] 而贝叶斯食谱模型,如 Moore & Semmens 模型[9]、FRUITS 模型[10]等将食谱模型置入贝叶斯框架中,能够将不确定的食物来源考虑进来,随着新条件的加入进行相应的调整;此外,对于数据上差距不大的食谱组成部分可以通过先验信息对模型进行校正。在贝叶斯食谱模型中,以 Food Reconstruction Using Isotopic Transferred Signals (FRUITS)模型最为典型,它考虑到了不同种类的食物来源,将大分子营养物的贡献置入模型,能够得到更精确的结果。因此选择以 FRUITS 模型为例,分析水稻的利用问题。

9.2 数据分析

本章采用的人类稳定同位素数据来自前文中田螺山遗址居民的碳氮稳定同位素比值,共 11 例数据,在表 9-1 中显示。

表 9-1　田螺山遗址先民骨胶原 C、N 稳定同位素数据

样品编号	种属	$\delta^{13}C(‰)$	$\delta^{15}N(‰)$
TLS No. 1	人	−20.8	10.7
TLS No. 2	人	−21.4	9.1
TLS No. 3	人	−20.3	9.4
TLS No. 4	人	−20.1	9.2
TLS No. 5	人	−21.2	7.2
TLS No. 6	人	−20.4	9.4
TLS No. 7	人	−20.8	9.3
TLS No. 8	人	−20.2	8.3
TLS No. 9	人	−20.2	4.8
TLS No. 10	人	−20.2	8.4
TLS No. 11	人	−20.3	8.9

在进行 FRUITS 模型分析之前需要有足够的材料:充足的人类同位素比值数据、完善的食谱模型结构及其同位素证据,以及人类对于食谱利用方式普遍而合逻辑的判断。人类与食物的同位素数据是分析探讨其中差异的基础,而食谱的选择尤为重要。因为 FRUITS 模型是一种能够推导食谱中所有可能性的、多元的食谱分析软件,要求我们在使用过程中既要考虑食谱组成部分之间的区分度,并用同位素比值类似的食物组成用误差与范围来标识,以缩小分析结果的范围;也要考虑食谱的完善程度,以免在结果中一部分食物比重挤压其他食物成分实际上的比重。此外,我们还可以在分析过程中加入已有的认识即考古学信息,对实验分析进行限定。具体的做法是:在前人研究基础上对研究结果进行预判,通过对先验信息进行赋值,校正出较为准

确的实验结果。田螺山遗址的食谱模型数据见表9-2。

表 9-2　田螺山遗址食谱模型参照数据[11][12]

物种类	$\delta^{13}C(‰)$	$\delta^{15}N(‰)$	数据来源
水稻	−26.5	2	[12]
鹿类	−21.4	5.7	[11]
猪	−20.4	6.5	[11]
淡水鱼	−22.1	9.0	[11]
海鱼	−12.41	13.9	[11]

考古材料与现有研究显示，田螺山遗址居民的植食范围十分广泛，以水稻、菱角、芡实等为主。水稻是 C_3 环境的代表，包括野生稻与栽培稻。田螺山出土的水稻植硅体显示田螺山遗址的居民不是纯农业生产者，其水稻种植有两次中断[13]。据考古出土的大量动物遗存显示，田螺山遗址居民的肉食来源也十分广泛，主要有鹿类、猪以及淡水鱼类。同时，田螺山遗址还出土了一部分海水鱼类遗存。田螺山遗址的食谱模型也有一定的区分度，其中水稻具有最低的碳比值与最低的氮比值，对食谱有重要的影响，可以代表 C_3 环境下植物资源的摄入，但其比重较低；鹿类与猪类碳比值相似，氮比值有一定差异，应该是肉食资源的主体部分；鱼类拥有最高的氮比值，这会对人类同位素数据中的氮比值产生极大的影响；海水鱼的氮比值最高，处在 C_3 与 C_4 之间，有很高的辨识度。本研究中田螺山遗址的食谱模型肉食部分的稳定同位素数据来自田螺山出土动物遗存一定数量实测值的平均数与标准差，由于没有水稻的碳氮稳定同位素数据，所取用的数据来自考虑化石燃烧效应后的现代标准值。

田螺山遗址的 FRUITS 模型分析初步结果如图9-1所示。其中，水稻在田螺山居民食谱中占主导地位，所占比重在 40%～80% 之间；鹿类次之，所占比重在 50% 以下；淡水渔业资源所占的比重略大于猪占的比重；海水渔业资源所占比重极低。但在 95% 置信区间的线图中鹿可信度较高的区域集中在比重小的区域，水生资源、猪类也呈现出相同的情况。而相对应的，水稻的比重远大于预期值，可能是由于田螺山遗址居民的食谱集中在 C_3 区域，而水稻所代表的植食部分的碳比值更低，对其他肉食资源的比重产生了较大影响。

因此需要在分析中添加考古学信息对已有结果进行校验。

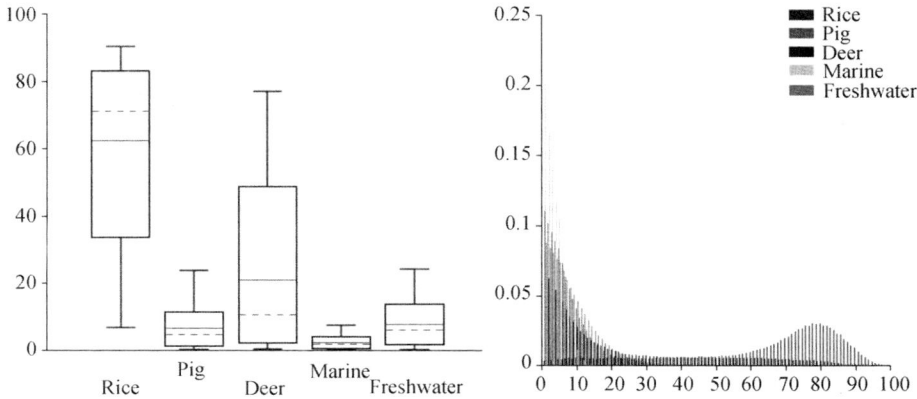

图 9-1　田螺山遗址食谱初步分析箱形图(左)和线图(右)

　　总结已知的考古信息,包括:(1)田螺山遗址动物考古对遗址所见动物进行的肉量贡献估算可知,鹿类贡献最大[14];(2)田螺山遗址出土猪骨和鱼骨,可知两类食物在先民食谱中均有一定的比重[15],同时渔业资源能为食谱提供更高的氮比值,因此相较于在食谱中比重类似的猪类,能够对氮比值有更高的贡献;(3)肉食相较于植食能提供更高的氮比值[16]。为使分析结果更可靠,另外添加两条先验信息进行干扰式验证;一是校验信息,即水稻相较于淡水渔业资源能提供更低的碳比值;二是错误信息,即猪类比重大于鹿类。将以上先验信息添加后进行校验,分析结果能够更准确地反映食谱中各个部分的比重差异。

　　(1)输入"鹿类肉类贡献最大"的信息后显示鹿类比重增加,其他比重相对发生变化,其中水稻比重相对大幅增加;鹿类可信度增加,水稻可信度减小。比重与可信度的显著变化表明模型尚不稳定,需要进一步完善。(2)输入"猪类与渔业资源有一定比重,且渔业资源大于猪类"的信息后显示淡水渔业资源比重增加,猪类比重减小,海水渔业资源比重不变。(3)输入"肉食相较于植食能提供更高的氮比值"的信息后,显示水稻比重减小,鹿类比重进一步提高;水稻可信度提高。输入校验信息"水稻相较于淡水渔业资源能提供更低的碳比值"后结果无明显变化;同样输入错误信息"猪类比重大于鹿类"后结果也无明显变化。由此得到相对稳定的校验后的 FRUITS 模型。

将以上五条信息逐条输入,分析结果如图 9-2 所示。该结果中各个食物比重重合度较低,

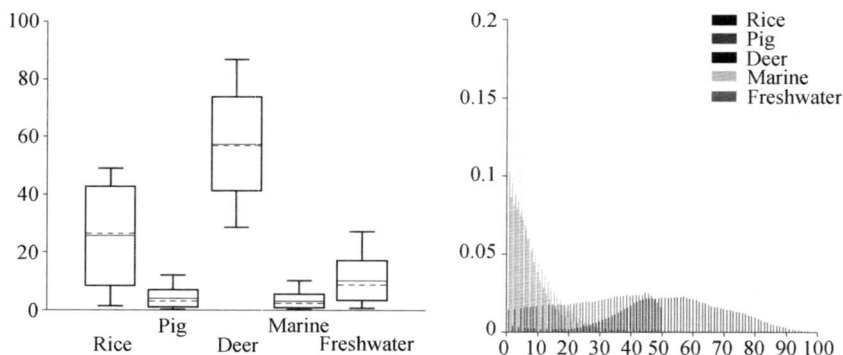

图 9-2　田螺山遗址食谱校验分析箱形图(左)和线图(右)

区分明显,经干扰信息校验,结果稳定无变化,可以认为该结果是现有条件下所得到的最优解。图 9-2 左侧的箱形图结果显示:鹿在食谱中占主导地位,占食谱总体的 40%～70% 左右(这可能是因为鹿作为 C_3 环境下典型的野生动物与其他动物有很高的相似性,因此其他 C_3 环境下动物的比重被归类于鹿类导致的结果),这从侧面证实了田螺山遗址依然处于农业不发达的阶段,对 C_3 环境的野生资源有极大的依赖性;水稻比重次之,在 40% 以下(反映的是 C_3 环境下植物的食用比重,橡子等其他 C_3 环境下的资源也被归类其中);淡水渔业资源淡水渔业资源在 5%～20% 海水渔业资源在 10% 以下;猪类在食谱中的比重较小,与海水渔业资源类似,所占比重在 10% 以下。田螺山遗址的分析结果可以直观地反映出渔业资源并不是食谱中大量摄入的主要部分,但却是重要的肉食补充资源,在肉食方面摄入量仅次于鹿类。

9.3　小结

通过 FRUITS 食谱分析可以得到田螺山遗址水稻资源在食谱中的比重大小。田螺山遗址水稻比重在 12%～42%,相较于初步结果可以发现水稻的比重明显降低了。水稻在田螺山居民食谱中占较为重要地位,但低于野生食

物资源的比重,可以推测田螺山先民处于水稻种植与渔猎采集共同存在的生业经济模式中。

[1]孙国平,黄渭金,郑云飞,等.浙江余姚田螺山新石器时代遗址 2004 年发掘简报[J].文物,2007(11):4-24.

[2]Guo Y,Wu R,Sun G,et al. Neolithic cultivation of water chestnuts (Trapa L.)at Tianluoshan(7000-6300 cal BP),Zhejiang Province,China [J]. Scientific Reports,2017:16206.

[3]Li C,Zheng Y,Yu S,et al. Understanding the ecological background of rice agriculture on the Ningshao Plain during the Neolithic Age:pollen evidence from a buried paddy field at the Tianluoshan cultural site [J]. Quaternary Science Reviews,2012(35):131-138.

[4]秦岭,傅稻镰,张海.早期农业聚落的野生食物资源域研究——以长江下游和中原地区为例[J].第四纪研究,2010(2):245-261.

[5]郑云飞,孙国平,陈旭高.7000 年前考古遗址出土稻谷的小穗轴特征[J].科学通报,2007(9):1037-1041.

[6]Benstead J P,March J G,Fry B,et al. Testing isosource:stable isotope analysis of a tropical fishery with diverse organic matter sources[J]. Ecology,2006(2):326-333.

[7]Phillips D L,Gregg J W. Source partitioning using stable isotopes: Coping with too many sources [J]. Oecologia,2003(2):261-269.

[8]Phillips D. Mixing models in analyses of diet using multiple stable isotopes:A critique [J]. Oecologia,2001(2):180-184.

[9]Moore J W,Semmens B X. Incorporating uncertainty and prior information into stable isotope mixing models [J]. Ecology Letters,2008(5):470-480.

[10]Fernandes R,Grootes P,Nadeau,et al. Quantitative diet reconstruction of a Neolithic population using a Bayesian mixing model(FRUITS):The case study of Ostorf(Germany)[J]. American Journal of Physical Anthropology,2015(2):325-340.

[11]董艳芳.浙江沿海地区史前先民生业经济初探——以田螺山遗址先民

（动物）的食物结构分析为例［D］. 杭州：浙江大学硕士学位论文，2016.

［12］郑淑蕙. 稳定同位素地球化学分析［M］. 北京：北京大学出版社，1986.

［13］王淑云，莫多闻，孙国平，等. 浙江余姚田螺山遗址古人类活动的环境背景分析——植硅体、硅藻等化石证据［J］. 第四纪研究，2010（2）：326-334.

［14］袁靖. 长江三角洲地区新石器时代动物考古学研究的思考——兼论田螺山遗址动物考古学研究的相关问题［M］//北京大学中国考古学研究中心，浙江省文物考古研究所，田螺山遗址自然遗存综合研究. 北京：文物出版社，2011，270-278.

［15］张颖，袁靖，黄蕴平，等. 田螺山遗址 2004 年出土哺乳动物遗存的初步分析. ［M］//北京大学中国考古学研究中心，浙江省文物考古研究所. 田螺山遗址自然遗存综合研究. 北京：文物出版社，2011：172-205.

［16］王淑云，莫多闻，孙国平，等. 浙江余姚田螺山遗址古人类活动的环境背景分析——植硅体、硅藻等化石证据［J］. 第四纪研究，2010（2）：326-334.

10　水稻利用与区域文化发展

水稻和粟、黍分别起源于中国南、北方,其演化进程可以为探讨"新石器时代革命"中史前人类生业模式与文化发展间关系提供独有的完整案例[1]。近年随着科技水平的不断上升,稳定同位素分析手段逐步完善,大批学者将其应用在考古学研究上,重点讨论中国原始稻作与粟作农业的起源与发展进程和先民食物结构的演变历程,对史前区域文化发展情况进行了新的解读与阐释[2]。尤其是距今 8000～6000 年,原始粟作与原始稻作农业分别在中国北方与南方逐渐成为先民生业模式中的重要组成部分,对这一特殊历史阶段内先民生业模式的详细解读,应可为深入探索区域文化发展的动因提供极有价值的科学证据。

毋庸讳言,就整体而言,中国的稳定同位素生物考古重起源、轻发展,重北方、轻南方,重个案、轻系统的态势,极大限制了深入探索南方稻作农业区、先民生业模式演变与区域文化发展之间的关系这一重要问题,因此,本章将首先从探讨个案较多的北方中原地区出发,尝试总结粟作农业区先民生业模式发展的基本态势,再以前文所得分析结果为基础,积极探索判断水稻在先民食物结构中所占地位,以此来揭示本区域内先民生业模式特点,探讨生业模式与区域文化发展间的关系。

10.1　中国新石器时代先民生业模式发展趋势的同位素解读

中国北方的中原地区,是中华文明的起源中心地区之一,也是新石器时代多元文化的格局中心[3]。以中原地区为例,探讨粟作农业起源以来先民食物结构的变化情况,可以为总结粟作农业的发展模式提供有代表性的案例。根据已有的研究案例统计,对河南地区和山西地区新石器时代先民食物结构的探讨相对较为丰富,可以为探讨中原地区先民食物结构、生业模式变化趋势提供较为充足的资料。

将河南地区与山西地区已发表的距今 8000~6000 cal BP 先民碳、氮稳定同位素数据进行整合[4][5][6][7][8][9][10][11][12][13][14][15][16][17][18][19][20],可以得到图 10-1 和图 10-2。从图中可以看出,随着时代的演进,先民的食物结构呈现出两个发展趋势,一个是碳、氮比值越来越高,逐渐向 C_4 方向靠近,表明粟类食物在先民食物结构中的占比越来越高;另一个是先民的碳、氮比值分布越来越集中,分布范围越来越小,表明先民的食物来源渐趋相似,具有越来越趋同的食物选择性。这两种趋势,也完全体现了中原地区先民生业模式变化的特点,即随着粟作农业的不断发展,粟类农产品在先民食物结构中所占比例越来越高,以粟作农业副产品为食的家养动物也逐渐成为先民肉食的主要来源,而粟类食物(植物、动物)占比的逐渐增加,这是农业经济不断发展、逐渐替代狩猎采集经济的动态演变结果。在狩猎采集的生业模式下,先民的食物来源多样、呈现出广谱的特性,已有的研究均表明在农业诞生之前,先民的 C、N 稳定同位素分布相对分散,而农业诞生之后,随着农产品逐渐成为先民的主要食物来源,人们食物的可选择余地逐渐被缩小至农产品的有限范围内,食物选择逐渐趋同,从而导致其 C、N 稳定同位素比值分布逐渐集中[21][22][23]。这一现象,也与考古发现的动植物种类分布结果相同,在狩猎采集的生业模式下,动植物种类丰富多样,野生动植物资源占绝对主导地位,这些食物具有不同的碳、氮稳定同位素比值,以此类食物为食的人的数据相应就会显得分散;而农业不断发展的情况下,野生资源的种类和占比会逐渐减少,家养动物与栽培植物所占的比例会逐渐增加,食物来源种类的固定会导致稳定同位素数据呈现集中的态势。

通过以上分析,可以看出,在农业起源至初步发展、大规模的传播尚未展开之际,中国北方(中原地区)先民的 C、N 稳定同位素逐渐呈现出集中的趋势,体现了先民食物选择逐渐趋同。这一趋势,从现有的数据来看,甚至可以一直延续,直至社会复杂程度达到较高水平、大规模的农业传播之后,由身份

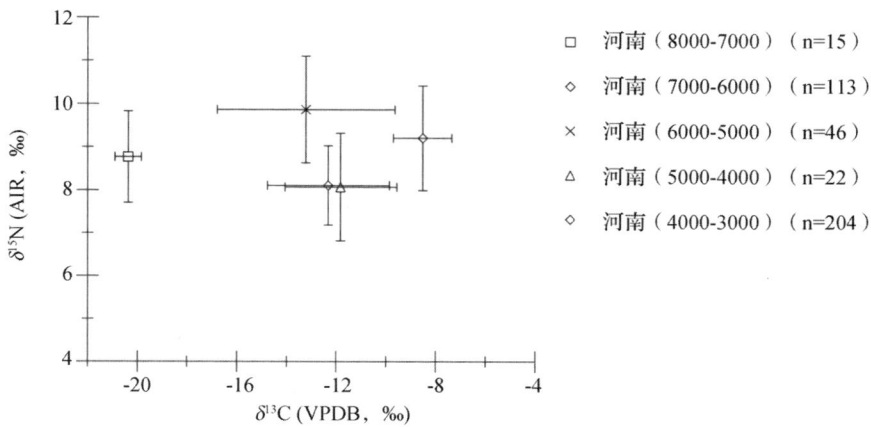

图 10-1　河南地区 7000～3000cal BP. 人骨 C、N 稳定同位素数据误差棒图

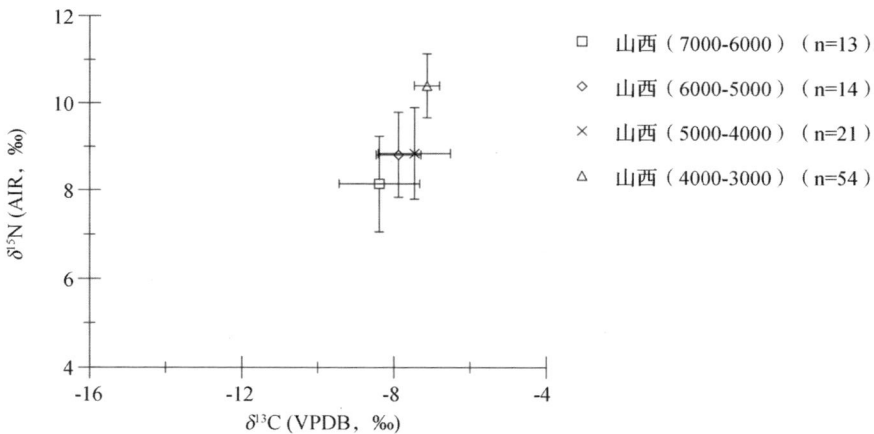

图 10-2　山西地区距今 7000～3000cal BP. 人骨 C、N 稳定同位素数据误差棒图

等级、新食物资源所带来的差异影响到食物分配,才会产生逐步分级分化的新动向。而且,这一趋势,在农业的输入地区例如欧洲的部分地区,也产生了相类似的趋同现象。[24]

虽然目前已经有一些证据表明早期先民由猎人的身份转变为农民,开始栽培水稻,驯化猪、狗,这需要一个很长的过程[25][26][27][28],但在中国南方地区人类在饮食上的转变并没有得到很好的阐释。虽然现有被发现的遗址数量很多,如昙石山遗址[29]、鲤鱼墩遗址[30]等,尤其是长江中下游地区,长期被认为是稻作农业的起源地之一[31][32][33]，至良渚文化社会复杂度达到很高的水平[34]。不过由于南方地区骨骼骨胶原保存条件较差，稳定同位素数据的数量十分有限，如江苏金坛三星村遗址，从已有的数据初步可以看出有集中的端倪，但没有更多证据能够说明当时人类的食物结构在生业模式变化下发生了适应性的转变。

10.2　浙江地区先民生业模式与水稻利用水平的稳定同位素解读

在中国北方粟作农业区（中原地区）所产生的食物结构趋同的现象，在中国南方稻作农业区（浙江地区）是否也能成立呢？这一时期，先民的 C、N 稳定同位素特征又具备什么样的特点呢？是不是随着稻作农业的发展，先民的食物结构也会产生相类似的变化呢？是否存在内部的地区差异呢？

这一系列重要问题的探索，是深入了解中国农业起源与发展模式的基本特征的前提与基础，只有将这一系列问题搞清楚，才能解释稻作农业对本地区文化发展乃至文明起源的支撑作用。事实上，对这些问题的探讨，也是近年才逐步展开的，正如前文所言，南方地区土壤呈酸性，骨胶原保存情况不佳，极大限制了对人骨稳定同位素的研究，更重要的是，如何在 C$_3$ 环境中辨识水稻（也是 C$_3$ 食物）的贡献，是一大技术难题。只有解决这两大问题，才能对先民的食物结构进行准确的重建。本书利用稳定同位素基线（isotope baseline）的最新研究方法，对跨湖桥遗址、田螺山遗址等多个遗址展开动植物、人骨遗存的综合分析，尝试对这一问题进行初步的探索。根据本书对浙江及临近部分地区诸考古遗址先民食物结构的稳定同位素分析结果，可以初步勾勒先民在距今 8000～6000 年食物结构的变化趋势（见图 10-3，彩图效果见本书书尾）。

从已有的结果来看，要重建先民的食物结构，最重要的就是确定水稻在先民食物结构中的地位，因此，本节首先从理论上对这一问题进行讨论。因为水稻为 C$_3$ 类作物，在目前的骨胶原 C、N 稳定同位素测试分析的技术框架下，要确定水稻的贡献，就需要寻找一种方法，能够将水稻与其他的 C$_3$ 食物源分开。根据稳定同位素分馏原理和稳定同位素基线的分析方法，可以知道，

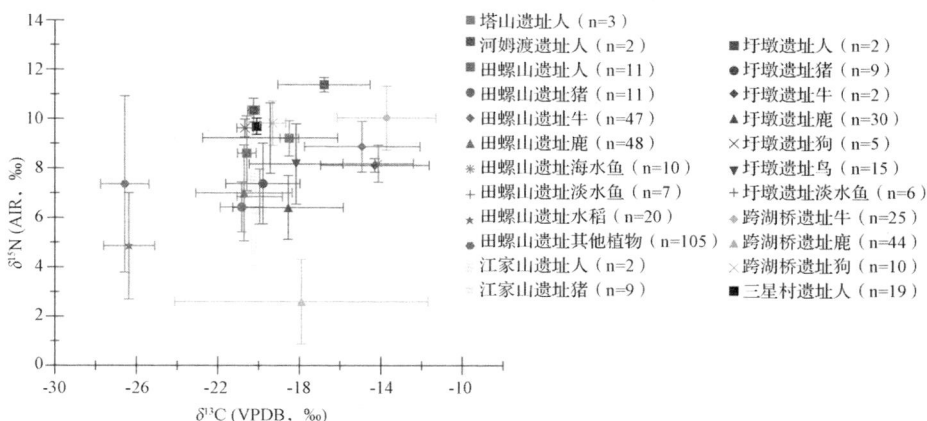

图 10-3　长三角地区新石器时代先民与动植物 C、N 稳定同位素数据误差棒图

如果先民的食物以水稻为主，那么，先民的 C、N 稳定同位素特征将体现出植物性食物为主的特点，其在 C、N 稳定同位素比值的相关性、分布范围、聚集程度、与水稻数据的匹配程度等四个方面将具有相应的特征。以下分别对这四个方面展开讨论。

首先是 C、N 稳定同位素比值的相关性分析。根据稳定同位素生物考古基本理论，可以知道，先民骨胶原中的 C 主要来自食物中的蛋白质，N 来自全部的食物来源（例如蛋白质、脂类等等），如果 C、N 稳定同位素比值呈现出明显的相关性，则表示蛋白质类食物在先民的食物结构中占据主要地位；反之，则表明蛋白质类食物占比较低。从植物性食物与动物性植物中所含蛋白质的比例来看，无疑动物性食物的蛋白比例是远高于植物性食物的。因此，国际上也很早就提出利用 C、N 稳定同位素比值之间的相关性来探讨先民的生业模式，研究指出，如果两者之间呈现出显著相关，则表明先民肉食比例较高，当以狩猎、渔猎、畜牧业等生业模式为主；如无显著相关关系，则表明先民的植食比例较高，当以采集、农业等生业模式为主。胡耀武等人即利用了这种方法对三星村遗址先民的生业模式进行了判断，提出当地先民以稻作农业为主并辅以渔猎的生业模式[35]。

其次是对食物资源的稳定同位素数据分布范围进行分析。通过 C、N 稳定同位素数据的相关性能够对先民的生业模式进行初步判定，在此基础上，利用稳定同位素基线的分析方法，对遗址内所有出现的食物资源进行 C、N 稳定同位素分析，可以了解多种食物资源的数据分布范围。按照稳定同位素生物考古基本理论，所有食物资源的稳定同位素数据，都会在先民的数据中有所呈现，因此，如先民对食物资源并无明显的偏好，所有食物资源对先民都有重要贡献，那么先民的稳定同位素数据是与遗址内所有食物资源的数据分布范围一致的；如果先民的食物资源是相对有选择的，那么先民数据的分布范围将会与被选择的食物资源的数据分布范围相对应。这种分析方法，能极大地缩小先民主要食物来源的范围，有利于探讨特殊食物资源在先民食物结构中是否存在重要贡献。

再次是探讨数据的聚集程度。根据前文的讨论，在农业逐步发展成为先民的主要食物来源的情况下，先民的食物选择将会比狩猎采集情况下有所趋同，也就是说，先民的稳定同位素数据将会逐步呈现出聚集的情况，这也是判断当地农业是否发展的重要证据。

最后为水稻与先民稳定同位素数据的匹配程度。在前三点分析的基础上，通过对多种植物稳定同位素数据的分析，能够揭示不同植物数据的分布特点，如果先民的稳定同位素数据与当地古水稻的稳定同位素数据呈现出一定的匹配关系，如 N 比值上呈现出一个营养级的差异（3‰～5‰）等，则可以更好地证明水稻在先民的食物结构中占据重要地位。当然，利用食谱模型分析方法例如贝叶斯食谱模型中的 Food Reconstruction Using Isotopic Transferred Signals（FRUITS）模型等可以更为精确地体现出水稻在先民食物结构中所占的比例，则能更为直观地以数据的形式揭示水稻的具体贡献。

在理论上辨析清楚如何判断水稻贡献之后，以本书所得数据，并综合前人研究结果，可以尝试对浙江地区先民的生业模式以及水稻在先民食物结构中所占地位进行较为细致的讨论。

首先，从 C、N 稳定同位素数据的相关性分析结果来看，所有遗址先民（狗）[1]的 C、N 稳定同位素数据均呈现出无显著相关关系，反映先民生业方式主要以农业、采集为主，植物性食物比例较高。

---

[1] 由于狗在这一时期已成为家养动物，其食物结构在某种程度上与饲喂者的食物结构相接近，可在人数据不足的情况下，用于近似反映人的食物结构。

从数据的分布范围来看,跨湖桥、田螺山、圩墩等遗址先民骨胶原C、N稳定同位素比值数据分布范围均远小于对应遗址动物群的数据分布范围,进一步表明这些遗址中出现的动物,并不是所有都是先民的主要食物来源,先民的主要食物来源应是于与先民数据范围相匹配的部分动物以及植物性食物。

从数据的聚集程度来看,目前已测的长三角地区的先民数据,整体而言呈现出较为集中的态势,与中国其他地区相比,集中程度并不弱于中国北方地区(中原地区),而比南方其他地区(如两广等地)要集中不少。这表明,稻作农业在长江中下游地区起源之后,不断发展,逐渐取代狩猎、渔猎、采集经济,渐趋成为先民的主要食物来源了。具体而言,一方面,跨湖桥遗址和马家浜、圩墩等遗址先民的数据都呈现出非常集中的状况,表明稻作农业从跨湖桥文化时期已经开始成为先民食谱的重要组成部分,至马家浜文化时期应已在先民食物结构中占据主导地位。另一方面,在长三角地区并不是所有的遗址均呈现出非常集中的特点,在部分遗址,如田螺山遗址和河姆渡遗址,先民的C、N稳定同位素比值数据分布范围却表现出较为分散的特点,这表明虽然该地区稻作水平已经较高,但先民食物来源并不一致,表现出更多的多样性,水稻在先民的食物结构中所占的地位应不如同期马家浜文化诸遗址,这体现出的恰恰是在稻作农业普遍发展的情况下,长三角地区内部不同区域,对稻作农业的依赖程度是不同的,是在统一性之下存在多样性的表现。

最后,从古水稻C、N稳定同位素数据与先民数据的匹配程度也能看出,古水稻与先民数据相比,在C比值上呈现出6‰左右的差异(1‰为一个营养级差异、5‰为食物至骨骼的富集率),在N比值上呈现出3‰~5‰之间的差异,也恰好在一个营养级差异范围内,也表明先民当以古水稻为主要的食物来源。前文FRUITS食谱分析也得到了田螺山遗址水稻比重在12%~42%之间的结果,体现出了水稻是当地先民重要的食物来源。

10.3　长三角地区先民生业模式与文明化进程

从前文的分析,可以看出,在长三角地区整体稻作农业发展的情况下,田螺山遗址和河姆渡遗址先民的C、N稳定同位素数据相对分散,而跨湖桥遗址、马家浜遗址、圩墩遗址先民的数据则相对集中，这体现了两种不同的食物结构特征，暗示了先民的生业模式存在差异，是内部存在多样性的体现。

这种食物结构上体现出的统一性与多样性，也与多种考古学证据相印证。从统一性来看，稻作农业在长三角地区多个遗址中均有大量发现，是支撑各个考古学文化发展的重要物质基础。目前的考古证据表明，以杭州湾为界的长江下游地区的考古文化可分为杭州湾以南和杭州湾以北两个部分。在杭州湾以南，主要是上山文化[36]、跨湖桥文化[37]、河姆渡文化[38]等。这些考古学文化的多个遗址出土了不同数量的水稻遗存[39]。根据出土的数量和水稻植硅体分析推测当时已经出现了栽培稻、稻作农业。

上山文化以浦江上山遗址命名，年代较早，集中分布在浙江省范围内钱塘江上游的金衢盆地及其周边地区。上山遗址是目前长江下游地区年代最早的新石器时代遗址，上山文化遗址群也是迄今中国地区发现的分布最为集中的早期新石器时代遗址群。其中发现了丰富的稻谷遗存，并且出现了开始驯化的证据，证明农业经济已开始萌芽[40]。跨湖桥文化的主要代表是浙江萧山跨湖桥遗址，也包括附近的下孙遗址以及嵊州小黄山遗址同期遗存和浦江上山遗址第二阶段遗存等[41]，在跨湖桥文化的多个遗址中也都有栽培水稻的发现。河姆渡文化最早发现在浙江余姚姚江南岸的河姆渡村。河姆渡遗址中发现了数量庞大的生产工具和稻谷遗存，遗存堆积最厚达 20～50 厘米[42]，种类丰富的遗存表明当时的先民脱离了穴居生活，住在干栏式木构建筑中，利用了榫卯结合，地板用企口板拼成，并且用苇席铺垫。各项证据表明河姆渡文化时期建筑技术已具有较高水平[43]。

在杭州湾以北，马家浜文化[44]、崧泽文化[45]和良渚文化[46]存在文化的连续性和继承性，同时也均出土了大量的水稻遗存[47]。马家浜文化遗址中包括浙江嘉兴马家浜、桐乡罗家角、江苏常州圩墩遗址等重要的遗址。这些遗址大致遍布包括苏南、上海及浙北在内的整个环太湖流域。丰富的地下资料出土奠定了研究的基础，而且马家浜文化明确的分期和分区使其成为环太湖流域史前社会演变进程研究的重要一环。崧泽文化一直被认为是上承马家浜文化发展而来的考古学文化。从陶器、组合、形制、纹饰等特点方面看，两者之间有继承关系但也有变化。良渚文化是长江下游地区新石器晚期高度发达的古文化，其主要特点是轮制黑陶和精美的玉器。学界认为良渚文化已经达到区域文明的阶段,是实证中华文明五千年历史的重要证据[48]。

而从多样性的角度来看,宁绍平原与环太湖地区也存在一定的生业模式上的差异。C、N 稳定同位素的证据表明,宁绍平原河姆渡文化先民的食物资源除了水稻,还存在其他多种选择;而环太湖地区的马家浜文化先民食物资源较为一致,水稻在其中所占的比例较高。这种情况反映了不同地区先民对水稻的依赖程度不同、生业模式的不同。这也可以从其他方面的证据得到一二佐证:有学者对马家浜文化时期到良渚文化时期的水稻植硅体进行观察研究,认为马家浜文化的稻作农业是一个不断持续向前发展的过程[49];研究者对河姆渡文化植物遗存进行研究后,认为水稻并非当地先民唯一的强化栽培驯化的对象,同时应有多种其他植物种类共同栽培[50]。两个文化间对农业强化方向的选择可能也会影响稻作农业的地位。此外,两个地区在遗址内出土动物的种类上也存在一定的差异,例如河姆渡、田螺山等遗址发现的动物种类更为多样,例如黑熊、猕猴、豹猫等在马家浜文化遗址中很少见到,亚洲象也分布较少。[51][52][53] 由此可知,即使是在稻作农业发展的统一性上,长三角地区马家浜和河姆渡文化间也存在生业模式上的多样性。

仔细思考这种多样性的产生原因,似可从两地所面临的生态环境中得到一定的解释。马家浜文化时期环太湖地区主要环境是平原、沼泽、浅水和湿热的中亚热带气候环境;[54][55]河姆渡文化时期宁绍平原的环境为距今 7000年前属典型的海洋性亚热带季风气候,相当于今日我国海南岛以及越南、老挝河谷平原的气候,自距今 6000 年起,气温明显下降,先民主要利用湿地、灌丛、草丛环境来获得生存资源。两种文化之间的差异,主要体现在离海洋环境的远近、平原范围的大小等方面。尽管河网密布是长三角地区的重要地貌特点,但由于马家浜文化诸遗址周边平原较为开阔,而河姆渡文化诸遗址周边平原面积较小、小丘陵、湿地地貌较多,[56]两地所面临的微环境存在一定的差异,因而两地先民对稻作农业的依赖程度有所不同。不仅如此,马家浜文化先民对稻作的依赖也导致了环太湖地区先民对稻作农业发展更为重视,而河姆渡文化先民在食物资源丰富的情况下,似乎采用了一种多资源同时开发利用的模式,不仅开始栽培水稻,而且对其他食物资源也进行了尝试性的人工干预,例如菱角[57]、桃子[58]、茶树[59]等。这两种不同的发展模式,也为后续文化的发展、文明化进程产生了一定的影响。如马家浜文化先民对稻作农业的依赖与发展,从而使得环太湖平原地区的后续文化也能够在稻作农业持续进步的基础上得到较好的发展,在距今 5000 年左右的良渚时期进入区域文明阶段。

[1]Larson G，Liu R，Zhao X，et al. Patterns of East Asian pig domestication, migration，and turnover revealed by modern and ancient DNA［J］. Proceedings of the National Academy of Sciences of the United States of America，2010(17):7686-7691.

[2]Hu Y. Thirty-four years of stable isotopic analyses of ancient skeletons in China:an overview，progress and prospects[J]. Archaeometry,2018(1):144-156.

[3]严文明. 中国史前文化的统一性与多样性[J]. 文物,1987(3):38-50.

[4]舒涛,魏兴涛,吴小红. 晓坞遗址人骨的碳氮稳定同位素分析[J]. 华夏考古,2016(1):48-55.

[5]付巧妹,靳松安,胡耀武,等.河南淅川沟湾遗址农业发展方式和先民食物结构,变化[J].科学通报,2010(7):593-599.

[6]凌雪,陈靓,薛新明,等.山西芮城清凉寺墓地出土人骨的稳定同位素分析[J]. 第四纪研究,2010(2):415-421.

[7]郭怡,夏阳,董艳芳,等. 北刘遗址人骨的稳定同位素分析[J]. 考古与文物,2016(1):115-120.

[8]周立刚. 稳定碳氮同位素视角下的河南龙山墓葬与社会[J]. 华夏考古,2017(3):145-152.

[9]Zhang X L，Qiu S H，Bo G C，et al. Carbon-13 and Nitrogen-15 analysis of human bones from Erlitou site and Taosi site［M］. Archaeometry, 2007(2):49-58.

[10]Wu X H，Xiao H D，Wei C Y，et al. Stable isotopic evidence for diets of human and pigs，agricultural pattern and pig domestication in Xinzhai site，Henan Province[M]. Archaeometry,2007(2):49-58.

[11]Chen X L，Fang Y M，Hu Y W，et al. Stable isotopes analysis on the complicated prehistoric economy:take Wadian site for example,

Yuzhou, Henan Province[J]. Huaxia Archaeology，2017(4):70-79.

[12]王洋,南普恒,王晓毅,等.相近社会等级先民的食物结构差异——以山西聂店遗址为例[J].人类学学报,2014(1):82-89.

[13] Atahan P，Dodson J，Li X，et al. Temporal trends in millet consumption in northern China[J]. Journal of Archaeological Science，2014(50):171-177.

[14]张雪莲,徐广德,何毓灵,等. 殷墟 54 号墓出土人骨的碳氮稳定同位素分析[J].考古,2017(3):100-109.

[15]司艺,李志鹏.孝民屯遗址晚商先民的动物蛋白消费及相关问题初探[J].殷都学刊,2017(3):18-23.

[16]侯亮亮,李素婷,胡耀武,等.先商文化时期家畜饲养方式初探[J].华夏考古,2013(2):130-139.

[17] Cheung C，Jing Z C，Jigen，et al. Examining social and cultural differentiation in early Bronze Age China using stable isotope analysis and mortuary patterning of human remains at Xin'anzhuang，Yinxu[J]. Archaeological and Anthropological Sciences，2017(5):799-816.

[18]Cheung C，Jing Z，Tang J，et al. Diets，social roles，and geographical origins of sacrificial victims at the royal cemetery at Yinxu，Shang China：New evidence from stable carbon，nitrogen，and sulfur isotope analysis[J]. Journal of Anthropological Archaeology，2017(48):28-45.

[19]Cheung C，Jing Z，Tang J，et al. Social dynamics in early Bronze Age China：A multi-Isotope approach[J]. Journal of Archaeological Science Reports，2017(16):90-101.

[20]Hou L，Hu Y，Zhao X，et al. Human subsistence strategy at Liuzhuang site，Henan，China during the proto-Shang culture（～2000-1600 BC）by stable isotopic analysis[J]. Journal of Archaeological Science，2013(5):2344-2351.

[21]胡耀武,Richards M P,刘武,等. 骨化学分析在古人类食物结构演化研究中的应用[J].地球科学进展,2008(3):228-235.

[22] Richards M P，Jacobi R，Cook J，et al. Isotope evidence for the

intensive use of marine foods by Late Upper Palaeolithic humans[J].
Journal of Human Evolution，2005(3)：390-394.

[23]Hockett B，Haws J A. Nutritional ecology and the human demography
of Neandertal extinction[J]. Quaternary International，2005(1)：21-34.

[24]Richards M P，Schulting R J，Hedges R E M. Sharp shift in diet at
onset of Neolithic[J]. Nature：International Weekly Journal of Science，
2003(6956)：366.

[25]Reed C A. Animal domestication in the prehistoric Near East：The
origins and history of domestication are beginning to emerge from
archeological excavations[J]. Science，1959(3389)：1629-1639.

[26]Diener P，Robkin E E，Anderson E N，et al. Ecology，evolution，and
the search for cultural origins：The question of islamic pig prohibition
and comments and reply[J]. Current Anthropology，1978(3)：493-540.

[27]Hayden B. Nimrods，piscators，pluckers，and planters：The emergence
of food production[J]. Journal of Anthropological Archaeology，1990
(1)：31-69.

[28]Taylor B J. Patterns of exchange and the social production of pigs in
highland new guinea：Their relevance to questions about the origins and
evolution of agriculture[J]. Journal of Archaeological Research，1995
(2)：113-145.

[29]吴梦洋,葛威,陈兆善. 海洋性聚落先民的食物结构:昙石山遗址新石器时
代晚期人骨的碳氮稳定同位素分析[J]. 人类学学报,2016(2):246-256.

[30]胡耀武,李法军,王昌燧,等. 广东湛江鲤鱼墩遗址人骨的 C、N 稳定同位
素分析:华南新石器时代先民生活方式初探[J]. 人类学学报,2010(3):
264-269.

[31]Diamond J. Farmers and their languages：The first expansions[J].
Science，2003(5619)：597-603.

[32]Harlan J R. Agricultural origins：centers and noncenters[J]. Science，1971
(4008)：468-474.

[33]Turrill W B. Studies on the origin of cultivated plants[J]. Nature,1926

(2967):392-393.

[34]科林·伦福儒,刘斌,陈明辉,等. 中国复杂社会的出现:以良渚为例[J].
南方文物,2018(1):69-74.

[35]胡耀武,王根富,崔亚平,等. 江苏金坛三星村遗址先民的食谱研究[J].
科学通报,2007(1):85-88.

[36]浙江省文物考古研究所,浦江博物馆. 浙江浦江县上山遗址发掘简报
[J]. 考古,2007(9):7-18.

[37]郑云飞,蒋乐平,郑建明. 浙江跨湖桥遗址的古稻遗存研究[J]. 中国水稻
科学,2004(2):119-124.

[38]林华东. 河姆渡文化初探[M]. 杭州:浙江人民出版社,1992.

[39]郑云飞,蒋乐平,郑建明. 浙江跨湖桥遗址的古稻遗存研究[J]. 中国水稻
科学,2004(2):119-124.

[40]赵志军,蒋乐平. 浙江浦江上山遗址浮选出土植物遗存分析[J]. 南方文
物,2016(3):109-116.

[41]韩建业. 试论跨湖桥文化的来源和对外影响——兼论新石器时代中期长
江中下游地区间的文化交流[J]. 东南文化,2010(6):62-66.

[42]游修龄. 对河姆渡遗址第四文化层出土稻谷和骨耜的几点看法[J]. 文
物,1976(8):20-23.

[43]王海明. 河姆渡遗址与河姆渡文化[J]. 东南文化,2000(7):16-23.

[44]郑建明,陈淳. 马家浜文化研究的回顾与展望——纪念马家浜遗址发现
45周年[J]. 东南文化,2005(4):16-25.

[45]上海市文物保管委员会. 福泉山遗址第三次发掘的重要发现[J]. 东南文
化,1987(3):51.

[46]张忠培. 良渚文化的年代和其所处社会阶段——五千年前中国进入文明
的一个例证[J]. 文物,1995(5):47-58.

[47]吴汝祚. 马家浜文化的社会生产问题的探讨[J]. 农业考古,1999(3):31-38.

[48]郑云飞. 良渚文化时期的社会生业形态与稻作农业[J]. 南方文物,2018
(1):99-107.

[49]邱振威. 太湖流域史前稻作农业发展与环境变迁研究[D].北京:中国科
学院大学博士学位论文,2015.

[50]秦岭,傅稻镰,张海.早期农业聚落的野生食物资源域研究——以长江下游和中原地区为例[J].第四纪研究,2010(2):245-261.

[51]张颖.河姆渡文化的渔猎策略:生物分类生境指数在动物考古学中的应用[J].第四纪研究,2021(1):292-303.

[52]宋艳波.马家浜文化中晚期的生业经济研究——以动物考古学为视角[J].东南文化,2019(5):47-55.

[53]宋艳波.马家浜文化早期的生业经济研究——以动物考古学为视角[J].东南文化,2017(5):72-77.

[54]丁金龙.马家浜文化时期的自然环境与人类活动[J].农业考古,1999(3):44-47.

[55]孙林,高蒙河.马家浜文化区的地理景观[J].华夏考古,2006(3):40-45,73.

[56]张颖.河姆渡文化的渔猎策略:生物分类生境指数在动物考古学中的应用[J].第四纪研究,2021(1):292-303.

[57]Guo Y,Wu R,Sun G,et al. Neolithic cultivation of water chestnuts (Trapa L.)at Tianluoshan(7000-6300 cal BP),Zhejiang Province,China [J]. Scientific Reports,2017(1):16206.

[58]Zheng Y,Crawford G W,Chen X. Archaeological evidence for peach (Prunus persica)cultivation and domestication in China.[J]. PLoS ONE,2017(9):e106959.

[59]程启坤.对田螺山遗址中发现六千年前人为种植的茶树根的认识[J].中国茶叶,2016(2):30-33.

11 结　论

本书以长三角地区跨湖桥遗址、田螺山遗址、圩墩遗址、庄桥坟遗址等出土的人类和动物骨骼样品和田螺山遗址出土部分植物遗存为研究对象,从骨骼的有机物部分骨胶原和无机物部分羟磷灰石两种材料通过碳、氮、氧稳定同位素分析来揭示这些遗址的人和动物的食物结构,探讨诸考古学文化古人的生业模式,并在此基础上尝试分析本地区农业发展、家畜驯化等相关问题。这为长江下游诸考古遗址出土的考古材料提供了新的阐释,并为了解中国南方长三角地区在新石器时代革命中人类食物结构改变提供新的佐证。主要研究结果如下:

(1)采用稳定同位素基线(isotope baseline)的研究方法,将考古遗址中出土的动植物遗存与人骨遗存形成统一整体进行研究,揭示区域内古人的生业模式,不仅在理论上能够将稳定同位素生物考古理论更好地运用于具体的数据分析中,而且在实践上切实解决了长三角地区人骨样品保存差、水稻贡献难以具体判断的实际困难。这一研究方法的运用,在未来可为大范围探讨样品保存较差的地区先民生业模式提供新的借鉴。

(2)骨胶原分析与羟磷灰石分析都可以运用于长三角地区先民的食物结构探讨。骨骼由有机质与无机质共同构成,在部分遗址中,骨骼尤其是人骨有机质保存极差,骨胶原无法提取,可以考虑对骨骼中的无机质(羟磷灰石)进行研究,为探讨先民的食物结构提供证据。在有条件的遗址中,如能综合采用骨胶原与羟磷灰石两种分析方法,可对先民的食物结构探讨得更为深入。采用多种指标对长三角地区 6 个考古遗址出土样品进行污染鉴别,可以发现在大多数遗址,人骨中的骨胶原保存情况都不佳,而羟磷灰石保存情况却较好;动、植物样品保存情况要优于人骨,可为深入探索先民的食物结构和生业模式提供有效证据。

(3)植物分析结果。在稳定同位素基线分析方法中,植物是当地生态系统的基石,对植物遗存的分析能为同位素基线的建立提供至关重要的底层数据,也是判断先民食物结构的重要依据。对田螺山遗址第8至第4地层出土的137例古植物遗存进行稳定同位素分析,得到有效数据126例。分析结果显示植物的碳、氮比值分布范围较大,部分数据已大大超出学界原有对植物数据的估算分布范围,进一步提示大范围、大样本量测定植物稳定同位素的必要性。所有测得的数据按照种属进行分类,结果表明不同种的植物数据分布范围不完全相同,不同地层之间在某些种属上(如菱角)存在差异,暗示这些植物在当时有不同的生长模式,先民对这些植物资源有不同的利用与管理方式。从稳定同位素测定的结果来看,植物稳定同位素所反映的信息,有时并不与形态鉴定所得结果构成显著的相关关系,甚至能够揭示出一些形态学上尚未反映或较难反映的信息,如一些形态相似的植物样品,其稳定同位素数据存在显著差异,这种现象值得在今后做更进一步的深入探索。

(4)动物食物结构分析。在稳定同位素基线分析方法中,动物是生态系统中链接植物与人的重要组成部分,对动物的分析不仅能揭示先民的肉食来源,也能探讨家养动物的起源与发展、饲喂模式等重要问题。在本研究中,通过对多遗址出土的多种动物进行稳定同位素分析,可以看出,在长三角地区,动物数据的分布范围很大(δ^{13}C 比值变化范围为 $-23.9‰ \sim -10.1‰$,δ^{15}N 值范围为 $3.0‰ \sim 14.5‰$),表明当时动物的摄食来源非常广泛。这一结果大大改变了前人的认识,即在南方 C_3 环境下,动物的稳定同位素数据也绝不是仅仅限定在 C_3 范围内,这为深入探讨先民的食物来源提供了完全不同的基础数据。

仔细检视当时常见的几种动物(鹿、猪、狗、水牛),可以发现鹿的数据分布范围较大(δ^{13}C 比值变化范围为 $-23.9‰ \sim -11.0‰$,δ^{15}N 比值范围为 $3.30‰ \sim 10.80‰$),以圩墩遗址为例,不同种类的鹿,分布范围并不完全相同,这可能与不同种类的鹿的摄食喜好不同有关。

猪的数据分布范围 δ^{13}C 比值为 $-21.4‰ \sim -15.0‰$,δ^{15}N 比值为 $3.0‰ \sim 9.4‰$,按照稳定同位素生物考古理论,已测数据中部分数据与当地先民数据分布范围较为接近、且分布范围明显小于其他数据,再对数据进行聚类分析等数理统计分析,结果表明已测数据明显可以分为两类,一类分布范围较大、且碳氮比值均较低,另一类分布范围较小、且碳氮比值较高、接近当地先民数据分布范围,这暗示在田螺山、江家山、圩墩等遗址中,一部分的猪个体与当地先民之间存在显著的密切关系,为判断长三角地区家猪起源与发展提供了有力证据。

狗的数据分布范围 $\delta^{13}C$ 比值为 $-21.1‰ \sim -18.4‰$,$\delta^{15}N$ 比值为 $8.3‰ \sim 10.8‰$,表明跨湖桥、田螺山、圩墩三个遗址出土的狗,均与当地先民数据非常接近,暗示狗与人具有相似的食物来源,当为家犬。

水牛的数据分布范围 $\delta^{13}C$ 比值为 $-22.5‰ \sim -10.7‰$,$\delta^{15}N$ 比值为 $5.9‰ \sim 12.1‰$,主要来自跨湖桥和田螺山两个遗址。这两个遗址水牛数据分布范围都很大,暗示其食物来源以及生存的环境的多样化。在跨湖桥遗址,水牛的数据随地层变化不大,但在田螺山遗址,从早期地层至晚期地层,水牛的 C 稳定同位素数据存在着持续向 C_3 方向偏移等现象,暗示田螺山遗址的水牛可能与当时先民的关系不断呈现出越来越密切的态势,为深入探索长三角地区水牛的尝试性驯化这一问题提供了新的线索。

(5)人的食物结构分析。本研究对田螺山、圩墩、马家浜、庄桥坟等遗址出土人骨进行了骨胶原、羟磷灰石两种分析,结合前人对河姆渡、田螺山、塔山、三星村等遗址的研究结果,可以看出,长三角地区先民的数据分布范围 $\delta^{13}C$ 比值变化范围为 $-21.4‰ \sim 20.0‰$,$\delta^{15}N$ 比值范围为 $4.8‰ \sim 10.7‰$,表明其食物结构当以 C_3 类食物为主,C、N 之间的相关性分析显示不存在显著相关关系,表明植物性食物占比较高,暗示采集、农业等生业模式在当时应占主导地位。不同遗址先民的数据分布范围存在一定的差异性。

(6)食物模型。采用贝叶斯食谱模型中的 Food Reconstruction Using Isotopic Transferred Signals (FRUITS)模型对田螺山遗址人与动物数据进行分析,可以初步得到不同食物资源在当时先民食物结构中所占的大致比例,其中水稻占比在 $12\% \sim 42\%$,低于野生食物资源的比重,可以推测田螺山先民处于水稻种植与渔猎采集共同存在的生业经济模式中。

(7)生业模式的统一性与多样性,及其与文化发展、文明起源之间的关系。长三角地区水稻利用水平的变化是探讨先民的生业模式变化的关键,而

在 C_3 环境下判断水稻的利用水平，一直是困扰学界的一大难题。本研究在前人研究基础上，提出在稳定同位素基线分析方法的指导下，以相关性分析、分布范围分析、聚集程度分析、与水稻数据的匹配程度分析等四个方面的指标，共同构成判断水稻在先民食物结构中所占地位的新思路。

通过对长三角多个新石器时代遗址出土样品的分析，可以看出，在新石器时代约距今 8000～6000 年，水稻一直是先民的食物来源之一，这是这一地区生业模式中的统一性。而在宁绍平原与环太湖地区，先民对水稻的利用水平却呈现出一定的差异性，以圩墩、三星村、马家浜等遗址为例，可以看出环太湖地区马家浜文化时期先民对水稻更为依赖，而以河姆渡、田螺山等遗址为例，可以看出宁绍平原地区河姆渡文化时期先民的食物来源丰富多样，这是在统一性之下存在多样性。而这种生业模式上的统一性与多样性是与当时的地貌、生态环境有一定的关系，也在一定程度上影响了长三角地区文化发展进程；环太湖地区对水稻的重视，也为后续在良渚文化时期进入区域文明阶段提供了良好的物质基础。

12 展 望

尽管本书对长三角地区部分遗址的生物遗存（植物遗存、人与动物遗骸）进行了稳定同位素分析，得到了一些关于古人食物结构、生业模式等方面的新信息，为深入探索本地区的相关问题提供了新的线索，但毋容置疑的是，囿于学识、条件、积累程度等多种原因，本研究还存在较多缺憾；当然，随着科学研究水平的不断提高、本地区考古事业的蓬勃发展、多学科交叉研究的不断深入，对长三角地区新石器时代文化发展与文明进程的研究还将不断深化。

在此，笔者不揣浅陋，尝试对未来的研究趋势进行展望。

第一，关注原理的探讨。

目前的稳定同位素分馏机理研究，仍显粗放、简单[1]，很多问题的讨论较难得到精准的结果，仔细考察稳定同位素生物考古基本原理的建立过程，可以发现动物饲喂实验实为必然选择，只有通过符合考古实际的、精准控制的动物饲喂实验，才能有效地深入探索不同食物资源在先民食物结构中的地位。

同时，在本研究中稳定同位素基线的确立为深入探索先民食物来源提供了有效的研究途径，但事实上，所有通过生态系统、食物链进行传递的稳定同位素，都来自环境，如能将纬度、海拔、温湿度、降水量等环境因素等信息都容纳进来构建同位素景观学（isotope landscape）[2]，将大大有利于探讨当时的人地关系，更好地揭示当时的先民是如何因地制宜地构建自己的生业模式的。

此外，稳定同位素生物考古涉及的学科众多，对一些特殊值的分析很有可能会涉及医学、生理学、营养学的内容，如能以稳定同位素分析为基础，融合多学科研究成果，产生新的交叉领域，将能更好地揭示同位素的源与流，解释在不同的压力、营养、健康情况下先民的同位素相应机制。[3]

第二，关注新方法的运用。

目前同位素分析技术日新月异，一些最新的技术如微损取样技术、单体氨基酸同位素分析技术等，均可运用于探讨先民食物结构、生业模式的话题中。例如微损取样技术中的激光剥蚀同位素质谱，可对非常珍贵稀少的考古样品进行合理取样[4]，这将大大拓展稳定同位素分析的取样范围；而体氨基酸同位素分析技术可对样品所处的营养级进行精准判断，这对于缺少动物骨骼样品遗址人群的古食谱分析意义重大。

第三，注重全球比较，在全球视野下讲好中国故事。

长江中下游地区是全球水稻的起源地区，能为探讨农业起源与发展模式提供独特的资料。而要揭示其独特性，就需要借鉴国际学界最新的研究思路、研究方法与研究结果，广泛开展国际合作，在与世界各文化、文明的互相了解、互鉴与互赏的过程中，讲好有中国特色的稳定同位素生物考古故事，为世界文明的多样化和谐共赢发展贡献中国智慧。[5]

具体到长三角地区，需要特别关注的四种趋势。

第一，关注新石器时代早期遗存。在本研究所涉及的时间段内，最早的跨湖桥遗址中水稻已占据重要地位，这一过程是如何发展的，这就需要对长三角地区新石器时代早期遗存进行深入分析，方能揭示水稻起源之际在先民生业模式中的地位。新近发现的上山文化遗址群[6]和井头山遗址[7]，均出土了生物遗存，如能对其稳定同位素分析，当能揭示长三角地区早期稻作的利用水平。当然，如有可能，将旧石器时代晚期遗存也纳入研究范围内，将能更好地对比稻作起源前后先民的生业模式，从而准确界定水稻的贡献。

第二，关注牙齿样品的分析。研究表明，牙齿在发育完成后就不再参与新陈代谢，化学成分保持稳定，仍然保留着牙齿最初形成过程中所富集的同位素和微量元素饮食信号，同时，牙齿在长期地下埋藏环境中保存情况也大大优于骨骼，是非常理想的稳定同位素分析材料。此外，牙齿的生长发育过程由牙胚发生、逐渐矿化、齿冠形成、萌出及完全发育等几个重要阶段构成，对不同牙位牙齿从齿冠到齿根的连续切片取样进行稳定同位素分析，则有可能复原个体围产期、哺乳期、断乳期及少年至成年期等重要生长发育阶段所面临的营养状况和饮食结构。[8]因此，在长三角地区人骨保存普遍不佳的情况下，对牙齿进行深入分析，当可为细致探讨先民生业模式的重要途径之一。

第三，关注可溶性骨胶原研究。尽管我国开展可溶性骨胶原的研究不多，但其意义重大。在常温下，骨胶原是不可溶于水和稀酸的长链大分子，在长期的埋藏过程中会降解、分解，原来大分子量不可溶胶原蛋白组分将逐渐转变为可溶性的胶原蛋白组分。在国际通行的骨骼稳定同位素前处理过程中，学界普遍采用明胶化的方法，提取骨骼中不可溶的胶原蛋白，而废弃可溶性胶原蛋白，这种方法极大地限制了可分析样品的选择范围，进而严重影响了对骨胶原"潜"信息的全面揭示[9]。进一步的研究揭示，可溶性骨胶原与不可溶性骨胶原的总氨基酸组成及 C、稳定同位素皆较为相似，也可以用于古食谱分析[10]。这一点，无疑能够成为探讨长三角地区先民食物结构的福音。南方由于地下水位过高、微生物侵蚀以及高温等环境因素，不可溶性骨胶原往往保存极差，在这种情况下，对可溶性骨胶原进行分析，不失为一种可供探索的新途径。

第四，关注羟磷灰石的分析。对长三角地区而言，对羟磷灰石的分析是另外一条可供探索的有效方法。研究表明，羟磷灰石的保存情况与骨胶原并不完全一致，在有些遗址中，骨胶原保存情况很差，羟磷灰石却保存较好，可成为探讨先民食物结构等问题的有效样品。[11][12]当然，如何有效鉴别羟磷灰石的污染，仍然是一个具有挑战性的话题，而王昌燧教授所指出的，利用^{14}C数据作为检验标准，彻底去除羟磷灰石的污染，当可为这一分析指明方向。[13]

[1]胡耀武.稳定同位素生物考古学的概念、简史、原理和目标[J].人类学学报，2021(3):526-534.

[2]屈亚婷.稳定同位素食谱分析视角下的考古中国[M].北京:科学出版社，2019.

[3]胡耀武.稳定同位素生物考古学的概念、简史、原理和目标[J].人类学学报，2021(3):526-534.

[4]胡耀武.稳定同位素生物考古学的概念、简史、原理和目标[J].人类学学报，2021(3):526-534.

[5]郭怡，贺雨飞，蒋璐，等.继往开来的中国舌尖考古——稳定同位素分析学术会议顺利召开[J].人类学学报，2020(2):332.

[6]张枫林，黄美燕.上山文化的重要新发现[N].中国文物报，2019-08-23(6).

[7]方其军.从渔猎文明向农耕文明过渡 余姚井头山遗址发掘始末[J].宁波通讯,2020(12):62-65.

[8]雷帅,郭怡.生物考古学视野下人类的牙齿与饮食[J/OL].人类学学报:1-13[2021-09-07].https://doi.org/10.16359/j.1000-3193/AAS.2021.0057.

[9]王宁,胡耀武,侯亮亮,等.古骨可溶性胶原蛋白的提取及其重建古食谱的可行性分析[J].中国科学:地球科学,2014(8):1854-1862.

[10]王宁,胡耀武,宋国定,等.古骨中可溶性、不可溶性胶原蛋白的氨基酸组成和C、N稳定同位素比较分析[J].第四纪研究,2014(1):204-211.

[11]郭怡,项晨,夏阳,等.中国南方古人骨中羟磷灰石稳定同位素分析的可行性初探——以浙江省庄桥坟遗址为例[J].第四纪研究,2017(37):143-154.

[12]Guo Y, Lou J, Xiang C, Investigating dietary patterns and human mobility in bone apatite at the Zhuangqiaofen site (5000-3700 BP), Zhejiang Province, China[J]. Quaternary International, 2018(493):245-251.

[13]屈亚婷.稳定同位素食谱分析视角下的考古中国[M].北京:科学出版社,2019.

后　记

对我而言,研究长三角地区新石器时代先民的生业模式、探讨水稻的利用水平这一问题,可以说是必然性与偶然性交织的结果。

从必然性来讲,首先,我出生于长三角地区,从出生开始,即与水稻结缘,"饭稻"早早地成为我割舍不掉的饮食习惯,即使在国外求学的日子里,也总是想尽办法要一尝白米饭的香味,可以说,研究水稻有"原始"动力;其次,在博士论文写作过程中,对于南方稻作农业区先民的生业模式探讨,限于种种原因,总是感觉不满意,这一缺憾在浙江大学出版社 2013 年出版拙作《稳定同位素分析方法在探讨稻粟混作区先民(动物)食物结构中的运用》时,也未能得到有效的弥补,这一"心病"成为支撑我这么多年克服重重困难、持续研究的"动力源泉";最后,进入位于长三角地区的浙江大学工作,为我探讨这一问题提供了区位优势。

从偶然性来看,尽管从工作开始的第一天,我就想着怎么能够在这一问题的研究上贡献自己的绵薄之力,但事实上,研究在开始阶段,就面临着研究材料缺、实验场所无、科研经费少等重重困难。转机在 2011 年出现,我人生当中的第一次项目申请"浙江良渚文化先民(动物)食物结构的稳定同位素分析"即获国家自然科学基金支持,为科研起步提供了重要资助,与此同时,在浙江省文物考古研究所(下文简称省所)的无私帮助与大力支持下,考古样品的取样工作也渐入佳境,至 2012 年浙江大学文物与博物馆学系科技考古实验室开始建设,研究工作才得以进入正常轨道。

时至今日,在省所李小强、刘斌、孙国平、郑云飞、蒋乐平、徐新民、芮国耀、楼航、宋姝,常州市考古研究所黄建康、彭辉,萧山博物馆杨国梅、崔太金、王兴海等多位前辈、老师的帮助与共同指导下，研究团队利用长三角地区诸考古遗址出土新石器时代的生物样品，培养了一批优秀研究生；本书得以完成，就是建立在团队长期思考、不断实践的基础上，以俞博雅、董艳芳、邹如碧、周杉杉、项晨、夏阳、楼佳、楼杰等人的毕业论文为蓝本，在团队成员耿恒猛、施崇阳、谢诗雨、吴添慧、许家宁、郭贵诚、雷帅、张珍、余梓微等人的鼎力支持下，进行整合、修改、提升后，方能实现。

本书在完成过程中，也受到了很多师长、同行的提点与帮助，如南京大学、中国科学院的多位授业恩师，浙江大学的多位前辈、同事，特别感谢胡耀武教授不离不弃的指导、开导与鞭策！封面图片中田螺山遗址出土陶器上的古水稻图像由浙江省文物考古研究所孙国平老师提供，现代水稻图像由浙江大学外国语言文化与国际交流学院何文忠老师提供；本书的顺利出版，有赖于浙江大学出版社陈佩钰编辑尽心竭力的支持，在此一并致以诚挚的感谢！

本书为国家社科基金项目"同位素食物网视角下浙江 8000—6000 BP 水稻利用水平研究"（21BKG038）研究成果。

谨以此书献给父母家人，和谐有爱的港湾是我前行远航的坚强后盾。以此研究成果纪念我与黄丽珍女士锡婚之喜。

郭 怡

浙大西溪园

2021 年 8 月 27 日

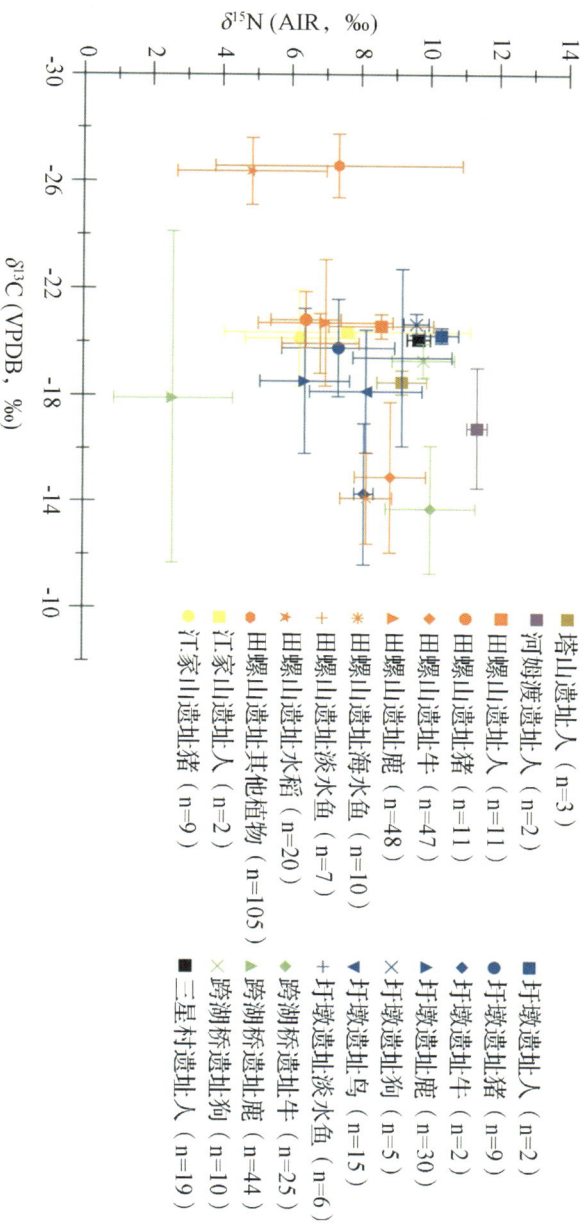

长三角地区新石器时代先民与动植物C、N稳定同位素数据误差棒图

图例：

塔山遗址-人（n=3）
河姆渡遗址-人（n=2）
田螺山遗址-人（n=11）
田螺山遗址-猪（n=1）
田螺山遗址-牛（n=1）
田螺山遗址-鹿（n=47）
田螺山遗址-海水鱼（n=10）
田螺山遗址-淡水鱼（n=7）
田螺山遗址-水稻（n=20）
田螺山遗址-其他植物（n=105）
江家山遗址-人（n=2）
江家山遗址-猪（n=9）

打墩遗址-人（n=2）
打墩遗址-猪（n=9）
打墩遗址-牛（n=2）
打墩遗址-鹿（n=30）
打墩遗址-狗（n=5）
打墩遗址-鸟（n=15）
打墩遗址-淡水鱼（n=6）
跨湖桥遗址-牛（n=25）
跨湖桥遗址-鹿（n=44）
跨湖桥遗址-狗（n=10）
三星村遗址-人（n=19）